[개정3판]
문헌분류의 이해와 실제

양재한·한상길 공저

개정3판 서문

　도서관의 궁극적 존재 의의는 그 사회의 문화를 전승 발전시키는 일이며, 이를 위해서 인류가 발명한 지식과 기술을 다음 세대에 전달하는 일이다. 문명의 전달 도구는 다양한 정보자료의 형태로 나타난다. 이러한 정보자료를 보존하여 다음 세대에 전승하는 기관이 도서관이다.

　도서관의 존재이유는 이용자가 필요로 하는 정보자료를 필요할 때 이용자에게 제공하는 데 있다. 이 일을 수행하기 위해서 도서관은 이용자가 요구할 가치가 있는 자료를 수집하고, 자료를 정리·보관하여 이용자가 요구할 때 제공해야 한다.

　문헌의 분류방법에는 전통적으로 제본의 색, 크기, 저자명, 서명, 출판사, 수입순, 주제순 등 다양한 방법이 이용되어 왔다. 오랜 경험에 의하면 이들 방법 중에서 주제순이 가장 효과적인 것으로 나타나고 있다. 주제순 정리방법은 같은 주제와 관련된 관점의 문헌을 함께 모은 정리방법으로 주제별로 나열된 분류표를 이용하여 자료를 정리하는 방법이다.

　문헌정보학에서는 수집된 자료를 이용자가 쉽고, 빠르고, 편리하게 이용할 수 있도록 하는 자료조직이 중요한 교과목의 하나로 인식되어 왔다. 그러나 도서관에 정보기술이 도입되고 다양한 접근점으로 자료를 검색하는 방법이 나타남에 따라 점차 주제분류에 대한 중요도가 떨어지고 있는 것이 사실이다. 그렇지만 도서관이 자료 열람방식을 채택하는 한 자료의 효율적인 배열과 검색을 위해서 문헌분류를 무시할 수 없는 노릇이다.

　본서는 전체 9장과 부록으로 구성되어 있다. 제1장에서는 도서관의 중심업무와 도서관의 업무흐름 등 도서관에서의 자료조직의 필요성에 대해서 다루었고, 제2장에서는 분류의 기초이론으로 분류의 이론, 문헌분류의 의의 및 목적, 문헌분류의 종류에 대해서 다루었다. 제3장에서는 동서양 문헌분류의 역사를 개관했고, 제4장 한국십진분류법

(KDC)의 이해에서는 2013년 개정 출간된 한국십진분류법 제6판을 중심으로 다루었고, 제5장 듀이십진분류법(DDC)의 이해에서는 DDC 제23판을 중심으로 다루었다. 제6장에서는 국제십진분류법(UDC), 미국의회도서관분류법(LCC) 등 현대의 주요 분류법을 다루었다. 제7장은 분류작업과 분류규정으로 분류목록과 서가작업에 관해서도 함께 언급하였다. 그리고 제8장은 도서기호로 청구기호, 도서기호, 별치기호를 다루었으며, 마지막 제9장에서는 분류정책과 분류의 미래에 관해서 다루었다. 특히, 개정3판은 지금까지 강의를 진행하면서 발견된 오탈자와 미처 다루지 못한 부분을 보완하였으며, 분류의 미래에 대한 부분을 제9장에서 보완하였다.

제7장의 분류작업과 분류규정에서는 분류연습 문제, 제8장의 도서기호에서는 저자기호법 연습문제를 두어 수업시간에 활용하도록 하였다. 부록에서는 KDC 제6판의 강목표와 요목표, DDC 제23판의 주류표와 요목표, 그리고 서양서 정리에 가장 많이 사용되고 있는 저자기호법인 Cutter-Sanborn Three Figure Author Table 전체를 실어 수업에 활용하도록 하였다.

이 책은 대학의 교재뿐만 아니라 분류업무를 담당하는 실무사서들의 참고자료로 활용할 수 있도록 집필하였다. 현장 경험과 수십 년간의 강의 경험을 토대로 여러 참고문헌을 활용하여 집필했지만 많은 미비점이 있을 것으로 사료된다. 부족한 부분은 독자들의 양해를 구한다.

2021년 2월

양재한 · 한상길

목 차

- 개정3판 서문 / 3

제1장 도서관에서의 자료조직

1.1 도서관의 중심업무 ·· 15
1.2 도서관 업무의 흐름 ·· 17
1.3 자료조직 업무 ·· 18

제2장 분류의 기초이론

2.1 분류의 이론 ·· 23
   1. 개념의 구성 ·· 23
   2. 분류의 개념 ·· 26
   3. 분류와 구분 ·· 27
2.2 문헌분류의 의의와 목적 ·· 28
   1. 학문분류와 문헌분류 ·· 28
   2. 문헌분류의 의의 ·· 30
   3. 서지분류와 서가분류 ·· 31
   4. 문헌분류의 조건 ·· 32

2.3 문헌분류의 종류 ·· 35
   1. 분류방식(기호법)에 의한 종류 ··· 36
      1) 십진식 분류표 • 36
      2) 비십진식 분류표 • 37
   2. 구조원리(작성방법)에 의한 종류 ·· 38
      1) 열거식 분류표 • 39
      2) 분석합성식 분류표 • 39
      3) 준열거식 분류표 • 40
   3. 지식적용범위(대상자료)에 의한 종류 ····································· 40
      1) 일반(종합)분류표 • 40
      2) 표준분류표 • 41
      3) 특수분류표 • 41

제3장 문헌분류의 역사

3.1 동양의 문헌분류사 ··· 45
   1. 중국의 문헌분류 ·· 45
      1) 칠분법 • 45
      2) 사부분류법 • 48
   2. 한국의 문헌분류 ·· 49
      1) 고려시대 불전목록의 분류 • 50
      2) 조선시대 유교목록의 분류 • 51
      3) 근대의 분류법 • 54
3.2 서양의 문헌분류사 ··· 57
   1. 고대, 중세 분류법 ··· 57
   2. 근대의 분류법 ·· 59

1) 게스너 분류법 • 60
2) 노데의 분류법 • 60
3) 브루너 분류법 • 61
4) 대영박물관도서관 분류법 • 61
5) 에드워즈 분류법 • 61
6) 해리스의 분류법 • 62

제4장 한국십진분류법(KDC)의 이해

4.1 KDC의 발전 ·· 67
4.2 KDC의 구성 및 기호법 ··· 71
   1. 주류의 구성 ··· 71
   2. 기호법 ··· 72
4.3 KDC의 사용법 ··· 74
   1. 제6판의 주요 개정부분 ··· 75
   2. 보조표의 사용법 ··· 82
   3. 본표상의 조기성 ··· 96
   4. 생관색인의 사용법 ··· 101
   5. 주의 종류와 기능 ··· 101
4.4 KDC의 특징 및 평가 ·· 104

제5장 듀이십진분류법(DDC)의 이해

5.1 DDC의 발전 ·· 109
5.2 DDC의 구성 및 기호법 ·· 114
   1. 주류체계 ··· 114

2. 기본원리 ·· 115
　　3. 기호법 ·· 118
　　4. 상관배열과 상관색인의 도입 ·· 120
　　5. 개정 ·· 120
5.3 DDC의 사용법 ·· 121
　　1. 본표의 사용법 ·· 121
　　2. 보조표의 사용법 ·· 124
5.4 DDC의 보급 및 평가 ·· 137

제6장 현대의 주요 분류법

6.1 국제십진분류법(UDC) ··· 141
　　1. UDC의 발전 ·· 141
　　2. UDC의 구성 및 기호법 ··· 143
　　　1) 주류표 • 143
　　　2) 보조표 • 144
　　3. UDC의 사용법 ·· 149
　　　1) 부가기호 • 149
　　　2) 상관기호 • 150
　　　3) UDC 분류기호의 배열순서 • 150
　　4. UDC의 특징 및 평가 ··· 151
6.2 미국의회도서관분류법(LCC) ··· 153
　　1. LCC의 발전 ··· 153
　　2. LCC의 구성 및 기호법 ·· 155
　　　1) 주류배열 • 155
　　　2) 보조표 • 156

　　　　3) 색인 • 157

　　　　4) 기호법 • 157

　　3. LCC의 특징 및 평가 ··· 159

6.3 기타분류표 ·· 161

　　1. 전개분류표(EC) ·· 161

　　2. 주제분류표(SC) ·· 162

　　3. 콜론분류표(CC) ·· 164

　　4. 서지분류표(BC) ·· 167

제7장 분류작업과 분류규정

7.1 분류작업 ·· 173

　　1. 분류작업의 과정 ·· 173

　　2. 분류표 선정 ·· 175

　　3. 주제분석 ··· 175

　　4. 분류번호 부여 ·· 177

7.2 분류규정 ·· 178

　　1. 분류표에 관한 규정 ·· 178

　　2. 도서관 자료 및 자료 취급에 관한 규정 ································· 178

　　3. 분류의 일반규정 ·· 179

7.3 KDC 제6판 분류연습 ·· 187

　　1. 전주제구분과 특수주제구분 활용연습 ····································· 187

　　2. 조기표 활용연습 ·· 188

　　3. 분류규정 활용연습 ·· 193

　　4. 유별 분류연습 ·· 194

7.4 DDC 제23판 분류연습 ··· 200

7.5 분류목록 ··· 202
7.6 서가작업 ··· 204

제8장 도서기호

8.1 청구기호 ··· 209
　1. 청구기호의 의의 ··· 209
　2. 청구기호의 구성체계 ··· 210
8.2 도서기호 ··· 213
　1. 수입순기호법 ·· 213
　2. 연대순기호법 ·· 214
　3. 저자기호법 ·· 216
　　1) 저자문자식 • 217
　　2) 저자별 수입순 • 217
　　3) 열거식 저자기호법 • 218
　　　가. Cutter-Sanborn 저자기호표 • 218
　　4) 분석합성식 저자기호법 • 221
　　　가. LC 저자기호법 • 222
　　　나. 리재철 한글순도서기호법 • 223
　4. 저자기호법 연습 ·· 228
　　1) 리재철 한글순도서기호법, 제5표 연습 • 228
　　2) Cutter-Sanborn Three Figure Author Table 연습 • 229
8.3 별치기호 ··· 230
　1. 소재기호의 기능을 하는 경우 ··· 230
　2. 분류기호의 기능을 겸하는 경우 ····································· 232

제9장 분류정책과 분류의 미래

9.1 분류정책과 도서관 행정 ·· 235
    1. 분류정책과 도서관관리 ·· 235
    2. 분류표의 수정 ·· 236
    3. 재분류 ··· 238
    4. 간략분류와 세밀분류 ··· 239
    5. 도서관시설과 안내 ·· 239

9.2 분류교육과 훈련 ·· 240

9.3 분류의 한계 ·· 241

9.4 분류의 미래 ·· 243
    1. MARC와 OPAC의 분류 ··· 243
    2. 인터넷과 웹의 분류 ··· 244
    3. 전자판 분류표와 분류자동화 ······································· 245

❏ **참고문헌** / 247

❏ **부록 1** 한국십진분류법 제6판(주류표, 강목표, 요목표) / 251

❏ **부록 2** Dewey Decimal Classification 제23판(주류표, 요목표) / 263

❏ **부록 3** Cutter-Sanborn Three Figure Author Table / 274

❏ **색 인** / 311

제1장

도서관에서의 자료조직

1.1 도서관의 중심업무
1.2 도서관 업무의 흐름
1.3 자료조직 업무

제1장 도서관에서의 자료조직

1.1 도서관의 중심업무

 오늘날 인류가 만물의 영장으로 문명사회를 이어가는 것은 도서관이 있었기 때문에 가능한 일인지도 모른다. 이것은 도서관이 사회 문화의 보존과 발달에 긴요한 커뮤니케이션의 도구로서 기능을 해왔기 때문이다. 따라서 도서관 봉사의 궁극적인 목적은 그 사회 문화를 보존하고 창달하는 것이다. 도서관을 문화기관이라고 하는 이유는 그것이 고유의 봉사기능을 통하여 사회 구성원 간 커뮤니케이션을 형성시킴으로써 전래된 문화를 보존하고 발전시키는 데 중요한 역할을 수행하기 때문이다.[1]

 도서관의 궁극적 존재 의의는 그 사회의 문화를 전승 발전시키는 것이며, 이를 위해서는 인류가 발명한 지식과 기술을 다음 세대에 전달해야 한다. 문명의 전달 도구는 다양한 정보자료의 형태로 나타난다. 이러한 다양한 형태의 정보자료를 보존하여 전승할 수 있도록 하는 기관이 도서관이다.

 도서관이란 도서 및 그와 유사한 자료를 수집, 정리, 보관하여 독서, 조사, 연구, 참고, 취미, 오락에 이바지할 목적으로 조직 운영되는 시설을 말한다.[2] 결국 도서관의 존재이유는 이용자가 필요로 하는 정보자료를 이용자가 필요로 할 때 제공하는 것이다.

---

[1] 최성진,『도서관학 통론』, (서울: 아세아문화사, 1987), p.2.
[2] 사공철 등편,『문헌정보학용어사전』, (서울: 한국도서관협회, 1986), p.53.

이를 효과적으로 수행하기 위해서 도서관은 이용자가 요구할 가치가 있는 자료를 수집하고, 그것을 정리, 보관하여 이용자가 필요로 할 때 제공해야 한다.

이를 위해서 수행되는 도서관의 중심업무를 살펴보면 다음의 4가지로 구분할 수 있다.

① 자료수입업무 : 선정, 구입, 제적 등의 간접봉사
② 자료조직업무 : 분류, 목록, 색인 등의 자료정리업무
③ 자료운용업무 : 자료의 운용 및 봉사, 대출 및 열람, 궁극적 목적의 직접봉사
④ 경영관리업무 : 인사, 시설, 예산관리 등 지원업무

자료수입업무는 도서관이 이용자의 요구에 적합하거나 도서관자료로서 가치가 있는 자료를 선정하여 구입, 기증, 교환의 방법에 의해서 도서관자료를 구축하는 것을 말한다. 이러한 업무를 담당하는 도서관의 조직은 일반적으로 자료수집과(계 혹은 파트)이다.

자료조직업무는 수집된 자료를 이용자가 쉽고, 빠르고, 편리하게 이용할 수 있도록 자료를 정리하는 것을 말한다. 이를 위해서는 체계적인 분류와 목록, 색인 등의 방법이 이용된다. 이러한 업무를 담당하는 도서관 조직이 자료조직과(계 혹은 파트)이다. 오늘날 도서관업무가 첨단화되면서 자료수집업무와 자료조직업무를 하나의 통합부서로 운영하는 경향이 일반화되고 있다.

자료운용업무는 도서관에 수집되어 조직된 자료를 이용자가 이용할 수 있도록 하는 봉사업무를 말하며, 여기에는 열람, 대출, 정보봉사 등과 같은 도서관 운영의 궁극적 목적인 직접봉사가 포함된다. 이러한 업무를 담당하는 도서관 조직이 자료운용과(계 혹은 파트)이다.

마지막으로 경영관리업무는 도서관을 움직이는 데 필요한 예산, 인원, 시설의 3요소를 효과적으로 관리, 운영하는 업무로, 이 업무를 담당하는 도서관 조직이 운영지원과(계 혹은 파트)이다.

1.2 도서관 업무의 흐름

도서관 업무의 흐름은 〈그림 1-1〉에서 볼 수 있는 것과 같다.[3]

우선 출판사나 대행사를 통한 구입과 기증, 혹은 타 도서관과의 교환에 의해서 도서관에 자료가 입수되면 도서관 자료로 등록한다.

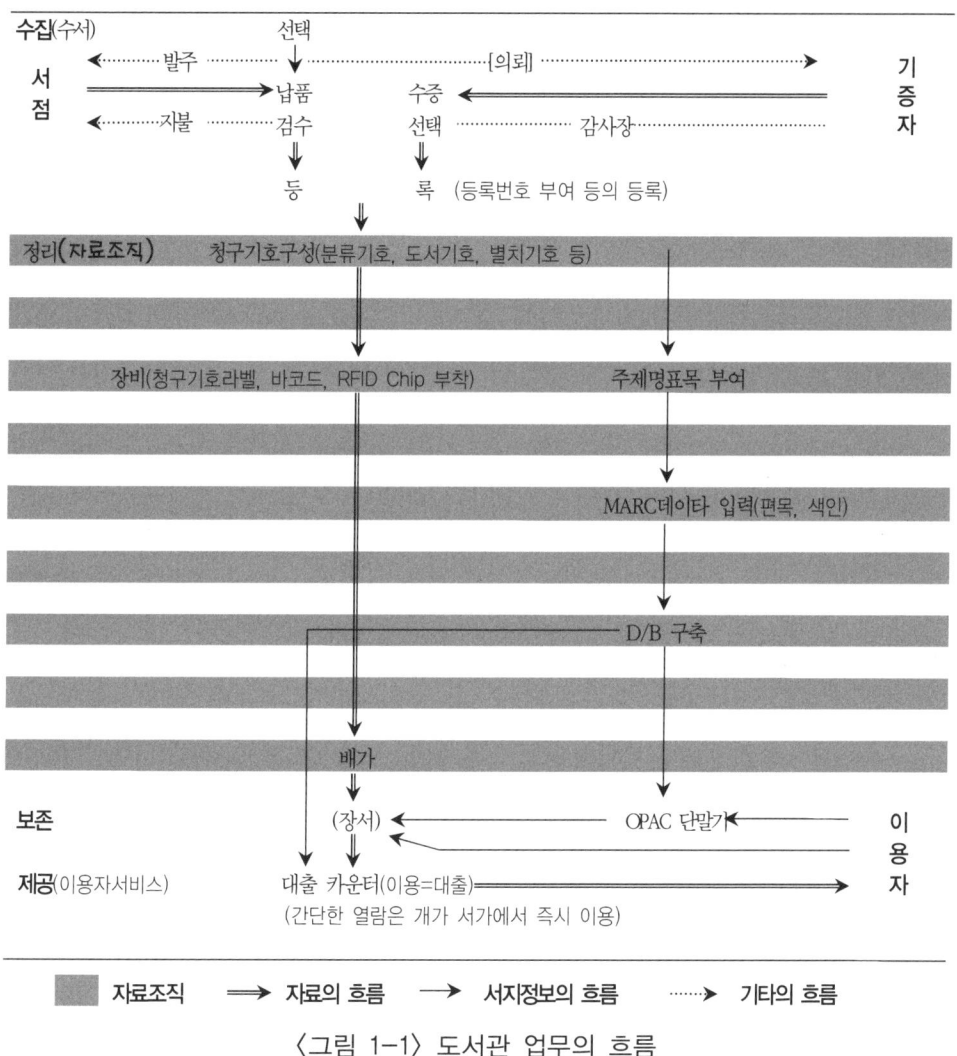

〈그림 1-1〉 도서관 업무의 흐름

---

[3] 최달현, 이창수, 『정보자료의 분류』, (서울: 한국도서관협회, 1998), p.9.

다음으로 도서관 장서로 등록된 자료에 대해서 효율적으로 정리하기 위한 자료조직 과정을 거친다. 이 과정을 정리과정이라고 하며, 여기에는 분류기호, 도서기호, 별치기호 등의 청구기호(call number) 작성과 편목작업 그리고 청구기호 라벨 부착이나 바코드 부착 또는 RFID(Radio Frequency Identification) 칩의 부착 등과 같은 장비작업이 포함되며, 편목은 대부분 MARC(Machine Readable Catalog) 데이터를 사용하여 서지 데이터베이스를 구축한다. 정리된 자료는 서가에 배가되며, 이용자는 OPAC(Online Public Access Catalog) 단말기를 통하여 필요한 정보를 검색하여 열람하거나 대출할 수 있게 된다.

결국 도서관 업무의 흐름은 이용자가 필요로 하는 자료를 입수하고, 입수한 자료를 이용자가 이용하기 쉽도록 정리해서 필요할 때 이용자가 쉽고 빠르고 편리하게 이용할 수 있도록 하는 일련의 과정으로 이루어져 있다.

1.3 자료조직 업무

이용자가 자료에 접근하는 방법은 다양하다. 그러므로 도서관에서의 분류는 문헌과 관계가 있으며, 그 목적은 가장 도움이 되는 영구적인 순서로 문헌을 배열하는 것이다. 자료조직은 분류와 목록 그리고 색인으로 구분할 수 있다.

분류는 자료의 구분방법을 말하는 것이고, 목록은 이들 자료에 접근할 수 있도록 접근점(access point)을 만드는 것이라 할 수 있다. 그러나 분류와 목록은 주로 단행본을 대상으로 하지만, 색인은 연속간행물이나 학위논문 등을 검색하도록 하는 데 있다.

문헌의 분류방법에는 전통적으로 제본의 색, 크기, 저자명, 서명, 출판사, 수입순, 주제 등 다양한 방법이 이용됐다. 그러나 제본의 색으로 자료를 정리한 경우에는 제본에 사용되는 색의 종류는 얼마 되지 않으며, 너무 많은 책이 같은 색으로 제본됨으로 제본의 색이 내용을 알려주지 않는다. 크기를 이용하여 정리할 경우는 비본질적인 유사성에 기준으로 하여 분류하기 때문에 저자, 서명, 주제에 관련된 질문에 대답하지 못한다. 이 경우는 서가 공간의 효율적인 이용을 위한 부차적인 정리방법으로 대형 본이나 소형 본으로 구분할 때 사용할 수 있다.

저자명으로 정리할 경우는 동일 저작물에 저자의 수가 많을 때도 있으며, 저자를 모를 경우는 검색할 수 없다. 이 경우는 시나 소설과 같은 문학류만을 취급하는 도서관에서는 도움을 주는 수단이 될 수 있다. 서명 순 정리방법은 서명을 알고 있는 사람에게는 유용한 수단이 될 수 있으나, 서명을 모르는 경우는 검색할 수 없을 뿐만 아니라 접두어나 조사가 가미된 서명일 경우 검색에 어려움이 있다.

출판사순에 의한 정리방법은 몇 개의 인지도 높은 출판사일 경우에는 가능하겠지만 대부분 이용자는 출판사를 기억하기 어려우므로 도서관 자료의 정리에 도움이 되지 못한다. 그러나 부차적 검색 방법으로 사용할 경우 효과를 거둘 수 있다. 이 방법은 서점에서 자료를 정리할 때 효과를 거둘 수 있는 방법이다. 수입 순 혹은 출판연도순은 도서관에서 자료를 입수한 순서대로 정리하는 방법으로 주제분류를 하지 않는 도서관에서 사용하는 방법이다.[4]

주제순 정리방법은 같은 관점의 주제를 가진 문헌을 같은 곳에 함께 모으는 정리방법으로 주제별로 나열된 분류표를 이용하여 자료를 정리하는 방법이다. 앞에서 살펴본 것처럼 여러 가지의 정리방법은 나름대로 장점이 있기는 하지만 단점이 더 많으므로 상대적으로 우수한 주제별 정리방법을 근대도서관에서 일반적인 자료의 정리방법으로 사용하고 있다.

그러나 서가 상 주제접근에도 다음과 같은 문제점이 있다.[5]

① 하나의 도서에 둘 이상의 주제가 포함된 도서나 전집·논문집 중의 독립된 저작에 다수의 주제가 있는 경우에도 하나의 위치에 배열할 수밖에 없다.
② 동일 주제의 도서라도 개가열람실과 서고에 분산되어 있는 경우가 많다.
③ 개가열람실에서도 동일 주제의 도서는 통산 일반도서, 참고도서, 소형본 등으로 분산되어 있고, 이용 중인 도서도 있어 모든 도서가 서가상에 있을 수는 없다.

---

4) Krishan Kumar, *Theory of Classification*, 2nd ed., (New Delhi: Vikas Publishing House, 1981), pp.6-8.
5) 최달현, 이창수, 앞의 책, p.11.

④ 모든 이용자가 분류번호를 이해하기란 반드시 용이한 것은 아니다.

이러한 문제점을 해결하기 위해서는 목록을 통해 대응할 필요가 있다. 목록은 이용자가 자료에 접근할 수 있는 접근점을 만드는 표목작업과 서지정보를 안내해 주는 기술(記述)작업이 중심이며, 부차적으로 주제를 접근점으로 사용할 수 있도록 주제명 목록을 만드는 작업을 포함한다. 또한 표목과 주제명의 효율적 관리를 위한 전거(典據)작업을 포함하고 있다.

과거 카드목록 시절에는 도서 대신으로 카드(기입)를 필요한 매수만큼 작성해서 저자명 표목을 자모순으로 배열한 저자명 목록과 서명을 자모순으로 배열한 서명목록으로 해결하였다. 오늘날 온라인 목록의 경우는 MARC 파일을 구축하여 저자명, 서명, 그리고 출판사, 출판년도 등의 다양한 필드별로 파일을 구축하여 다양한 접근점을 마련하여 자료를 찾을 수 있도록 하고 있다. 다시 말해 목록은 이용자에게 접근점을 제공하고, 자료 내용에 대한 안내 임무를 수행하는 기능이 있으므로 분류와 목록은 서로 도움을 주는 관계에 있다고 할 수 있다.

결국, 도서관에서 자료를 조직하는 것은 이용자가 손쉽게 자료를 검색할 수 있도록 도와주기 위해서이다. 본서에서는 이와 같은 일련의 자료조직 과정 중에서 주제검색을 하는데 중요한 수단의 하나로 사용하는 분류에 대한 제반 문제만을 다룬다.

제2장
분류의 기초이론

2.1 분류의 이론
2.2 문헌분류의 의의와 목적
2.3 문헌분류의 종류

제2장 분류의 기초이론

2.1 분류의 이론

1. 개념의 구성

　분류가 무엇을 의미하는지를 파악하기 위해서는 먼저 개념의 의미와 그 상호관계 및 특성에 대하여 이해하여야 한다.

　인간은 사고를 통해 개념(槪念, concept)을 파악하며 이를 구분 설정하고 여러 기준(criteria)을 만들어 새로운 개념을 재생산하며 문화를 촉진한다. 이처럼 인간의 위대함은 개념의 창출에서 시작한다고 볼 수 있다.

　이 개념은 내포(內包, intension)와 외연(外延, extension)으로 구성되어 있다. 내포란 한 개념을 구성하고 있는 본질적 속성을 의미하고,[1] 외연이란 개념에 적용된 사물이나 사항의 범위, 즉 그 개념이 적용될 수 있는 대상 전체의 범위를 뜻한다.[2]

　예들 들면, 인간의 본질적 성격은 생명력을 가지고 있고 이성(理性)을 지닌 동물을 인간의 내포라고 한다면, 그 인간의 성(性)을 남성과 여성으로 구분하고, 피부의 색깔에 따라 백인종, 황인종, 흑인종 등으로 나누고, 인간의 성장 정도에 따라 유아, 청소

---

[1] 『세계철학대사전』, (서울: 성균서관, 1980), p.440.
[2] 위의 책, p.880.

년, 장년, 노인 등으로 나누게 한다면 이는 인간의 외연에 해당한다.

내포와 외연은 서로 반비례로 증감한다. 내포가 증가함에 따라 외연이 감축되고, 외연이 증가함에 따라 내포가 감축된다. 예를 들면, 생물이란 개념의 내포는 생명을 가지고 있는 것이며, 외연은 동물과 식물로 구분된다. 동물의 내포는 살아서 움직이는 속성을 가지고 있으며, 외연은 생물의 외연에서 식물을 제외한 범위에 해당한다. 이처럼 개념의 내포가 증가함에 따라 그 의미가 정확해지며, 그 외연이 감소하는 것으로 이를 한정(限定) 또는 특수화라 하고, 반대로 개념의 외연이 증가함에 따라 개념의 적용범위가 확대되고 그 내포가 감소하는 것을 개괄(槪括) 또는 일반화라 한다.[3]

한편, 개념에는 한 개념이 단독으로 유지되기도 하고, 몇 개념이 상호보완적으로 유지되기도 한다. 이들 개념간의 상호관계를 나타내면 다음과 같다.[4]

① 유개념(類槪念, genus)과 종개념(種槪念, species)

유개념은 종속관계에 있는 두 개념 중에서 포섭하는 개념, 포섭개념(包攝槪念) 또는 상위개념(superordinate concept)을 말한다. 종개념은 유개념에 포섭되는 개념으로 피포섭개념(被包攝槪念) 또는 하위개념(subordinate concept)을 말한다. 예를 들면, '타악기'와 '실로폰'이라는 개념 중 '타악기'는 유개념, '실로폰'은 종개념이 된다.

② 상위개념(上位槪念, superordinate concept), 하위개념(下位槪念, subordinate concept), 동위개념(同位槪念, coordinate concept)

상위개념은 유개념, 하위개념은 종개념, 동일한 유개념 아래에 있는 같은 위치의 종개념을 동위개념이라 한다. 예를 들면, '가축', '소', '돼지'라는 개념 중 '가축'은 상위개념, '소'와 '돼지'는 하위개념, '가축'에 포함되는 '소'와 '돼지' 간에는 동위개념이다.

③ 구체개념(具體槪念, concrete concept)과 추상개념(抽象槪念, abstract concept)

구체개념은 '강아지', '돌', '바다'와 같이 시간적·공간적으로 실재하는 대상을 가리키는 개념이고, 추상개념은 '진리', '정의', '사랑'과 같이 어떤 대상의 속성이나 관계를 가

---

[3] 김명옥, 『자료분류론』, (서울: 구미무역, 1986), p.10.
[4] 최정태, 양재한, 도태현 공저, 『문헌분류의 이론과 실제』, 개정판, (부산: 부산대학교출판부, 1999), p.3. 오동근, 『최신분류론』, (대구: 태일사, 2015), pp.27-29.

리키는 개념을 말한다.

④ 모순개념(矛盾概念, contradictory concept)과 반대개념(反對概念, contrary concept)

모순개념은 같은 위치에 있는 종개념 안에서 내포의 질이 상반되고 중간자 개념의 개입여지가 없는 쌍방간의 개념을 말한다. 2분법의 원리에 의해 생겨나는 개념으로, 유(有)-무(無), 생(生)-사(死)와 같이 성질이 상반되고 배척되는 개념이다.

반대개념은 쌍방이 내포의 질이 상반되지만, 중간에 새로운 중간자개념이 개입될 여지가 있는 개념이다. 3분법의 기초로, 대-중-소, 상-중-하처럼 서로 상대적인 개념이다.

⑤ 이류개념(異類概念, heterogeneous concept)과 상관개념(相關概念, correlative concept)

이류개념은 아무런 공통적인 내포를 지니고 있지 않아 같은 종류에 포섭할 수 없는 개념을 말하며, 상관개념은 동위관계에 있는 두 개념이 서로 의존하여 뜻이 더욱 분명해지는 개념으로, 실-바늘, 선생-학생과 같은 경우이다.

⑥ 선언개념(選言概念, disjunctive)과 교착개념(交錯概念, cross concept)

선언개념은 '동물, 식물', '남자, 여자'와 같이 동일한 유개념에 속하는 동위개념이지만 그 외연이 전혀 달라 서로 교차되지 않는 개념을 말하고, 교착개념은 '탤런트, 개그맨', '교수, 학생'과 같이 그 근본적인 의미는 서로 다르지만, 그 외연의 일부가 서로 공통되는 개념으로 교차개념이라고도 한다.

⑦ 순수개념(純粹概念, pure concept)과 경험개념(經驗概念, empirical concept)

순수개념은 '시간', '공간', '신(神)'과 같이 어떤 경험도 없이 이성(理性) 자체의 상상을 통해 성립된 개념을 말하며, 경험개념은 '사랑', '교육'과 같이 경험을 통해 얻어지는 개념을 말한다.

⑧ 동일개념(同一概念, identical concept)과 등치개념(等値概念, equipollent concept)

동일개념은 '삼각형', '세모', '부모', '양친'과 같이 개념의 내포는 물론 외연이 완전히 일치하지만, 명칭만 다른 두 개념을 말하며, 등치개념은 '서울-한국의 수도'와 같이 개념의 내포는 일치하지 않으나 외연이 같은 개념을 말한다.

2. 분류의 개념

'분류'를 국어사전에서는 "종류에 따라 나누는 것"으로 간단히 기술하고 있지만, 옥스퍼드사전에서는 "어떤 대상을 그 대상이나 유사성에 따라 종류별(class)로 나누거나 배열하는 행위"[5]로 규정하여 정의를 좀 더 구체화하고 있다. 한편 논리학(論理學)에서는 분류를 "어떤 사물 또는 지식을 일정 원칙에 따라 정리하여 하나의 조직을 이룩하는 것"[6]으로 정의하고 있다.

이와 같이 어떤 대상을 분류하려면 그 대상물이 있어야 하고 분류하는 목적이 무엇인지에 따라 분류기준(원칙)을 마련하여야 한다. 그 기준에 의해 파생된 사물이 나타나고, 그러면 대상물과 파생된 사물은 종속관계가 이루어진다. 이때 상위에 있는 개념을 유개념(類槪念)이라 하고 하위에 있는 개념을 종개념(種槪念)이라 한다. 그리고 종속관계에 있는 이 두 개의 개념은 항상 고정된 것이 아니고 반복하여 종개념을 낳는다. 이를 그림으로 표시하면 다음과 같다.

〈유개념〉 → 〈종개념〉
　　〈유개념〉 → 〈종개념〉
　　　　〈유개념〉 → 〈종개념〉

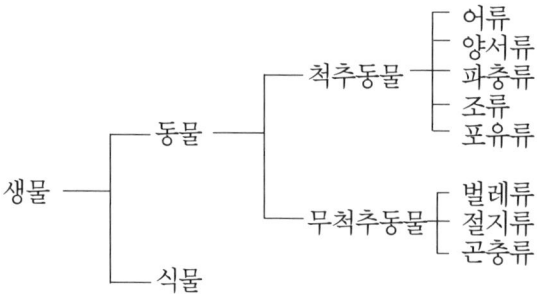

---

5) *Oxford English Dictionary,* (London: Oxford Univ. press), v.3, p.283.
6) 『세계철학대사전』, 앞의 책, p.563.

일반적으로 분류에는 자연적 분류(natural classification)와 인위적 분류(artificial classification)의 두 가지가 있다. 전자는 자연현상의 객관적 성질에 따라 분류의 근거를 자연 그 자체에 두어 분류가 어느 정도 이미 존재하고 있는 것을 말하고, 후자는 인간이 목적, 편의에 따라 사물, 개체를 실천적으로 제어하며 질서를 갖게 하는 수단으로 일정한 분류의 원칙을 설정하여 그 기준에 따른 분류를 의미한다.

자연적 분류에서는 분류가 어느 정도 이미 존재하고 있으며, 따라서 단지 발견되기만 하면 되는데, 반해 인위적 분류에서는 그 분류 자체를 작위적으로 구성하는 것이다. 한 예로, 화학적 원소들은 그 속성들에 의해 어느 정도 이미 분류되어 있다. 원소의 주기율은 사람이 인위적으로 고안해 낸 것이 아니라 원소들 사이에 객관적이고 실제적인 조직관계에서 자연적 분류가 이루어져 있다. 반면에 인위적 분류로서 한 학급을 구성하는 개인들의 성명 첫 글자에 따라 분류하는 경우가 그 예이다. 이것은 결코 무가치한 것이 아니라 오히려 일정량의 사물들과 개체들을 실천적으로 제어하고 질서를 만드는 수단으로 커다란 가치를 지닐 수 있다.

그리고 인위적 분류에는 일반사회에서 임의적으로 설정하는 일반분류가 있고, 학문의 연구 과정에서 얻어진 개념의 분석을 통해 이를 체계화한 학문분류가 있는데 철학, 논리학, 동·식물학 등에서 자체적으로 분류이론을 정립하여 발전시키고 있으며, 문헌정보학에서도 넓은 의미의 학문분류 속에 '문헌분류학'을 창안하여 문헌(문자자료 및 도서)을 중심으로 한 도서관자료의 분류에 활용하고 있다.[7]

3. 분류와 구분

분류(classification)란 개념의 외연을 구분하여 하나의 체계를 조직하는 것으로서 최저의 종개념에서부터 최고의 유개념에 이르기 위해 목적에 맞는 집합을 되풀이하는 데 비하여, 구분(division)이란 특정한 유개념을 종개념으로 분석하여 목적에 따라 체계적

---

[7] 최정태, 양재한, 도태현 공저, 앞의 책, pp.5-7.

으로 정돈하는 것을 말한다.

다시 말하면, 분류는 종합적 방법이어서 하위단위에서 상위단위로 상승하는 현상이 나타난다. 예를 들면, 한국, 중국, 일본, 태국, 말레이시아 등을 묶어 아시아를 구성하는 것이다. 반면에 구분은 분석적 방법으로 상위단위에서 하위단위로 하강하는 형식이어서 예컨대 아시아가 한국, 일본, 중국 등으로 나뉘는 것이다. 분류가 귀납적(歸納的) 방법이라면, 구분은 연역적(演繹的) 방법이라 할 수 있다.

분류와 구분은 결국 방법론적 차이가 있을 뿐이지 목적은 같다. 그러므로 분류를 명확히 이해하기 위해서는 구분을 이해하여야 한다.

구분에는 구분할 대상인 유개념이 있어야 하며 이를 피구분체(被區分體)라 한다. 피구분체를 어떤 원칙에 의하여 나누게 되면 하위개념인 종개념, 즉 구분지(區分肢)가 나타나며 이때 적용되는 일정한 원칙을 구분원리(區分原理)라 한다. 피구분체인 유개념, 구분지로서의 종개념, 그 중간에 개입하는 구분원리 등 이 세 가지 요소를 '구분의 3요소'라 하며, 동시에 '분류의 3요소'라고 칭하기도 한다.

구분하는 방법에 따라 나누어진 구분지의 수에 따라 2분법(dichotomy), 3분법(trichotomy), 4분법(terachotomy) 그리고 다분법(polychotomy) 등이 있다.

그 외에 일종의 다분법으로, 순수 아라비아 숫자를 이용한 10분법(decimal classification), 100분법(centesimal classification)이 있고, 문자만을 사용하는 것, 그리고 문자와 숫자를 함께 사용하는 비십진분류법(non-decimal classification)이 있어서 현재 대부분의 문헌분류는 이러한 다분법의 방식으로 전개, 활용되고 있다.[8]

2.2 문헌분류의 의의와 목적

1. 학문분류와 문헌분류

학문이란 순수한 인간의 사고에 바탕한 개념의 체계로서 사물, 개념 상호간의 관계

---
8) 위의 책, pp.8-9.

를 발견하는 수단을 말한다. 그러므로 학문분류의 목적은 학문의 구분과 배열이므로 논리적으로 철저한 분류원칙을 고수한다. 따라서 논리적 설명의 일관성유지로 만족하며, 개념적이고 간략하며 분류자체가 목적이다.

학문분류와 문헌분류의 차이를 표로 나타내면 〈표 2-1〉과 같다.[9]

〈표 2-1〉 학문분류와 문헌분류의 차이

	학문분류	문헌분류
동 기	철학자가 관념(idea)간의 상호관계 및 순서를 연구하는 과정에서 형성	사서가 개념(concept)간의 상호관계 및 그 순서를 연구하여 형성
목 적	학문의 개념을 대표화 분류자체가 목적	학문에 기초 문헌을 유용한 순서로 배열
성 격	학문의 논리적 성격을 분석 규명 추상적 성격	학문의 실제적 기록을 중심으로 내용과 형태를 기준 구체적 성격
세 분 정 도	충분히 세분되지 않음	세분화 됨
이 론	정교한 분류이론이 불필요	분류이론이 필요함
확장성	주제의 삽입이 용이	기호의 제한으로 어려움

그러나 문헌은 지식이나 사상을 담는 그릇이기 때문에 문헌분류는 학문의 분류에 준거하고 학문의 진보와 발전에 따라 개정하면서 차이를 좁히려고 노력한다. 따라서 문헌의 이용을 위한 수단으로 분류자체가 목적일 수 없고 이용이 목적이므로 실익을 주는 것이 전제된다.

그러므로 문헌의 구체적 성질을 따를 수 있어야 하고 간략한 것이 아니고 상세해야 하고 구체적이어야 한다. 철저한 논리적 일관성보다 사용에 편리한 인위적 요소가 가미된다.

---

9) Krishan Kumar, *Theory of Classification*, 2nd ed., (New Delhi: Vikas Publishing House, 1981), pp.435-438.

2. 문헌분류의 의의

인간은 자기 의사를 표현할 수 있는 언어를 가졌기 때문에 구체적으로 삶의 표현이 가능하며 그 구체적 삶의 표현이 가시적 언어형식으로 영속화되고 고증화 된 물증이 곧 문헌(文獻)인 것이다. 문헌이란 말이 처음 사용된 것은 논어에서였다. 문(文)은 '사실(事實) 서술의 전적(典籍)'을 의미하며, 헌(獻)은 '현인(賢人)들의 논평(論評)'을 뜻한다고 한송(漢宋)의 학자들이 풀이하고 있다.

일반적으로 문헌은 고금(古今)을 불문하고 대체로 종이 매체에 기록되어 도서관에서 수집 보관하고 있는 모든 자료를 포함한다. 그러나 문헌정보학적 의미로서는 종이뿐만 아니라 기록매체에 서술된 모든 것을 의미한다고 할 수 있다.

문헌분류는 논리학상의 분류개념과 일치하고 학문 활동에서 이루어지는 학문적 분류이론과 궤(軌)를 같이한다. 이와 같이 학문분류는 문헌분류를 포섭하여 큰 영향을 주었으며 대부분의 현대 주요 분류표가 학문분류의 기저위에서 창안되고 발전되었다. 따라서 문헌분류의 정의도 일원화되어 있지 않고 기관마다 학자마다 차이가 난다.[10]

문헌분류의 정의를 살펴보면 한국도서관협회의 『문헌정보학용어사전』에서는 ① 체계적으로 편성된 분류표에 의거하여 한 도서의 내용, 주제 또는 형식에 일치하거나 유사한 분류번호를 찾아서 그 도서에 배정하는 행위, ② 도서를 분류하기 위해 조직된 분류표, ③ 데이터처리에 필요한 기록코드화의 체계 등으로 정의하고 있다.[11]

또 미국도서관협회(ALA)의 『문헌정보학용어집』에는 "어떤 원칙, 개념, 목적에 따라 일정한 순서대로 배열된 유의 체계(series of class)를 말하고 도서관, 문서관에서는 기록물을 미리 고안된 파일체계에 따라 구별하는 행위"로 정의하고 있다.[12]

---

[10] 최정태, 양재한, 도태현 공저, 앞의 책, p.17.
[11] 사공철 등편, 『문헌정보학용어사전』, (서울: 한국도서관협회, 1986), p.100.
[12] Heartsill Young, ed., *The ALA Glossary of Library and Information Science,* (Chicago: ALA, 1983), p.44.

3. 서지분류와 서가분류

도서관의 문헌분류는 서지기록의 조직수단으로 도서목록·문헌목록에 수록된 자료를 논리적 체계로 배열하는 서지분류와 서가상의 배열수단으로 자료를 주제나 유사성 정도에 따라 논리적 체계로 배열하는 서가분류로 나눌 수 있다.

서지분류란 장서목록(catalog), 서지(bibliography), 색인(index), 초록(abstract) 등에 수록된 자료의 저록(entry)13)을 체계적으로 배열하기 위한 서지상의 분류를 말한다. 서지분류는 일명 목록분류라고도 하며 장서목록에는 분류기호가 포함되기도 하나 그 외의 대부분의 경우는 일반적으로 분류기호가 포함되지 않는다. 19세기 이전의 경우는 주로 서지분류 체계가 알려져 있다.

서가분류란 자료를 서가상에 체계적으로 배열하기 위한 분류를 말한다. 서가분류는 자료를 서가상에 배가하기 위한 분류이므로 배가분류라고 하기도 하며 배가를 편리하게 하기 위해서는 분류기호가 반드시 필요하다.14)

고정식 배가법(fixed location)이란 자료의 서가상의 배열이 주제와는 관계없이 자료의 형태(크기, 장정 등)나 수입 순에 따라서 배가되는 것으로 한번 자료가 배가되면 고정되어 변하지 않는 것을 말한다. 고정식배가법을 사용하는 경우에 자료검색을 위해서는 별도의 서지분류법이 필요하게 된다. 이 배가법은 서고의 공간을 절약할 수 있는 반면에 개가식 열람방식에서의 직접적인 자료의 주제별 검색이 불가능하다. 특수한 보관 장소가 요구되는 녹음자료나 영상자료와 같은 시청각 자료의 배가에는 비교적 고정식 배가법이 많이 활용된다.

상관식 배가법(relative location)이란 자료의 서가상의 배열이 자료가 증가함에 따라 그 자료의 주제와 관련하여 유사자료가 한 곳에 모이도록 부단히 이동하는 이동식 배가법을 말한다. 이 상관식 배가법이 되기 위해서는 기본적으로 자료에 대한 분류작

---

13) 저록이란 기입이라고도 하며 도서관 목록이나 색인을 구성하는 단위로서, 목록에서는 필요한 사항이 기재된 개개의 목록을 말한다.
14) 최달현, 이창수, 『정보자료의 분류』, (서울: 한국도서관협회, 1998), p.17.

업이 이루어져야 하며 개가식 열람방식을 취하는 도서관에서는 반드시 필요한 배가법이다.

발생적으로 볼 때 서지분류가 서가분류에 앞선다고 볼 수 있는데, 1870년 해리스(W. T. Harris)는 그의 분류표에서 이 서지분류와 서가분류를 동일한 분류법에 따라 분류하기 위한 시도를 하였다. 이러한 서지분류와 서가분류의 일원화는 1876년 듀이(M. Dewey)가 DDC를 출판함으로써 확립되었다. 현대의 주요 문헌분류법들은 서가분류를 위한 분류표임과 동시에 서지분류를 위한 분류표라고 할 수 있다.[15]

4. 문헌분류의 조건

문헌분류표는 분류의 원리와 규칙에 따라서 체계적으로 배열한 분류명사들, 그리고 이들을 기호화한 분류기호(code or notation)로 된 주 분류표(schedule)와 보조표(table), 분류기호에 대한 효과적인 검색도구로서의 색인(index) 등으로 구성된다.

분류기호(classification number ; class mark ; class notation ; class number)란 분류항목을 간결하게 표시한 부호를 말한다. 분류체계나 그 순서를 표시하여 문헌의 주제를 표현함과 동시에 도서기호와 함께 청구기호를 구성하여 자료의 서가상의 위치를 결정하기도 한다.[16] 다시 말해 분류체계의 특정주제에 대한 확인과 서가상 혹은 목록 기입상에 자료를 명확하게 배열할 수 있도록, 모든 명사의 논리적 순서를 간략한 형식으로 표현한 상징(symbol)이며 부호(code)이다.

분류기호에는 아라비아 숫자와 로마자 이외에 각종 조합기호(: = + 등)가 사용된다. 분류기호의 종류로는 기호로 사용된 상징(기호)의 조합여부에 따라서 순수기호와 혼합기호로 구분한다.

순수기호(pure notation)란 숫자 혹은 문자 등과 같은 하나의 기호체계만 사용하는 분류기호를 말하며, 여기에는 아라비아 숫자만을 사용하는 KDC, DDC, NDC 등이 포

---

15) 앞의 책, pp.17-18.
16) 사공철 등편, 앞의 책, p.169.

함된다. 이처럼 아라비아 숫자를 사용해 십진식으로 전개해 나가는 기호법을 십진기호법이라고 한다.

혼합기호(mixed notation)는 숫자나 문자를 포함해서 2가지 이상의 기호체계를 사용하는 분류기호를 말한다. 여기에는 LCC, SC, CC 등이 포함된다.

또한 분류기호는 계층적 기호와 표현적 기호로 나누기도 하는데, 계층적 기호는 구조적 순서 혹은 분류의 계층을 반영하는 것으로 DDC, KDC 등이 여기에 속하며, 표현적 기호는 주제 사이의 관계를 표현한 것으로 UDC, LCC가 여기에 속한다.

세이어즈(A.M. Sayers)는 좋은 분류기호의 조건을 다음과 같이 들고 있다.[17]
① 기호는 가능한 한 간결해야 한다.
② 기호는 단순해서 읽고, 쓰기 쉬워야 한다.
③ 기호는 가능한 한 그 자체로써 동위계열과 종속관계가 표시될 수 있어야 한다.
④ 기호는 분류상의 주제순서를 나타낼 수 있어야 한다.
⑤ 기호는 새로운 주제를 삽입할 수 있는 포용력이 있어야 한다.
⑥ 기호는 기억하기 쉽고 새로운 주제를 예측할 수 있도록 조기적 특수보조기호(special mnemonic aids)를 갖추어야 한다.
⑦ 기호는 면(facet)과 형상관계(phase relationship)의 각 변화를 표시할 수 있어야 한다.

위의 내용을 정리하면 다음의 5가지로 요약할 수 있다.

첫째, 단순성(simplicity)으로 말하고, 읽고, 쓰고, 입력하기 쉬우며, 기억하기 쉬워야 한다. 문자기호에 비해서 숫자기호가 더 단순하다. 그러므로 아라비아 숫자가 단순성 면에서는 어느 기호체계보다도 우수하다.

둘째, 간결성(brevity)으로 기호의 길이는 짧아야 한다. 블리스(H. E. Bliss)는 "기호는 가능하면 짧아야 하며 분류기호의 경제적 한계는 3-4개이다"[18]고 하였다. 기호의

---

17) Auther Maltby, *Sayers' Manual of Classification for Librarians*, 15th ed., (London: Andre Deutsch, 1978), p.74.
18) Henry Evelyn Bliss, *The Organization of Knowledge in Libraries and the Subject- Approach*

길이를 짧게 하기 위해서는 주류를 크게 하는 방법이다. 아라비아 숫자를 사용해 십진식으로 전개한다면 10개로 구분되고 알파벳 문자를 사용하면 26개로 구분된다. 따라서 간결성 면에서는 숫자보다 문자체계가 훨씬 유리하다. 다음으로는 기호를 간결하게 하는 방법으로 기호의 배치를 균형적으로 하는 방법이다. 분류항목과 그에 따른 기호의 나열은 기본적으로 그 분야 학문의 체제에 순응하여 논리적으로 배열되어야 하겠으나 학문의 발전과 그에 따른 문헌의 양은 주제분야에 따라 차이가 있으므로 각 분야의 문헌적 근거(literary warrant)에 따라 기호의 배정범위를 달리하여 필요 없이 나열되어 사용되지 않는 번호가 없도록 조정됨으로써 자연히 기호가 짧아질 수 있도록 할 수 있다.

셋째, 신축성(flexibility)으로 학문의 발달에 따른 새로운 주제분야를 포용할 수 있는 포용성 내지 전개성이 있어야 한다. 다시 말해 새로운 주제의 삽입이 쉬워야 하는데, 이때 분류표 전체의 체제를 흩뜨리지 않고 분류표 어느 곳에든지 삽입할 수 있어야 하고 도서관의 필요에 따라 기호를 세분화하고 조정할 수 있는 융통성이 있어야 한다.

넷째, 조기성(mnemonics)으로 기호는 기억하기 쉽도록 가능한 한 동일 기호에 같은 의미를 부여하는 것이 바람직하다. 유용한 순서에 따른 조기성을 둠으로써 분류자와 이용자의 기억을 돕고 시간과 노력을 절약하게 해야 한다.

다섯째, 계층성(hierarchy)으로 유, 강, 목의 순서와 명사의 종속관계, 동위관계를 나타낼 수 있어야 한다.

여섯째, 통용성으로 특정국가에서만 사용하는 특정언어 보다는 많은 국가에서 통용되는 기호체계를 사용하는 것이 좋다. 이러한 측면에서는 아라비아 숫자가 가장 우수하다.

색인은 각각의 정보자료의 특성을 표현하는 데이터 요소를 뽑아 각 정보자료의 내용을 대표하도록 한 것으로, 특정한 정보의 위치를 지시하거나 관련 정보만을 걸러서 이용자에게 효율적인 정보접근 수단을 제공한다. 색인은 정보검색시스템에서 정보이용자

---

to Books, 2nd ed., (New York: The H. W. Wilson Co., 1939), p.70.(최달현, 이창수, 앞의 책, p.21에서 재인용).

의 접근을 용이하게 하기 위해 정보원에 포함된 정보의 내용을 쉽게 탐지할 수 있도록 소재지시기호를 첨부하여 일정한 순서로 배열한 것을 말한다.

따라서 색인은 색인 그 자체가 목적이 아니라 그것을 이용하는 이용자가 정보를 찾을 수 있도록 하는 것으로 이용자가 목적에 따라 다양하고 특정적인 정보를 필요로 하는 관점에서 접근할 수 있도록 하는 색인자 혹은 색인시스템과 이용자 간의 약속이라고 할 수 있으며 특정한 정보가 필요한 사람에게 그 정보의 위치를 지시해주는 지시적 기능과 방대한 정보원으로부터 가장 유사한 내용의 정보자료만을 선별해주는 역할을 한다.

문헌분류표에서 색인은 분류자가 분류업무를 수행함에 있어서 분류항목을 쉽게 찾을 수 있도록 분류항목의 용어와 관련된 모든 용어를 자모순으로 나열하고 그것에 해당하는 분류기호를 제시한 것이다. 색인은 용어의 배열체계에 따라 열거색인과 상관색인으로 나누어 볼 수 있다.[19]

열거색인(enumerative index)은 분류표상에 나와 있는 용어만을 자모순으로 나열하고 그것에 해당하는 분류기호를 제시한 것을 말한다.

상관색인(relative index)은 분류표상에 나와 있는 용어뿐만 아니라 분류자가 접근할 가능성이 있는 모든 용어 즉 동의어, 유사어, 용어의 도치형식 그리고 다단계 기입 등을 가미하고 해당 분류기호를 제시한 색인을 말한다. 이 상관색인은 듀이(M. Dewey)가 DDC에서 처음으로 도입한 것이다.

따라서 상관색인을 사용하면 분류표상에는 흩어져 있지만 상관색인은 한곳에 모여 있고, 본표에 나타나지 않는 단어도 찾을 수 있게 된다.

2.3 문헌분류의 종류

분류표는 그 기호법이나 분류방식에 따라 십진식 분류표과 비집진식 분류표로, 구조원리나 작성방식에 따라 열거식 분류표, 준열거식 분류표, 분석합성식 분류표로, 지식

---

[19] 최달현, 이창수, 앞의 책, p.25.

이나 주제의 적용범위나 대상자료에 따라 일반(종합)분류표, 표준분류표, 특수(전문)분류표로 구분하기도 한다.

1. 분류방식(기호법)에 의한 종류

도서관에서 통용되는 문헌분류는 사용하는 기호의 종류에 따라서 십진식 분류(十進式分類, decimal classification)방법과 비십진식 분류(非十進式分類, non-decimal classification)방법으로 나눌 수 있다.

1) 십진식 분류표

십진식 분류(decimal classification)는 순수 아라비아 숫자를 사용하여 전체지식을 1에서 9까지의 주제영역을 배정하고, 여기에 해당되지 않는 기타 주제를 0에 배정한 다음, 각각의 주제영역은 다시 10개의 하위그룹으로, 각각의 하위그룹은 다시 10개의 소그룹으로 계층적으로 구분하는 분류시스템이다.

십진식 분류방법에 의하여 분류하는 도서관은 규모와 장서의 양, 예상 장서 증가량에 따라 몇 자리까지의 기호를 사용할 것인지를 자체적으로 결정하여야 한다. 초등학교 도서관은 2자리(100구분)수에서도 가능하지만, 중등학교 도서관에서는 3자리(1000구분)정도가 되어야 하고 장서량이 많은 대학도서관에서는 세목구분까지 확장시켜 분류하여야 된다.

십진식 분류표는 다음과 같은 장점을 가지고 있다.[20]
① 아라비아 숫자로 된 분류기호가 단순하고, 이해하기 쉬우며, 순서성이 명확하다.
② 분류기호의 상하관계가 분명하여 용이하게 개념을 파악할 수 있다.
③ 분류기호가 신축성이 있기 때문에 계속적인 전개를 통해 새로운 주제를 용이하게 삽입할 수 있다.

---

20) 이창수, 『자료분류론』, (서울: 한국도서관협회, 2014), p.19. 오동근, 앞의 책, p.68.

④ 대부분의 경우 조기성(助記性)이 풍부하여 기억하기 쉽다.
⑤ 아라비아 숫자를 사용하기 때문에 국제적 통용성을 가지며 실용적이다.
⑥ 특히, 상관색인을 갖추고 있을 경우 사용하기 편리하다.

십진식 분류표는 다음과 같은 단점을 가지고 있다.[21]
① 기수(基數, base)가 제한되어 분류지(分類肢)가 9개로 한정되어 있어 형식적이고 동위류의 전개능력이 떨어지는 등 기호배분상의 문제가 있다.
② 10개씩 점진적으로 전개해 나가는 지식 전체에 대한 구분이 지나치게 기계적이고 인위적으로 될 가능성이 높다.
③ 새로운 항목을 적절한 위치에 삽입하기가 곤란한 경우가 많고, 그로 인해 주제의 배열에 비논리적인 곳이 커질 가능성이 있다.
④ 십진식 전개에 의해 분류기호가 불필요하게 길어지는 경우가 생길 수 있다.
⑤ 비십진식 분류표에 비해 전개능력이 부족하다.

이와 같은 단점이 있음에도 10진식 분류표는 전 세계적으로 광범위하게 보급되어 사용되고 있으며, KDC, DDC, NDC, UDC, KDC(P) 등이 여기에 속한다.

2) 비십진식 분류표

비십진식 분류(non-decimal classification)는 숫자가 아닌 문자를 사용하거나 문자와 숫자 등을 혼합하여 그 기호로 사용하는 분류법을 말한다. 이 방식을 채택한 대표적인 분류표로는 LCC, CC, EC, SC, BC, 국제백진분류법(國際百進分類法)[22] 등이 있다.
이러한 분류표는 대도서관이나 전문, 학술도서관에서 많이 채택하고 있다. 그 이유는 전개능력이 십진식분류 방식보다 크기 때문이다. 알파벳 문자에 의해 주제를 전개할 때 1단위에서는 숫자의 구분능력이 10개 주제인 반면, 알파벳문자는 26개 주제이

---

21) 이창수, 위의책, p.20. 오동근 위의 책, pp.68-69.
22) 정필모, 『國際百進分類法硏究: 人文學分野編』, (서울: 중앙대학교 출판부, 1996), pp.20-21.

며, 2단위에서는 숫자 10×10 = 100개 주제, 알파벳문자 26×26 = 676개 주제, 3단위에서는 숫자 10×10×10 = 1,000개 주제, 알파벳문자 26×26×26 = 17,576개 주제로 확장되어 분류할 수 있다. 그리고 이 주제가 숫자와 결합할 때는 거의 필요한 대로의 전개가 가능하다.

비십진식 분류표는 다음과 같은 장점을 가지고 있다.[23]
① 기수(基數, base)를 확장할 수 있기 때문에 기호의 전개능력이 십진식 분류표에 비해 크다.
② 분류기호에 구애되지 않고 상세한 분류체계를 합리적으로 구성할 수 있다.
③ 학문적으로 명확하고 논리적인 구성 가능성이 높다.
④ 새로운 주제를 적절한 위치에 추가하기가 용이한 경우가 많다.
⑤ 기호의 계위수가 짧게 끝나는 장점이 있다.

비십진식 분류표는 다음과 같은 단점을 가지고 있다.[24]
① 기호가 복잡해지고 따라서 배열이 어려워지는 단점이 있다.
② 조기성 부여하기가 어렵고, 관련 분류기호 기억하기가 어렵다.
③ 최초의 기호배정이 잘못될 경우 신규주제 삽입이 곤란하다.

2. 구조원리(작성방법)에 의한 종류

문헌분류는 주제를 분석하고, 특정 주제를 표기하는 분류기호의 작성 방법에 따라서 그 종류를 구분할 수 있는데, 이러한 구분원리에 의한 문헌분류법의 종류로는 열거식 분류표(列擧式分類表, enumerative classification), 분석합성식 분류표(分析合成式分類表, analytico-synthetic classification), 그리고 준열거식 분류표 (準列擧式表, semi-enumerative classification)가 있다.

---
23) 윤희윤, 『정보자료분류론』, 제5판. (대구: 태일사, 2015), p.52
24) 위의 책, p.52.

1) 열거식 분류표

열거식 분류표(enumerative classification)은 인류의 모든 지식을 주제 또는 형식에 따라 최고의 류(類)에서 최저의 종(種)에 이르기까지 체계적으로 모두 나열하여 분류기호를 배정한 분류표를 말한다. 이 방식을 사용하는 분류표로는 인류 최대의 열거식 분류표인 LCC를 비롯하여 DDC, KDC, NDC가 여기에 해당한다.

그러나 어떠한 분류표라도 모든 지식을 완전히 열거할 수 없기 때문에 합성의 방식을 채택하고 있다. 예를 들면, KDC에서 철학사전을 분류하면 철학(본표, 100) + 사전(표준구분표, -03) = 103이 된다. 이는 합성의 방식을 채택하고 있는 것이다. 따라서 많은 분류표에서 보조표를 두어 열거식의 한계를 극복하고 있으며, DDC의 경우 문학류(800)에서는 분석합성의 방식을 대거 도입하고 있다.

도서관에서 사용하는 분류표들의 열거의 방법과 분석합성의 방법 사용정도에 따라 그 스펙트럼을 그려보면 아래와 같다.

```
열거식              DDC         CC    분석합성식
분류표 ← LCC - KDC - UDC - BC →  분류표
                    NDC
```
〈구조원리에 따른 문헌분류표 스펙트럼〉

2) 분석합성식 분류표

분석합성식 분류표(analytico-synthetic classification)은 열거식 분류방식에서 모든 주제를 일일이 열거하는 대신 각 지식 분야를 구성요소인 패싯(facet)으로 분석한 다음, 미리 설정된 조합공식에 따라 합성하도록 구성한 분류 방식이다. 일명, 패싯분류표(facet classification)라고도 하며 인도의 도서관학자 랑가나단(S. R. Ranganathan)이 1933년 창안한 CC(Colon Classification)가 대표적인 예이다.

이 분류방식은 열거식 분류법의 복합주제를 기호화하는데 한계점을 극복하고자 이를 해결하기 위해 창안된 것이다. 열거식 분류방식이 단선(單線)에서 이루어진 일면적(一面的)인데 비하여 이 분류법은 다면적(多面的) 분류법이라 할 수 있다.

3) 준열거식 분류표

준열거식 분류법(semi-enumerative classification)은 열거식보다 분석합성의 방식을 더 많이 도입한 방식이다. 대표적인 예가 주제의 합성을 위하여 주로 공통보조표(common auxiliaries)나 결합기호를 사용하는 UDC가 그 예이다.

예를 들어, '영어로 쓰여진 문헌정보학 사전'이라는 주제를 UDC에 의하여 분류하면 다음과 같다.

분류기호　　02(03)=20
　　주제 : 02　　　문헌정보학
　　형식 (03)　　　사전
　　언어구분=20　　영어

3. 지식적용범위(대상자료)에 의한 종류

문헌분류표는 지식의 적용범위에 의한 일반(종합)분류표, 표준분류표와 특수(전문) 분류표로 구분할 수 있다.

1) 일반(종합)분류표

일반분류표(general classification)란 모든 주제를 망라적 포괄적으로 조직하고 부분별 구성은 평균화되어 있는 분류표를 말한다. 공공도서관이나 대학도서관, 학교도서관 등의 전체 주제를 취급하는 도서관에서 사용하는 분류표이다. 따라서 일반분류표는 도서관의 규모에 관계없이 사용할 수 있어야 하고 도서관의 성격에 맞게 적절한 번호를 선정하여 쓸 수 있는 선택의 여지(alternative location)가 있어야 한다. 대표적인 일반분류표로는 DDC, KDC, UDC, NDC, CC, BC 등이 있다.

2) 표준분류표

표준분류표(standard classification)란 도서관계에서 널리 채택되어 한 나라의 표준이 된 분류표를 말한다. 대표적인 분류표로는 미국의 DDC, 한국의 KDC, 일본의 NDC 등이 있다.

3) 특수분류표

① 일반분류표와 달리 특정 주제 분야를 중심으로 만들어진 것으로 다른 분야는 전문분야의 관계에 대한 밀접성에 따라 정조(精粗)의 차이를 두고 있다. 전문주제를 다루고 있기 때문에 전문분류표라고도 하며, 전문도서관에서 주로 사용하는 분류표이다.

예) 한국교회문헌분류법 / 김창의
　　한국전통음악자료분류법 / 국립문화재연구소 예능민속연구실(1997)
　　National Library of Medicine Classification /
　　　U.S. National Library of Medicine(1969)
　　The British Catalogue of Music Classification /
　　　E.J. Coates(1960)

② 특수한 형태의 자료를 분류하기 위한 분류표로 비도서자료, 문서자료 등을 분류하기 위한 분류표가 있다.

예) 전국언론사 기사자료표준분류표 / 한국언론연구원·한국조사기자협회
　　직업분류표(직업 분류)
　　미국문서관리국 분류시스템
　　정부공문서분류법(총리령 제416호)
　　행정자료분류표 / 국가기록원
　　한국특허분류표 / 특허청

국제특허분류표 / 특허청(1994)
Map Classification
International Patent Classification / WIPO(1994)
UN Documents Classification System / UN

제3장

문헌분류의 역사

3.1 동양의 문헌분류사
3.2 서양의 문헌분류사

제3장 문헌분류의 역사

3.1 동양의 문헌분류사

1. 중국의 문헌분류

중국 고대의 학문은 일반적으로 육예(六藝)로 구분되었다. 육예에는 주(周)대에 선비가 배워야 할 여섯 종류의 예술인 예(禮), 악(樂), 사(射), 어(御), 서(書), 수(數)와 사마천의 사기에 나타난 육경(六經), 즉 예(禮), 악(樂), 시(詩), 서(書), 역(易), 춘추(春秋) 등 두 가지의 의미가 있다.[1] 이는 시대의 변천에 따른 의미의 변화로 생각되며, 이와 같은 학문의 구분들은 중국 고대 학문의 기본 골격을 이루었다. 이러한 학문체계의 영향으로 중국 역사에서 각종 유서(類書)나 서목(書目)들은 육예를 근간으로 하여 문헌들이 배열되고, 육예를 중심한 문헌분류 체계가 발달하였다.

1) 칠분법(七分法)

칠분법(七分法)의 분류체계를 채택한 대표적인 서지로 「칠략」(七略), 「칠지」(七志), 「칠록」(七錄) 등이 있다.

「칠략」(七略)은 전한(前漢)의 성제(成帝)가 진시황의 분서(焚書) 때 화를 면한 서적

---

1) 鄭駜謨, 『文獻分類論』, (서울: 九美貿易, 1991), p.22.

들을 전국에서 구하여 유향(劉向)과 유흠(劉歆) 두 부자로 하여금 정리토록 하였다. 유향은 교정을 끝낸 각 책에 대하여 서록(敍錄)을 작성했으며, 이것을 토대로 하여 20권의 별록(別錄)을 편집하였다. 유향은 이 일을 완성하지 못하고 죽었으며 그 아들 유흠이 아버지의 원고를 토대로 하여 분류목록체계의 「칠략」을 BC 5년에 완성하였다.[2]

「칠략」의 내용은 다음과 같은 7개 대류(大類)로 편성되어 있다.[3]

① 집략(輯略 : 총류)은 다른 여섯 개 대류(大類) 전반에 대한 총설
② 육예략(六藝略 : 사서오경 - 유교의 경전류)은 역(易), 서(書), 시(詩), 예(禮), 악(樂), 춘추(春秋), 논어(論語), 효경(孝經), 소학(小學) 등 9종의 유교경전
③ 제자략(諸子略 : 철학류)은 유가(儒家), 도가(道家), 음양가(陰陽家), 법가(法家), 명가(名家), 묵가(墨家), 종횡가(縱橫家), 잡가(雜家), 농가(農家), 소설가(小說家) 등 10종의 제자백가서
④ 시부략(詩賦略 : 시, 운문)은 굴부(屈賦), 육부(陸賦), 손부(孫賦), 잡부(雜賦), 가시(歌詩) 등 5종의 문학서
⑤ 병서략(兵書略 : 군사)은 병권모(兵權謨), 병형세(兵形勢), 병음양(兵陰陽), 병기교(兵技巧) 등 4종의 병서
⑥ 수술략(數術略 : 천문, 수학)은 천문(天文), 역보(曆譜), 오행(五行), 시구(蓍龜), 잡점(雜占), 형법(刑法) 등 6종
⑦ 방기략(方技略 : 의학, 예술)은 의경(醫經), 경방(經方), 방중(房中), 신선(神仙) 등 4종으로 구분되어 있다.

「칠략」에서 집략은 6개략에 대한 총론과 분론(分論)으로, 각 유의 내용을 설명하는 부분이기 때문에 「칠략」은 실제적으로 6분법이라 할 수 있다. 또한 「칠략」에서는 대류를 '약(略)', 소류(小類)를 '종(種)', 종 아래의 세 구분을 '가(家)'라 하는데, '가' 아래에 작자의 연대순에 따라 서적들을 배열하였다. 「칠략」에는 7개의 약(略), 38개의 종(種),

---

[2] 최정태, 양재한, 도태현 공저, 『문헌분류의 이론과 실제』, 개정판, (부산: 부산대학교출판부, 1999), pp.30-31.
[3] 오동근, 『최신분류론』, (대구: 태일사, 2015), p.122.

603개의 가(家), 13,129권의 서적이 수록되어 있다.[4]

「칠지」(七志)는 송나라 때(473년) 비서승(秘書丞) 왕검(王儉)이 비각(秘閣)에 소장된 도서를 정리하여 사부관수목록(四部官修目錄)을 편찬하였는데 그 수록된 도서의 수는 1,574권이라 전해지고 있다. 사분법에 의하여 작성된 이 목록을 칠분법으로 따로 편찬하여 동년에 완성하였는데 이것이 「칠지」이다.[5]

「칠지」의 분류체계는 이 목록이 망실되어 자세히 알 수 없으며 다만 「수서경적지」(隨書經籍志)에 전해지는 바에 의하면 그 내용을 추측해 볼 수 있다. 「칠략」은 엄격한 의미에서 육분법 체계였던데 비하여 「칠지」는 명실상부한 칠분법 분류체계를 갖추고 있었다.

「칠지」의 분류체계는 경전지(經典志: 유교 경전류), 제자지(諸子志: 철학류), 문한지(文翰志: 시, 운문류), 군서지(軍書志: 병서류), 음양지(陰陽志: 음양오행류), 술예지(術藝志: 의학, 예술류), 도보지(圖譜志: 지리와 지도류)로 되어 있다. 「칠지」는 「칠략」을 모방하되 집략을 없애고 명칭을 략(略)에서 지(志)로 변경하고 도보지가 추가되어 지리와 지도를 독립시켰으며, 부록으로 도경록(道經錄: 도교)과 불경록(佛經錄: 불교)을 추가하고 있다.

「칠록」(七錄)은 양(梁)나라의 완효서(阮孝緒)가 편찬한 12권으로 된 칠분법 체계의 목록이다. 「칠록」의 상세한 분류체계는 이 목록이 소실되어 자세히 알 수 없으나 「광홍명집」(廣弘明集)에 수록된 자서(自序)에 칠분법 분류체계임을 알 수 있다.

「칠록」의 분류체계는 경전록(經典錄: 유교경전류), 기전록(紀傳錄: 역사와 지리류), 자병록(子兵錄: 병서류), 문집록(文集錄: 문집류), 술기록(術技錄: 천문, 의학, 수학류), 불법록(佛法錄: 불교), 선도록(仙道錄: 도교)으로 되어 있다. 「칠록」에서는 역사와 지리를 합병하여 기전록(紀傳錄)에 두고 불교와 도교에 관한 것을 부록에서 정규의 항목으로 독립시켜 놓고 있다.

---

[4] 위의 책, p.122-123.
[5] 최정태, 양재한, 도태현 공저, 앞의 책, p.32.

2) 사부분류법(四部分類法)

기록상으로 중국의 사부분류법에 의해 문헌을 최초로 분류한 것은 위의 비서랑(秘書郎) 정묵(鄭黙)이 궁중문고의 장서목록인 「중경부」(中經簿)를 편찬한 것으로 알려져 있다. 그러나 이 장서목록은 소실되어 그 내용을 자세히 알 수 없다. 다만 진나라 초에 순욱(荀勗)이 편찬한 「중경신부」(中經新簿)의 분류체계를 통하여 「중경부」의 분류체계를 추측할 수 있다.

따라서 「중경부」를 가장 오래된 사부분류법 분류체계를 사용한 목록이라 한다면 「중경신부」는 현재 그 내용의 일부가 전해지고 있는 가장 오래된 사부분류법 체계의 목록이라 하겠다.

「중경신부」의 분류체계는 문헌들을 갑(甲), 을(乙), 병(丙), 정(丁)의 사부로 나누었으며 그 각각에는 경(經), 자(子), 사(史), 집(集)의 순으로 문헌들을 수록하였다.6)

동진(東晋) 초에는 저작랑(著作郎) 이충(李充)의 「진원제서목」(晋元帝書目)에서는 「중경신부」의 분류체계를 모방하여 갑, 을, 병, 정의 사부로 구분하였다. 이충의 사부분류법은 「중경신부」에 비하여 을부와 병부의 내용이 서로 바뀌었는데 이러한 사부분류법의 순서와 체계는 이후의 경, 사, 자, 집의 사부분류법 체계로 확립되었으며 이 순서는 오늘날까지 지켜지고 있다. 따라서 각 부의 명칭을 그렇게 사용하지는 않았지만 그 순서를 경, 사, 자, 집의 순으로 하였으므로 오늘날의 사분법 체계는 이충의 「진원제서목」에서 비롯되었다고 하겠다.

사부분류법의 체계를 확립한 목록으로 당 태종 정관(貞觀) 15년(641)에 이순풍(李淳風), 위안인(韋安仁), 이연수(李延壽) 등이 편찬한 「수서경적지」(隨書經籍志)가 있다. 「수서경적지」는 경부(經部), 사부(史部), 자부(子部), 집부(集部)로 구분하여 사부분류법의 체계를 확립하였으며, 부록으로 도경(道經)과 불경(佛經)을 두었다.

사고전서총목(四庫全書總目)은 청나라 고종 38년(1773)부터 47년(1782)까지 10년에 걸쳐 편찬한 문연각(文淵閣)에 소장한 자료에 대한 목록류이다. 이 목록은 당시의 가장

---

6) 위의 책, p.35.

일반적 분류법이었던 사부분류법을 채용하였는데, 사부분류법이 완비된 목록류이다.

「사고전서총목」은 경사자집의 사부로 나누고 경부는 10류, 사부는 15류, 자부는 14류, 집부는 5류로 세분하여 모두 44류 구성되어 있다. 그 자세한 내용은 아래와 같다.[7]

```
經部 : 易類 書類 詩類 禮類 春秋類 孝經類 五經總義類 四書類 樂類 小學類
史部 : 正史類 編年類 紀事本末類 別史類 雜史類 詔令奏議類 傳記類 史鈔類
       載記類 時令類 地理類 職官類 政書類 目錄類 史評類
子部 : 儒家類 兵家類 法家類 農家類 醫家類 天文算法類 術數類 藝術類 譜錄
       類 雜家類 類書類 小說家類 釋家類 道家類
集部 : 楚辭類 別集類 總集類 詩文評類 詞曲類
```

2. 한국의 문헌분류

우리나라에서는 삼국시대 이전에 중국에서 문자가 전래되었고, 삼국시대에 교육기관과 도서를 관리하던 기관들이 있었다. 그러나 이들 기관에 소장한 문헌에 대한 분류체계는 확인되지 않고 있다.

고려조에 이르러서는 서적을 보관하거나 관장하던 기관들이 나타나는데 고려시대 문고의 종류는 다음과 같은 5가지로 구분할 수 있다.[8]

첫째, 비각(秘閣)과 비서성(秘書省)을 위시한 왕실문고

둘째, 서경의 수서원(修書院)과 같은 관영문고, 그리고 국사의 보존을 위한 사고(史庫)

셋째, 관학인 국자감(國子監)과 사학인 구제(九齊)

넷째, 홍왕사(興王寺)를 위시한 사원문고

다섯째, 개인의 사설문고, 즉 서제(書齊)의 그것 등이다.

그러나 이러한 기관들에 소장되었던 서적의 목록이나 분류에 관하여는 기록이 없다.

---

7) 위의 책, pp.36-38.

8) 白麟, 『韓國圖書館史硏究』, (서울: 韓國圖書館協會, 1969), p.51.

다만 고려시대 국교로 인한 불교의 발전에 더불어 대장경 주조 등을 통한 여러 불경의 편찬에 따른 기록들이 남아있어 여러 불교 관련 문헌을 통해 추정해 볼 수는 있다.

1) 고려시대 불전목록의 분류

초조대장목록(1011-1083)은 고려 현종(顯宗) 2년(1011)부터 문종(文宗) 37년(1083) 사이에 최사위(崔士威)의 책임 하에 편찬되었는데, 그 분류법은 목록상에 어떤 분류체계는 없으나 천함(天函)부터 영함(英函)까지는 중국의 개원석교록 중의 현장입장록(現藏入藏錄)과 속정원석교록(續貞元釋敎錄)의 분류체계를 따르고 있으며, 크게 대승경율론(大乘經律論), 소승경율론(小乘經律論), 성현집전(聖賢集傳)으로 분류하고 있다. 그러므로 이 목록은 불교의 기본분류법인 삼장분류법을 따르고 있다고 할 수 있다.[9]

신편제종교장총록(新編諸宗敎藏總錄)은 고려 선종 7년(1090)에 대각국사 의천(義天)이 편찬한 것으로 불경을 논한 책들의 목록으로 현존하는 우리나라 최고(最古)의 목록이다. 일명, 의천록, 교장총록, 속장총록이라고도 부른다.[10] 이 목록은 개원석교록이 대승, 소승으로 먼저 분류한 다음 경, 율, 론으로 전개한 데 비하여 신편제종교장총록은 경, 율, 론을 먼저 분류하고 의천의 교학관에 따른 경전명과 저자의 연대순 배열을 사용한 독자적 체계를 지니고 있다. 이 당시 대장목록류에서 사용한 분류법이 불교 문헌을 경장(經藏), 율장(律藏), 논장(論藏)으로 구분한 삼장분류법(三藏分類法)을 채택한 것으로 보인다.[11]

재조대장목록(1236-1248)은 고려 고종 23년(1236)부터 35년(1248)까지 대장경을 재조할 당시 수기법사(守其法師)의 책임 하에 편찬된 목록이다. 재조대장경(일명 팔만대장경)은 초조대장경이 몽고군 침입으로 소실된 이후 다시 판각한 대장경으로 해인사

---

9) 오동근, 앞의 책, p.129.
10) 정필모, 앞의 책, p.86.
11) 최달현, 이창수, 『정보자료의 분류와 주제명』, (서울: 한국도서관협회, 2005), pp.34-35.

에 보존하고 있다. 이 대장경은 초조대장목록을 바탕으로 주로 개원석교록과 속정원석교록을 대조하여 편찬한 것으로 분류법은 초조의 대장목록과 동일하다고 볼 수 있다.

2) 조선시대 유교목록의 분류

조선시대에는 중국에서 채택한 사부분류법을 활용한 장서목록류가 나타나게 된다. 조선시대에 사부분류법을 채택한 대표적인 목록류로는 「해동문헌총록」(海東文獻總錄), 「누판고」(鏤板考), 「규장총목」(奎章總目) 등이 있다.

「해동문헌총록」(海東文獻總錄)은 조선 인조 15년(1637)에 김휴(金烋)가 670여종의 도서를 해제하여 편찬한 해제서목(解題書目)으로 임진왜란으로 많은 전적이 불타 없어지자, 그 화를 면한 지역의 도서를 조사하여 후세에 전하고자 저술한 해제집이다.

경사자집의 사부분류법과 비슷하나 부분적 개수를 통하여 어제시집, 제가시문집, 경서, 사기, 예악, 소학서, 의약서, 농상, 제가잡저술, 시문집 등과 같이 23종류로 세분하여 전개한 사부분류체계의 변용이라고 할 수 있다. 이 책의 의의는 한국최초의 해제집으로 현재 찾을 수 없는 도서들도 들어있어 귀중한 사료적 가치를 가지고 있다는 것이다.

「누판고」(鏤板考)는 조선 정조 20년(1796)에 서유구(徐有榘)가 편찬한 목록으로 이 목록에는 각판(刻板)한 판본만을 수록하였기 때문에 그 이름이 「누판고」이다. 여러 지방에서 각판한 판본을 경사자집으로 구분하고, 다시 하위 구분으로 세분한 사부분류법의 변형이라고 할 수 있다.

앞부분에 국왕이 편찬한 것[어찬 : 御撰]과 국왕이 편찬의 방향을 잡아준 것[어정 : 御定] 66종을 두었으며, 경부(經部)에 8류(類) 2속(屬) 47부, 사부(史部)에 5류 5속 74종, 자부(子部)에 11류 4속 119부, 집부(集部)에 3류 304부를 실어 총 610부로 구성되었다. 각 책마다 권수(卷數), 편찬자 성명 및 소개, 서문과 발문을 인용한 내용소개, 판의 소장처와 현존상황, 인쇄에 드는 종이 분량 등 간략한 해제를 붙였다.

「규장총목」(奎章總目)은 정조 5년(1781)에 각신(閣臣) 서호수(徐浩修)가 편찬한 규장각의 장서목록으로 경사자집의 사부분류로 편성되었다. 중국본 목록인 열고관서목(閱古館書目)과 한국본 목록인 서서서목(西序書目)의 합본으로 규장총목이 편찬되었으나 현존하지 않고 있으며 현재는 열고관서목과 표제가 「규장총목」(奎章總目)이라고 된 「개유와서목」(皆有窩書目) 2책이 남아있다.

수록자료 수는 경류(經類) 60종, 사류(史類) 120종, 자류(子類) 148종, 집류(集類) 279종이며, 분류체계는 중국의 사고전서총목보다 1년 앞서 편찬된 것으로 사부분류의 체계에 따라 배열되어 있고, 유(類)의 전개에 있어서는 「수서경적지」(隨書經籍志)에서 채용된 사부분류법과는 다른 점이 많다. 사부분류법에 의한 한국 최초 해제목록인 점에서 한국서지 목록학사상 최고의 위치에 있다는 데 의의가 있다. 규장각의 사부분류 체계는 〈표 3-1〉과 같다.

이외에도 사분법 분류체계인 것은 1909년의 「제실도서목록」(帝室圖書目錄), 1919년 조선총독부 발행 「조선도서해제」(朝鮮圖書解題), 1921년 「조선총독부고도서목록」 등이 있다.

현재 우리나라에서 고서를 가장 체계적이고 방대하게 소장하고 있어 민족문화의 보고이자 한국학 자료의 중심지로 서울대학교 규장각을 들 수 있다. 이곳에서 채택한 분류 역시 사부분류법인데 전통적으로 내려오는 사부분류법과 많이 다르지는 않지만 전자적 환경으로 인한 데이터베이스 구축을 비롯한 다방면에서 많이 차용하여 사용하고 있는 점에서도 이곳의 사부분류법(四部分類法)체계를 살펴볼 필요가 있겠다.[12]

---

12) 최정태, 양재한, 도태현 공저, 앞의 책, pp.40-43.

〈표 3-1〉 규장각의 사부분류법 체계

경부(經部)
    총경류(總經類)
    역류(易類)
    서류(書類)
    시류(詩類)
    춘추류(春秋類)
    예류(禮類)
    효경류(孝經類)
    사서류(四書類)
    악류(樂類)
    소학류(小學類)

사부(史部)
    정사류(正史類)
    편년류(編年類)
    기사본말류(紀事本末類)
    별사류(別史類)
    잡사류(雜史類)
    사표류(史表類)
    초사류(抄史類)
    조령, 주의류(詔令, 奏議類)
    전기류(傳記類)
    보계류(譜系類)
    직관류(職官類)
    정법류(政法類)
    산업류(産業類)
    지리류(地理類)
    서지류(書誌類)
    금석류(金石類)

자부(子部)
    총자류(總子類)
    유가류(儒家類)
    도가류(道家類)
    석가류(釋家類)
    병가류(兵家類)
    농가류(農家類)
    의가류(醫家類)
    잡가류(雜家類)
    천문, 산법류(天文, 算法類)
    술수류(術數類)
    예술류(藝術類)
    정음류(正音類)
    역학류(譯學類)
    보록류(譜錄類)
    유서류(類書類)
    서학류(西學類)
    동학류(東學類)
    기독교류(基督敎類)
    기타종교류(其他宗敎類)

집부(集部)
    총집류(總集類)
    별집류(別集類)
    서간류(書簡類)
    사곡류(詞曲類)
    시문평류(詩文評類)
    소설류(小說類)
    수필류(隨筆類)
    잡저류(雜著類)

3) 근대의 분류법

한말 개화기를 지나면서 서구 문화의 유입과 다양한 주제 분야의 도서가 나오면서 지금까지의 사부분류법 체계로는 대처할 수 없게 되어 종전과는 다른 구조의 분류법들이 등장하게 되는데 같은 한적도서라도 기존의 사부분류 대신 서양의 주류인 십진분류나 그외 독특한 분류체계에 바탕한 분류표가 나타나게 되었다.

문자를 사용하는 분류법으로는 「경성제국대학부속도서관의 양서분류표」(Classification of European Books)가 있었으며, 십진분류법으로는 「조선총독부도서관분류법」, 박봉석의 「조선십진분류법」, 한국도서관협회 편 「한국십진분류법」 등이 있다.

이 중에서 모리스 꾸랑(Maurice Courant)의 분류법과 박봉석의 「조선십진분류법」(朝鮮十進分類法 : KDCP)을 소개하면 다음과 같다.

모리스 꾸랑은 1887년 프랑스의 외교관으로 한국에 부임한 빅또르 꼴렝 드 쁠랑시(Victor Collin de Plancy)의 보좌관으로 1890년에 부임하여 한국의 도서를 조사하는 작업을 시작했으나 쁠랑시의 일본 전출로 이 계획은 꾸랑에 의해 계속되고 완성되게 되었다.

그는 한국의 도서들을 조사하는데 왕실문고나 조정의 목록들만을 대상으로 하지 않고 노상서점이나, 대본소, 사찰문고, 개인 소장자료까지 조사했으며 더욱이 영국의 대영박물관 장서, 프랑스국립도서관 장서 등 해외에 소재한 문헌들까지 광범위하게 조사하였다.

꾸랑은 이렇게 수집된 3,821종의 문헌을 해제하여 「한국서지」(Bibliographie Coréenne)라는 이름으로 파리에서 출판하였다. 전 4권으로 된 이 해제서목은 제1권은 1894년, 제2권은 1895년, 제3권은 1896년, 제4권인 보유판은 1901년에 각각 출판되었다.

「한국서지」의 편찬에 채용된 분류법은 종전의 한적분류법과는 전혀 다른 것으로서, 그 전에는 볼 수 없었던 주제 항목들이 많이 나타나는 독창성을 띠고 있음을 알 수 있다. 「한국서지」의 분류체계는 다음과 〈표 3-2〉와 같다.

〈표 3-2〉 한국서지의 분류체계

```
Ⅰ부. Enseignemet 教誨部 (교육류 등)
Ⅱ부. E'tude Des Langues 言語部 (중국어, 일본어 등 각종 언어류)
Ⅲ부. Confucianisme 儒教部 (유교의 경전류)
Ⅳ부. Litterature 文墨部 (시가, 문집, 전설 등)
Ⅴ부. Mceurs et Coutumes 儀節部 (예의, 치리)
Ⅵ부. Histoire et Geographie 史書部 (역사)
Ⅶ부. Sciences et Arts 技藝部 (과학기술, 예술)
Ⅷ부. Religions 教門部 (각종 종교)
Ⅸ부. Relations Internationales 交通部 (조약, 무역, 新報類 등)
```

꾸랑은 문헌을 9개의 부로 구분하였으며 여기에는 종전의 사부분류법 체계에서는 볼 수 없었던 교육, 언어, 조약, 무역 등에 관한 주제들이 포함되어 있다. 각 부는 다시 몇 개씩의 유로 구분되며 각류 아래서 개개 도서의 표제를 앞세워 해제하였다. Ⅰ부 1장의 맨 처음에 수록된 「반절본문」(反切本文)에서부터 Ⅸ부의 마지막에 수록된 「상무총보」(商務總報)에 이르기까지 각 도서에는 일련번호가 붙여져 있으며 각 도서의 해제는 비교적 간략한 것으로부터 아주 상세한 것에 이르기까지 다양하다.[13]

「조선십진분류법」(朝鮮十進分類法 : KDCP)은 1946년 1월에 초안이 되어 그해 4월에는 국립조선도서관학교 분류법 교재로 사용되었으며, 동년 7월 등사판의 「동서도서분류표」(東西圖書分類表)라는 서명으로 발행되었던 것을 요목을 다소 수정하여 1947년 국립도서관 부관장이던 박봉석(1905-?)이 편찬하였다. 그 후 1965년 국립중앙도서관에서 증보판을 발행하면서 「한국십진분류표」(韓國十進分類表)라고 이름을 바꾸었다. 조선십진분류법(KDCP)은 해방 후 각급 도서관 및 국립조선도서관학교의 교재로 사용되었다.

---

13) 위의 책, pp.44-45.

조선십진분류법은 DDC의 십진체계를 준용하였으나 주류의 체계나 주제배열 순서가 독자적이고, 동양, 한국본위의 분류표이다. 문헌의 분포나 학문의 체계 등을 고려하여 기호를 균배하였고, 어학과 문학, 철학과 종교를 하나의 류 아래 배치하였다. 또 〈지방구분〉, 〈시대구분〉, 〈언어공통구분〉, 〈문학형식구분〉 등의 다양한 조기성 보조표를 채택하고 있다. 주류의 배열은 0에서 9까지의 십진식으로 배열하고 1부터 9까지의 주제배열은 정신과학에서 물질과학 순으로 이어지는 독창적인 배열방법을 채택하였다.

1957년 도서관학의 국내 도입과 1964년 한국도서관협회 발간의 DDC에 준하는 「한국십진분류법」(KDC)이 편찬 보급되면서 사양길을 걷게 된다.

박봉석이 문헌의 양과 그 이용가치를 중요하게 고려하여 배열한 조선십진분류법(KDCP)의 주류구성은 다음과 같다.

〈표 3-3〉 조선십진분류표 분류체계

0류	총류	5류	사회, 교육
1류	철학, 종교	6류	정법, 경제
2류	역사, 지지	7류	이학, 의학
3류	어학, 문학	8류	공학, 공업
4류	미술, 연예	9류	산업, 교통

KDCP의 주류배열은 인문(1, 2, 3, 4류), 사회(5, 6류), 과학기술(7, 8, 9류) 분야가 균형 있게 배정되어 있으나, 분류기호의 자리수를 소수점 없이 4자리까지로 제한시켰기 때문에 새로운 주제 분야에 대한 전개 여지가 결여되어 있다.[14]

이외에 1954년 한국은행 조사부에서 고재창이 편찬한 「한은도서분류법」,[15] 1958년 국방연구원 도서관에서 편찬한 「국연십진분류표」[16]이 있다. 이즈음 1957년 미국의 피바디교육사절단이 연세대학교에서 도서관학 교육을 시작하면서 DDC를 중심으로 강의

---

14) 최달현, 이창수, 앞의 책, p.40.
15) 高在昶 編, 『韓銀圖書分類法』, (서울: 韓國銀行 調査部, [1954]).
16) 국방연구원, 『國研十進分類表』, (서울: 國防研究院, 1958).

가 이루어졌으며, 한국의 많은 도서관에서 DDC를 채용하게 되었다. 그러나 DDC를 사용한 결과 구미중심의 기호배정으로 우리나라 실정에 맞지 않은 부분이 많이 있음을 발견하고 한국 실정에 맞는 분류표 제정의 필요성이 절감하게 되었다. 이후 한국도서관협회에서 우리나라의 표준분류표로서 「한국십진분류법」이 발간되었으며, 수차례의 개정을 거쳐 2013년에 제6판이 출간되었다.

「한국십진분류법」에 대하여는 보다 상세한 설명이 필요한 만큼 제4장 현대의 주요 분류법에서 독립시켜 상세하게 다루기로 한다.

3.2 서양의 문헌분류사

1. 고대, 중세 분류법

서양 학문이 형성되는 시기인 고대 그리스시대에는 도서관 분류보다는 학문분류체계가 발달하였다. 아리스토텔레스와 플라톤에 의해 완성된 고대 그리스의 학문에서 플라톤이 중점을 둔 것은 산수, 기하, 천문학, 음악 등의 4가지 학문의 조화로 이루어진 변증법(辨證法)이었다. 반면 아리스토텔레스는 학문의 종류를 서로 다른 영역으로부터 출발한다고 전제하고 이들 학문을 크게 이론학, 실천학, 제작학으로 그룹화하였다.[17]

- 이론학(Theoretical Knowledge)
  - 인간의 인식행위와 상관없이 자연적으로 존재하는 것(수학, 자연과학 등)
- 실천학(Practical Knowledge)
  - 합리적 행위의 실천을 위한 앎(정치학, 경제학, 윤리학 등)
- 제작학(Productive Knowledge)
  - 인간의 삶에 필요한 물품을 제작하는 것과 관련된 앎(예술, 기술 등)

---

17) 최정태, 양재한, 도태현 공저, 앞의 책, p.49.

이러한 학문분류와 더불어 고대에 사용한 대표적인 문헌분류로는 아슈르바니팔(Ashurbanipal) 왕실도서관 분류법과 알렉산드리아 도서관의 칼리마쿠스(Kallimachus) 분류법이 있다. 아슈르바니팔(Ashurbanipal) 왕실도서관 분류법은 BC 700년경 앗시리아제국의 아슈르바니팔 왕실도서관의 점토판 분류로, 여기에서 발견된 25개의 점토판은 시가나 천문에 관한 것이 그 위치를 달리하고 있는 것으로 보아 최소한 하늘과 땅에 관한 2개의 주제가 구분된 것으로 그 이상의 분류체계가 존재했을 것이라 추측할 수 있다.

다음으로는 이집트의 칼리마쿠스(Kallimachus : BC 305-240?)분류법으로, 기록되어진 최고(最古)의 분류법이다. 칼리마쿠스(Kallimachus)가 알렉산드리아(Alexandria)의 도서관을 위해 만든 피나케스(Pinakes) 목록은 도서관을 위한 종합목록으로 알려져 있다.

피나케스 목록은 그리스문헌에 대한 일종의 주제목록으로 120권의 권자본으로 이루어진 목록이다. 이 목록은 작성 작가의 유형별로 되어 있는 일종의 주제목록이라 할 수 있으나 현재는 소실되고 파피루스의 단편만이 남아있다.

중세는 수도원을 중심으로 수도원도서관이 성행하였다. 이들 수도원도서관에서는 성서를 중심으로 성서 및 성서주석, 신학, 역사, 법률, 자유학과 순으로 배열하는 분류법을 채택하였다. 중세에는 대학이 탄생하고 대학들은 도서관을 설립하게 되는데 이들 대학들은 그들의 장서를 가르치는 과목의 종류에 따라서 분류하고 배가한 것으로 여겨진다.

수도원도서관과 더불어 중세에 길드형식으로 처음 나타난 대학은 중세의 신학과 더불어 그리스 로마의 전통을 근대로 이어주는 중요한 역할을 하였다. 이들 대학에서 배우고 나타난 학문이나 문헌의 분류는 주요 저명한 대학들에서 가르친 과목을 통해 유추할 수 있다. 블로냐, 파리, 하이델베르크, 옥스퍼드, 캠브리지 등의 대학에서는 예비과목의 성격을 갖는 문법, 논리학, 수사학의 3과와 산수, 기하, 천문, 음악의 4과를 가르치는 학부를 거쳐 상급 학부인 신학, 법학, 의학 등의 학부에서 수학할 수 있었다.

따라서 대학의 도서관 장서들도 이들 학문을 바탕으로 나뉘었을 것으로 생각하는데, 문법, 논리학, 수사학의 3과와, 산수, 기하, 천문, 음악의 4과 그리고 법학, 의학, 신학 등으로 분류하고 배가하였을 것으로 생각된다.

2. 근대의 분류법

베이컨(Francis Bacon, 1561-1626)은 그의 저작 Advancement of Learning (1605)에서 당시까지 발견된 지식을 기초로 새로운 지식분류표를 만들었다. 그는 인간의 정신능력을 기억(memory), 상상(imagination), 오성(reason) 등 세 가지로 구분하고 그 각각에 따라 역사(history), 시학(poesy), 철학(philosophy) 등의 학문이 발생한다고 하였다.

베이컨의 학문분류는 해리스(William T. Harris)의 분류를 거쳐 DDC의 주류 체계를 형성하는데 결정적으로 영향을 미치고, 그 이후 나온 KDC의 주류체계에도 영향을 미친다.

그 외에도 철학자들과 과학 사상가들의 학문체계에 관한 논의와 그들이 제시한 학문의 분류체계는 다양한 현대의 문헌분류법들이 편찬되는데 이론적 기초를 제공하였는데, 그 대표적인 것들로는 암페르(Andre Marie Ampere, 1775-1836), 꽁뜨(August Comte, 1798-1857), 스펜서(Herbert Spencer, 1820-1903) 등의 학문분류체계가 있다.

그 중에서도 특히 암페르의 학문분류체계는 랑가나단(S. R. Ranganathan)의 콜론분류법(Colon Classification) 주류체계에, 그리고 꽁뜨의 학문분류체계는 커터(Charles Ammi Cutter)의 전개분류법(Expansive Classification), LCC, NDC에 각각 영향을 미친 것으로 알려져 있다.[18]

기나긴 중세의 암흑기를 벗어난 근세는 인간이 중심이 되는 사회가 된다. 신으로부터 탈출할 수 있도록 하는데 큰 몫을 한 것은 르네상스기에 쿠텐베르크에 의한 인쇄술 발명이다. 이 기계의 발명으로 인한 문헌의 대량유통은 기존의 필사라는 방식과는 비교할 수 없을 만큼 빠르고 대규모로 퍼져 나가게 되는데 이 책을 통한 인간의 계몽은 학문을 놀라운 속도로 발전시킨다. 도서관 역시 대규모의 장서를 소유하게 되면서 장서의 효과적인 조직과 이용을

---

18) 오동근, 앞의 책, p.51-54.

위하여 새로운 분류체계를 고안하게 된 것이다.

이때 나타난 분류법으로는 게스너의 분류법, 베이컨의 분류법, 노데의 분류법, 브루너의 분류법, 대영박물관도서관 분류법, 에드워즈 분류법, 해리스의 분류법, 듀이십진분류법, 커터의 전개분류법, 미국의회도서관분류법 등이 있다. 이들 분류법을 개략적으로 편찬된 시기를 기준으로 차례대로 살펴보도록 하겠다.

1) 게스너(Gesner)의 분류법

게스너(Konrad von Gesner, 1516-1565)는 독일계 스위스 학자이다. 그는 1545년에 세계서지(Bibliotheca universalis)를 편찬하였다. 그는 학문 전체를 어학(1-4) 4류, 수학(5-9) 5류, 수식적인 것(10-13) 4류, 기본적인 것(14-21) 8류로 지식을 총 21개류로 구분하였다. 이 분류법은 추상적 지식체계를 서지배열에 적용하여 학문의 논리적 체계를 기초를 둔 분류표로서 최초의 서지학적 목록, 철학적 기초를 가진 목록, 학문을 계층화하여 체계화한 목록, 학문의 분류를 서지 저록에 응용한 최초의 서지분류법으로 평가 받고 있다.

2) 노데(Naude)의 분류법

노데(Gabriel Naude, 1600-1653)는 1627년에 「도서관설립법(Advis Pour Dresser une Bibliotheque)」을 저술한 도서관사상가로 기록될 만하다.

노데는 도서관 사상과 도서관 운영상의 일반적 원리 등 도서관학의 이론 뿐 아니라 도서관운영에 필요한 기술적인 면에도 해박한 지식을 가졌었는데 문헌분류에 있어서도 1643년 12분법 분류체계를 발표하였다.

그가 발표한 12분법은 1 신학 (Theology), 2 의학 (Medicine), 3 서지(Bibliography), 4 연대기(Chronology), 5 지리(Geography), 6 역사(History), 7 군사(Military Art), 8 법률(Jurisprudence), 9 교회법규(Council and Canon Law), 10 철학(Philosophy), 11 정치학 (Politics), 12 문학(Literature) 순으로 구성되어 있다.

3) 브루너(Brunet)의 분류법

브루너(Jack-Charles Brunet, 1780-1867)의 분류법은 그 이전에 파리 서적상들에 의하여 재고도서를 위한 배열법으로 사용됐으므로 파리서적상 분류법(Paris Bookseller's System)이라고도 불린다.

이 분류법의 내용은 A 신학(Theology), E 법률학(Jurisprudence), I 과학과 예술(Science and arts), O 문학(Belles-lettres), U 역사(History) 순으로 구성되어 있다.

4) 대영박물관도서관 분류법

1753년에 문을 연 대영박물관도서관은 1836~1838년까지 혼(Thomas Hartwell Horne)이 제안한 분류법을 사용하였다. 혼이 제안한 분류법은 1 신학 및 종교, 2 법학, 3 철학, 4 예술 및 무역, 5 역사, 6 문학으로 구성되었는데, 이 분류는 혼(Horne) 자신이 기존의 분류법을 좀 더 세분하여 1 신학(Theology), 2 법학(Jurisprudence), 3 자연사 및 의학(Natural history and medicine), 4 고고학 및 예술(Archaeology and arts), 5 철학(Philosophy), 6 역사(History), 7 지리(Geography), 8 전기(Biography), 9 순문학(Belles letters), 10 언어학(Philology)의 10개 항목으로 구성된 새 분류법을 대영도서관을 위해 만들어 사용하게 하였다.

5) 에드워즈(Edwards)의 분류법

영국 공공도서관운동의 선구자인 에드워즈(Edward Edwards)는 1859년 6분법을 발표하였다. 그의 분류표 개요는 A 신학(Theology), B 철학(Philosophy), C 역사(History), D 정치학 및 상업(Politics and Commerce), E 과학(Science and Arts), F 문학 및 작가(Literature and Polygraphy)의 주류와 약 500개의 항목으로 세분되어 구성된 공공도서관을 위한 분류표 개요를 편찬하였다.

6) 해리스(Harris)의 분류법

1870년 세인트루이스 공립학교 도서관장이었던 해리스(William T. Harris)는 서지분류와 서가분류를 기호를 통해 결합한 새로운 분류표를 고안하였다. 이는 훗날 DDC에 절대적인 영향을 미쳤는데 해리스의 분류체계는 베이컨의 학문분류에서 그 골격을 따왔으나 순서는 역으로 하였다.

〈표 3-4〉 해리스의 분류체계

1.	Science(과학)
2-5.	Philosophy(철학)
6-16.	Theology(신학)
17.	Social and political science(사회과학과 정치학)
18-25.	Jurisprudence(법률학)
26-28.	Politics(정치학)
29-31.	Social science(사회과학)
32-34.	Philology(언어학)
35.	Natural science and useful arts (자연과학과 유용기술)
36-40.	Mathematics(수학)
41-45.	Physics(물리학)
46-51.	Natural history(자연사)
52-58.	Medicine(의학)
59-63.	Useful arts(유용 예술)
64.	Art(예술)
65.	Fine arts(순수예술)
66-68.	Poetry(시)
69-70.	Prose fiction(산문 소설)
71-78.	Literary miscellany(기타 문학)
79.	History(역사)
80-87.	Geography and travels(지리 및 여행)
88-96.	Civil history(역사)
97.	Biography(전기)
98.	Polygraphy(작가)
99.	Cyclopedia(백과사전)
100.	Periodical(정기간행물)

즉 인간의 정신능력을 역베이컨식이라 할 수 있는 과학, 예술, 역사의 순으로 배열하였으며 도서를 총 100구분으로 우선 구분하고 각류의 세목은 알파벳 소문자 한 자를 부가하고 동일류 내에서는 저자 및 서명의 알파벳순으로 배열하는 방식을 사용하였다. 해리스의 분류체계는 〈표 3-4〉와 같다.

이외에도 카터(Charles Ammi Cutter, 1837-1903)의 전개분류법(EC : Expansive Classification), 브라운(James Duff Brown, 1862-1914)의 주제분류법(SC : Subject Classification), 랑가나단(S. R. Ranganathan의 콜론분류법(CC : Colon Classification), 블리스(Henry Evelyn Bliss, 1870-1955)의 서지분류법(BC : Bibliographic Classification), 라이더(Fremont Rider, 1885-1962)의 라이더 국제분류법(RIC : Rider's International Classification)이 발표되었다.

그리고 1876년 듀이에 의해서 DDC가, 1901년부터 LCC가 출판되기 시작하였으며, 1905년에는 DDC에 근거하여 UDC가 출판되었다. 이들 분류표에 대해서는 제4장 이하에서 다루고 있다.

제4장

한국십진분류법(KDC)의 이해

4.1 KDC의 발전
4.2 KDC의 구성 및 기호법
4.3 KDC의 사용법
4.4 KDC의 특징 및 평가

제4장 한국십진분류법(KDC)의 이해

4.1 KDC의 발전

해방 이후 한국인에 의해 만든 분류표들이 나타나게 된다. 박봉석의 「조선십진분류표」,[1] 고재창의 「한은(韓銀)분류표」,[2] 국방연구원의 「국연(國研)십진분류표」[3] 등이 그 대표적인 예이다.

이들 분류표 중에서 1950년대는 국립도서관을 위시한 많은 공공도서관에서 「조선십진분류표」를 사용하였다. 그 이유는 1947년 조선도서관협회 총회에서 전국 통일분류표 제정을 결의하고, 당시 국립조선도서관학교 교재용으로 간행된 박봉석의 「동서도서분류표」(東西圖書分類表)의 요목을 수정하고, 표목도 다소 첨가하여 「조선십진분류표」(朝鮮十進分類表)로 개제하여 발행한 데에 있다. 「조선십진분류표」는 1965년 국립중앙도서관에 의하여 개정판이 발행됨과 동시에 「한국십진분류표」(Korean Decimal Classification: KDC)로 개제되었다.

---

[1] 朴奉石 編, 『朝鮮十進分類表』, (서울: 國立圖書館, 1947).
[2] 韓國銀行 調査部, 『韓銀圖書分類法』, (1954).
[3] 國防研究院, 『國研十進分類表』, (1958).

그 와중에 1957년 미국의 교육사절단이 내한하면서 서양식 분류표인 DDC (Dewey Decimal Classification)가 국내에 보급된다. 교육사절단의 영향으로 1957년 연세대학교에 도서관학과가 창설되고, 동시에 1년 과정인 연세대학교 부설 도서관학교(한국도서관학당이라고도 불렀다)가 창설되었다. 당시 분류강의가 DDC를 중심으로 이루어졌는데, DDC가 너무 구미 위주로 작성된 분류표이기 때문에 한국의 실정에 맞지 않은 부분이 많이 발견되었다. 이에 따라 한국의 실정에 알맞은 우리 나름의 독자적인 분류표의 필요성을 절감하게 되었다.

이에 한국도서관협회는 1963년 분류분과위원회를 구성하고 우리 실정에 적합한 현대적인 분류표를 편찬하기 위한 작업에 착수하여 1964년 5월 초판이 발행되었다.[4] KDC의 주류 배열은 DDC의 주류를 바탕으로 하고 있으나 언어와 문학을 근접시키고 있다. 또한 KDC는 상당부분 DDC를 바탕으로 하고 있으나 강목의 일부분과 요목 및 세목의 상당 부분은 「일본십진분류법」(NDC)을 따르고 있다. 아울러 우리나라 실정에 맞도록 하기 위해 한국과 동양관계 분야의 주제는 박봉석의 「조선십진분류표」와 구개명의 「한화도서분류법」(漢和圖書分類法), 성균관대학교 도서관의 「한적분류법」(漢籍分類法) 등을 참고로 하였다. 또한 사회과학의 강목은 「미국의회도서관분류법」(LCC), 의학분야의 요목은 「국제십진분류법」(UDC)을 따르고 있다.

그 후 한국도서관협회에서는 기존 분류표의 본표와 색인을 수정하여 1966년 5월 수정판을 발간하였으며,[5] 1980년 3월에 제3판이 간행되었다.[6] 제3판부터는 본표와 색인으로 분리되어 2권으로 간행되었다.

한국도서관협회에서는 일선 도서관 사서들의 분류표 개정에 대한 요구와 급변하는 시대의 요구에 부응하기 위하여 제3판의 개정을 계획하고 1996년 8월 제4판이 본표와 색인으로 된 2권이 간행되었다.[7]

---

4) 韓國圖書館協會 編, 『韓國十進分類法』, (서울: 동 협회, 1964).
5) 한국도서관협회 편, 『한국십진분류법』, 제2판, (서울: 동 협회, 1966).
6) 한국도서관협회 편, 『한국십진분류법』, 제3판, (서울: 동 협회, 1980).
7) 한국도서관협회 편, 『한국십진분류법』, 제4판, (서울: 동 협회, 1996).

이어 새로운 학문의 출현과 사회변화에 따라 2007년 7월 분류위원회를 구성한 후 제4판의 기본 구조를 유지하면서 불합리한 부분을 조정하며, 특히 본표와 상관색인을 한글판으로 한다는 개정방침을 수립하였다. 이후 제5판 개정작업에 들어가 1996년 제4판이 발행된 지 13년이 지난 2009년 1월에 본표와 색인 두 권으로 이루어진 제5판이 발행되었다.8)

KDC 제5판의 주요특징을 요약하면 아래와 같다.9)
- 전문을 한글로 표기하고 있다.
- 컴퓨터과학 분야를 총류로 통합하고 있다.
- 한국학 관련 분야를 재정리하고 있다.
- 순수과학을 자연과학으로 명칭 변경하여 사용하고 있다.
- 형이상학과 인식론을 전체적으로 수정하고 있다.
- 사회 환경 변화에 따른 경영학 분야, 행정학 분야, 법학 분야가 대폭 개정되었다.
- 한국음악(국악) 및 전통음악이 재전개 되었다.
- 자연과학과 기술과학 분야의 모든 용어를 현대화하였다.
- 지역구분표를 세분화하였다.
- 현재의 북한지명을 적용하였다.
- 중국, 일본 고유명사의 원음 색인을 추가하였다.

2009년 제5판이 발행된 이후 제5판에 대한 도서관현장의 다양한 의견과 2011년 DDC 제23판의 발행에 따른 DDC의 최신성을 조기에 반영하기 위해 2011년 9월 제5판 개정을 위한 분류위원회를 구성하고 개정작업을 착수한 결과 2013년 7월에 본표, 상관색인, 해설서 세 권으로 이루어진 제6판이 발행되었다.10)

---

8) 한국도서관협회 편, 『한국십진분류법』, 제5판, (서울: 동 협회, 2009).
9) 위의 책, 분류위원회 보고에서 정리하였음.
10) 한국도서관협회 분류위원회 편, 『한국십진분류법』, 제6판, (서울: 동 협회, 2013)

2013년 발행된 KDC 제6판의 주요개정 방침을 항목별로 살펴보면 다음과 같다.11)

- 주류와 강목은 제5판을 최대한 유지하되, 학문의 발전과 도서관의 실제 장서구성 등이 많은 차이를 보여주고 있는 경우에는 이를 적극 개정하여 필요에 따라 특정 주제분야는 세분하여 전개한다.
- 특수주제구분 적용을 확대한다.
- 기술방식을 일원화하고, 영어를 최신화, 현행화한다.
- 제5판의 오류 및 미비한 표기 등은 수정, 보완한다.
- 다양한 주기 유형을 도입하고 분류항목에 주기를 적극적으로 제시하되, 주기기술 방식을 일원화한다.
- 상관 색인에서 색인어 표기에 들여쓰기를 도입하여 용어 간의 상관성 및 개념간의 계층 관계를 쉽게 파악할 수 있도록 한다.
- 각 분류항목 아래 필요에 따라 표준구분 적용항목을 제시한다.
- 항목표시 시 두음법칙을 적용하고, 색인어는 모두 붙여 쓴다.
- 인명 및 지명(국명) 표기에서 일본의 인명 및 지명 표기는 현지음(한자)으로 표기하고, 중국의 인명 및 지명 표기는 한글(한자)로 표기하되 1910년 이전의 중국인명은 우리발음으로 표기한다.
- 한글, 영문 병기는 주류, 강목까지 적용한다.
- 의미상 한자병기가 필요한 경우 괄호( ) 속에 한자를 병기하고, 색인어에서 동음이의어는 괄호 속에 한자를 병기한다.
- 제6판의 모든 용어표기는 국립국어원에서 발행한 ≪한글맞춤법≫과 ≪외래어표기법≫, ≪로마자표기법≫을 따르도록 하며, 특정주제분야의 항목표기는 해당전문분야의 학술용어를 적극적으로 도입한다.

지금까지 살펴본 1964년 초판부터 2013년 제6판까지 KDC의 발행과정을 표로 나타내 보면 〈표 4-1〉과 같다.

---

11) 위의 책, 제3권. 해설서, pp.3-4.

〈표 4-1〉 KDC의 발행사

판 차	발 행 년	총페이지	편집책임자
초판	1964	642(1책)	천 혜 봉
수정판	1966	686(1책)	천 혜 봉
제3판	1980	1027(2책)	이 병 수
제4판	1996	1516(2책)	권 기 원
제5판	2009	1529(2책)	남 태 우
제6판	2013	1739(3책)	오 동 근

4.2 KDC의 구성 및 기호법

1. 주류의 구성

KDC의 주류는 DDC의 주류구성에 준거하고 있다. 다만 DDC에서 언어와 문학이 분리되는 단점을 해결하기 위하여 DDC 400(언어)을 KDC에서는 700(언어)에 옮겨 800(문학)과 가까이 접근시키고 자연과학과 기술과학, 예술을 각각 한 단계씩 위로 이동시키고 있을 뿐이다. 두 분류표의 주류 구성을 비교해 보면 아래의 〈표 4-2〉와 같다.

〈표 4-2〉 KDC와 DDC의 주류 구성 비교표

KDC	DDC
000 총류	000 Computer science, information & general works
100 철학	100 Philosophy and psychology
200 종교	200 Religion
300 사회과학	300 Social sciences
400 자연과학	400 Language
500 기술과학	500 Sciences
600 예술	600 Technology
700 언어	700 Arts & recreation
800 문학	800 Literature
900 역사	900 History & geography

KDC의 주류구성은 베이컨(Bacon)의 학문분류를 근간으로 하여 해리스(Harris)의 문헌분류체계, 이어 DDC의 분류체계를 따르고 있다. 다만 해리스가 맨 아래 부록에 해당하는 잡류(miscellany)로 둔 것을 듀이는 같은 성격을 가진 잡류를 총류(generalities)로 만들어 맨 위에 배치한 것이 다를 뿐이다. 해리스의 주류구분체계는 베이컨의 학문분류를 그 골격으로 했지만, 주제의 배열 순서를 역으로 하였다는 것은 주지의 사실이다. 듀이는 이와 같은 해리스의 주제배열 순서를 그대로 답습하고 있으므로 듀이의 분류법 역시 역베이컨식이라 하겠다.

베이컨의 학문분류와 해리스의 분류체계, DDC와 KDC의 주류구성을 도식화하면 〈표 4-3〉과 같다.

〈표 4-3〉 Bacon, Harris, DDC와 KDC의 분류체계 대조표[12]

Bacon의 분류	Harris의 분류(역베이컨식)			DDC		KDC	
사학(기억)		1	과학	0	총류	0	총류
		2-5	철학	1	철학	1	철학
		6-16	종교	2	종교	2	종교
	과학	17-31	사회학, 정치학	3	사회과학	3	사회과학
		32-34	언어학	4	언어	4	자연과학
		35-52	과학	5	자연과학	5	기술과학
시학(상상)		53-63	응용기술	6	기술	6	예술
	예술	64-65	미술	7	예술	7	언어
		66-78	문학	8	문학	8	문학
이학(오성)	역사	79-97	역사	9	역사	9	역사
	부록	98-100	총류				

2. 기호법

KDC는 십진법에 따라 지식의 전 분야를 10개류로 대별하고 이를 기초구분으로 삼고 점진적으로 전개해 나가는 계층적 분류표이다. 분류기호는 아라비아 숫자를 사용하

---

12) 한국도서관협회 분류위원회 편, 위의 책, 제1권. 본표. p.2.

여 10개의 기초구분을 주류(主類, main classes)라 부른다. 이 주류를 2차적으로 10단위에서 각각 9개로 구분하고 이에 0 총류를 합하면 모두 100구분이 된다. 이 100구분을 강목(綱目) 또는 강(綱, divisions)이라 한다. 예를 들면, 30 사회과학 총류, 31 통계자료, 32 경제학, 33 사회학, 사회문제, 34 정치학, 35 행정학, 36 법률, 법학, 37 교육학, 38 풍습, 예절, 민속학, 39 국방, 군사학이 각각 강목인 것이다.

또 이 강을 100단위에서 주류와 강에 있어서와 같이 3차적으로 구분하면 1000구분이 된다. 이것을 요목(要目) 또는 목(目, sections)이라 한다. 요목 이하에 있어서도 필요에 따라 순차적으로 9개씩 구분하여 이를 세목(細目, subdivisions)이라 한다.

이러한 기호조직은 십진식 분류법의 기호조직법이며, 이를 예로 들어보면 다음과 같다.

분류번호	주제	구분
3[00]	사회과학	주류(Main classes)
32[0]	경제학	강목(Divisions)
329	재정	요목(Sections)
329.4	조세	
329.43	직접세	세목(Subdivisions)
329.433	소득세	

십진식으로 전개된 각 구분은 모두 아라비아 숫자로 표시되어 있다. 이와 같이 특정한 구분을 표시하는 숫자를 분류번호(Class number)라 한다. 개개의 분류번호는 특정 주제를 의미하고 있으므로, 동일한 주제를 다룬 자료는 어느 것이나 같은 분류번호가 부여된다.

그런데 분류번호를 십진식으로 조직한 분류법에 있어서는 구분단위, 즉 구분지가 제한되어 있기 때문에 주제의 합리적인 전개가 곤란하다. KDC에 있어서도 어떤 곳에서는 동격의 구분지와 하위격의 구분지를 병치하여 9구분한 것이 있는가 하면, 또 다른 곳에서는 9구분으로 부족한 곳도 있어 관련된 주제, 접근된 주제를 병합하여 동일한 번호를 배당한 것도 있고, 혹은 주요한 주제를 1-8에 배당하고 기타 주제는 9에 통합하거나 그 아래서 다시 구분한 것도 있다.

그러나 실용적인 입장에서 보면 분류번호가 십진식으로 조직되어 표가 단순하고, 또 현대 분류법에서 가장 중요시하는 조기성의 적용도 간편하여 이해와 기억이 용이하므로 세계적으로 널리 사용되고 있다.

한편 KDC에서 분류기호를 읽는 방식은 예들 들어, '329.4 조세'의 경우 '삼백 이십 구 점 사'로 읽지 않고 '삼 이 구 점 사'로 읽어야 한다.[13]

4.3 KDC의 사용법

KDC 제6판은 3권으로 구성되어 있으며 다음과 같은 주요 부분으로 이루어져 있다.

제1권: 본표
    제6판 서문 및 분류위원회 보고
    서설
    조기표
    주류표
    강목표
    요목표
    본표(000-999)

제2권: 상관색인

제3권: 해설서

---

[13] 위의 책, p.4.

1. 제6판의 주요 개정부분

이번 개정된 KDC 제6판의 주요 변경사항을 보조표와 주류를 중심으로 살펴보면 다음과 같다.[14]

1) 조기표

- 제5판에서는 8개의 조기표(1. 표준구분표, 2. 지역구분표, 3. 한국지역구분표, 4. 한국시대구분표, 5. 국어구분표, 6. 문학형식구분표, 7. 언어공통구분표, 8. 종교공통구분표)를 사용하고 있다.
  제6판에는 6개의 조기표(1. 표준구분표, 2. 지역구분표, 3. 국어구분표, 4. 문학형식구분표, 5. 언어공통구분표, 6. 종교공통구분표)를 사용한다. 제5판에서 3. 한국지역구분표는 제6판에서 지역구분표로 통합(-111-1199)하였고, 4. 한국시대구분표는 본표의 기호(911.01-.082)로 대체하였다.
- 1. 표준구분표의 -076 교과서 및 문제집은 교과서는 370 교육학의 해당항목에, 자습서 및 문제집은 표준구분 -077에 분류한다.
- 2. 지역구분표 -7 양극지방을 -069로 이치시키고, 제6판에서는 -7 대륙, 국가, 지방으로 한정하지 않은 지역구분 일반을 배정하였다. -71 기후에 따른 구분(예: -711 한대지역, -713 온대지역, -717 열대지역), -72 지형에 따른 구분(예: -721 대륙, 육지, -722 도서, -723 산, 산악), -74 식생에 따른 구분(예: -741 삼림, -744 초원), -76 사회경제적 구분(-761 정치적 특성에 따른 구분, -764 경제발전 수준에 따른 구분), -79 기타구분(예: -791 동반구, -792 서반구)

---

[14] 위의 책, 제3권. 해설서 참조.

2) 총류(000)

- 특정항목에 분류되는 자료가 많은 경우를 대비한 별법을 도입하고 있다. 도입한 항목은 컴퓨터바이러스(004.66), 특정프로그래밍언어(005.133), 특정운영체제(005.44) 세 항목이다. 예를들면, 컴퓨터바이러스(004.66)의 이름으로 자모순으로 배열할 수 있게 하였다.
- 국가대표도서관 항목을 신설하고(026.1), 국립도서관(전 026.1)을 026.2로 이치시켰다.
- 기록관리학 분야의 저작이 증대되고 있어 028 항목에 별법으로 사용할 수 있도록 하고 있으며, 기록관리학 관련저작을 모아서 세부주제별로 분류하고자 하는 도서관에서 활용할 수 있게 하고 있다.
- 항목 전개가 부적합한 것으로 파악된 항목은 전개를 수정하고 있다. 수정한 항목으로는, 컴퓨터 수학(전 004.014)은 004.015, 초소형컴퓨터(전 004.16)는 포함주에 열거된 랩톱 및 노트북은 004.15, 휴대용 컴퓨터는 004.16, 인공지능컴퓨터(전 004.183)는 004.73, 다중프로그래밍(전 004.31)은 004.33, 홈네트워킹(전 004.5784)은 004.5714, 월드와이드웹(전 004.583)은 004.792, 악성프로그램과 해킹(전 004.661)은 컴퓨터 바이러스 004.66와 해킹 004.67, 프로그래밍언어(전 005.133-138)은 005.133에 통합, 마이크로 프로그래밍, 프로그램(전 005.6)은 005.18, 컴파일러(전 005.435/005.453)와 어셈블러(전 005.436/005.456)은 컴파일러 005.453, 어셈블러 005.456, 도서관 장려금(전 021.45) 항목 삭제하고 국고보조금 021.43에 병합, 특수장(전 022.48)을 특수서가 022.46에 병합, 도서관 비품(전 022.9)을 022.48로 이동시켰다.
- 표목이 부적합한 경우 수정하였다. 사례로, 001.44 신비현상(전 미스터리), 004.2243 내부(주)기억장치(전 내부기억장치), 004.2246 외부(보조)기억장치(전 외부기억장치), 012.1 필사본(전 사본), 012.74 제본 양식 및 방법(전 제본 종류), 013.3 도서유통(전 도서판매)가 있다.

3) 철학

- 151.58 한국철학, 사상 아래 실학파를 151.581 경세치용학파, 151.585 이용후생학파, 151.587 실사구시학파로 세분하여 전개하였다.
- 이라크 철학, 사상 항목(전 158.4와 159.1에 중복 설정)을 158.4 한 항목으로 조정하였다.
- 159 아라비아반도 철학, 사상(전 아랍제국 철학, 사상)은 "지역구분표 -19와 같이 세분한다"로 수정하였다.
- 181.3 환경심리 아래에 182.35 스트레스 항목을 신설하였다.
- 194 사회윤리 아래에 194.9 환경 및 생태윤리 항목을 신설하였다.
- 195 직업윤리 아래 전개되었던 195.5 도박을 196 오락 및 경기윤리 아래 196.4로 이치하였다.
- 197 성윤리의 표목을 성윤리 및 생식윤리로 명칭을 변경하였다.
- 153.48(전 수호학(水戶學))을 미토학으로, 181(전 각론)을 심리학 각론으로 명칭을 변경하였다.

4) 종교

- 종교공통구분 항목 가운데 -02(전 종조, 창교자)를 종교창시자(교주) 및 제자로 조정하였다.
- 222.2 석가불 및 그 생애와 222.3 제보살 아래 지나치게 세분된 분류항목들을 삭제하여 간소화하였다.
- 237.4 기독교 성례(성사 聖事)를 237.5로 이치하였다.
- 표준구분 적용에서 혼란을 줄이기 위하여 220.99 고승전, 230.3 기독교 사전(辭典), 사전(事典)을 본표에 전개하였다.
- 238.992 통일교(세계평화통일가정연합)(전 세계기독교통일신령협회(통일교)로 명칭을 변경하였다.

5) 사회과학

- 310 통계학과 413.8 통계수학이 흩어져 있던 통계학 저작을 413 통계학 아래로 전개하였고, 310 통계자료(전 통계학)로 명칭을 변경하여 일반통계자료와 인구통계만을 분류하도록 하였다.
- 330 사회학 분야에 신설된 항목으로는, 331.6 커뮤니케이션(의사소통), 332.2 가족 아래 한부모 가족, 독신가구, 빈곤가구, 가정폭력가족 등 항목신설과 용어 수정, 334 사회문제에서 334.223 성폭력에 관련 내용이 재정립되었다.
- 350.2-.8 항목은 한국의 중앙행정과 행정학의 일반주제를 모두 포괄하고 있었다. 이를 351.1 한국의 중앙행정으로 이치하였다.
- 360 법학 표목이 법률, 법학으로 수정되었다. 미사용으로 인해 366.14 -.17, 367.4012 - .4019, 367.63 - .69 등은 이치되었다. 363.7 행정구제법(전 행정쟁송), 365.71 가족관계등록법(전 호적법)으로 용어가 수정되었다.
- 한국법은 각국 법에 분류하지 않고 분야별 기본번호에 분류하도록 하였다. 한국을 제외한 분야별 각국법은 362 헌법, 363 행정법, 364 형법, 365 민법, 366 상법에 분류하고 지역구분하도록 하고 있다.
- 370 교육학에 신설항목으로, 370.17 교육인류학, 370.19 비교교육학, 377.693 독학위제, 378.18 사회취약계층교육, 379.18 학습장애인교육, 379.33 다문화가정 학생교육, 379.34 이민자가정 학생교육, 379.35 탈북자가정 학생교육, 379.36 외국인노동자가정 학생교육이 있다. 표목을 변경한 항목으로는 372.37 수학여행, 수련활동(전 여행, 소풍), 373.4 자기주도학습(전 자율적 학습법), 376.7 특성화교육(전 실업교육), 378 평생교육(전 사회교육), 379.16 지적장애인교육(전 정신지체장애인교육), 379.4 학교부적응 및 비행 학생교육(전 불량아 교육, 문제아 교육)이 있다.
- 380 풍속, 예절, 민속학의 표목이 풍습, 예절, 민속학으로 수정되었다. 387 전쟁풍습은 392.1로 이치하였고, 382 가정생활과 풍습은 연령별, 성별, 신분별 사회계층

의 풍습으로 표목을 변경하였다. 385 예절 항목에서 385.1 연령별 예절(전 아동예절), 385.2 성별예절(전 청년예절), 385.3 혼례예절(전 혼례법), 385.4 장례예절(전 장례법), 385.8 언어예절(전 편지예절)로 개정되었다.
- 390 국방, 군사학의 각군(396 육군, 397 해군, 398 공군)에 대한 세부주제 전개는 391-395의 전범위 기호를 부가하여 합성하는 조합식 분류방식을 따르고 있다.

6) 자연과학

- 471 인류학(전 인류학(자연인류학))은 사회인류학, 문화인류학, 자연인류학 등 인류학 전반을 다루는 저작을 분류하고, 471.5 자연인류학(전 인류형태학(체질인류학))으로 명칭을 변경하였다.
- 472.1 생물생리학 아래 472.15 외피, 표피는 472.47 운동기관 및 외피로 이치하였다.
- 481.38 식물진화는 476 생물진화와 같이 세분하도록 하고 있으나, 별도로 481.15 식물유전학이라는 항목을 두고 있어 모두 삭제하였다.

7) 기술과학

- 519 한의학의 세목 조정 및 신설이 있었다. 경혈, 경락학(전 519.14)은 519.91 침구학 아래로 이치, 방제학(전 519.85)은 519.861 처방, 방약 아래로 이치, 519.82는 포제학(전 약제의 선별, 가공)으로, 519.822-.828에 전개되어 있던 약제가공방법에 대한 세목은 519.82에 통합되었다. 519.97 각종 침법(전 체질침구)으로 변경하고 그 아래에 세목인 519.971-.978에 각종 침법을 신설하였다. 519.98 구법(灸法)을 신설하여 침법과 별도로 뜸에 대한 저작만을 분류할 수 있도록 하고 있다.
- 540 건축공학과 610 건축술이 통합하면서 540 건축공학에서 건축, 건축학으로 표목을 변경하였다. 610 건축술의 요목과 세목은 540 아래로 이치 및 조정되었다.
- 560 표목의 전기공학, 전자공학에서 전기공학, 통신공학, 전자공학으로 변경하였으며, 통신공학 분야에서 세목을 신설하였다. 그 사례로, 568.2 무선통신시스템에서 AMPS, TDMA 568.21, CDMA, PCS, EV-DO, W-CDMA, LTE 568.22, WIBRO,

WIMAX 568.23, Wi-fi 568.25 기타 무선통신시스템 568.29를 신설하였다.
- 592.9 한복 및 전통의상 항목을 독립항목으로 설정하였다. 또한 592.9 아래의 세목을 592.5-.8의 항목과 동일하게 전개시켜 조기성을 갖도록 하고 있다. 592.99 각국의 고유의상을 전개할 수 있도록 하였다.
- 594.51 한국의 요리를 594.511 주식류, 594.512 부식류, 594.515 반찬류, 594.516 떡, 한과류, 594.519 한국지역요리로 세분하였으며, 594.52 기타 동양요리, 594.53 유럽각국요리를 두어 지역구분에 따라 세분하도록 하였다.

8) 예술

- 610 건축술이 540 건축, 건축학으로 재배치되었다.
- 658 디자인(전 그래픽디자인, 도안, 포스터)으로 표목 변경하여, 658.2 산업디자인, 658.33 컴퓨터그래픽이 추가되었다.
- 671.5 음악형식(악식)은 클래식음악의 형식과 관련된 저작을 집중시키기 위하여 671.53 론도, 671.54 변주곡, 671.58 기타 악곡형식을 추가하였다.
- 673.6 단체 및 주제별 음악(전 단체가) 아래 673.61 가정 및 지역사회, 673.62 어린이 및 학생, 673.68 주제별 음악 등이 신설되었다.
- 672.2 정악(正樂)은 679.21 궁중음악, 679.22 풍류방음악 등의 하위항목이 신설되었다.
- 688 영화아래 688.023 영화 법, 제도, 688.028 영화인물, 688.078 영화제, 688.091-.097 각국의 영화사 및 영화평론이 추가되었고, 688.86 디지털영화 항목이 신설되었다.
- 633 보석, 갑각, 패류공예 표목에 알공예가 추가되었고, 693.6 리듬체조, 698.29 국선도 등이 추가되었다.

9) 언어

- 739.66 라플란드어를 739.64 핀란드어로 통합하였다.
- 792.52 범어(梵語)에서 산스크리트어(범어 梵語)로 변경하였다.
- 선택사항 추가적용: 796 오스트로네시아어족에 분류되어 있는 동남아시아어에 대해 별법으로 인도네시아어파 739.84, 말래이어 739.841, 인도네시아국어 739.842, 자바어 739.843, 필리핀어, 타갈로그어 739.86으로도 분류할 수 있다.

10) 문학

- 813.6 20세기 한국소설에 추가적으로 세분할 수 있도록 별법의 일부를 개정하였다.

  예: 813.6 20세기 1910-1999

  별법:　도서관에 따라 다음과 같이 추가 세분할 수 있다.

  　　　.602 단편소설

  　　　.603 역사, 전기소설

  　　　.604 정치, 사회소설

  　　　.605 로맨스, 연애, 애정소설[전 .603]

  　　　.607 추리, 탐정, 모험소설[전 .605], 유령, 공포소설[전 .606]

  　　　.608 과학(SF), 공상, 판타지소설[전 .607]

  　　　.609 기타소설

- 839.66 라플란드문학을 839.64 핀란드문학에 통합하였다.
- 892.52 범(梵)문학에서 산스크리트문학(범(梵)문학)으로 변경하였다.
- 선택사항 추가적용: 896 오스트로네시아문학에 분류되어 있는 동남아시아문학에 대해 별법으로 인도네시아어권 문학 839.84, 말래이문학 839.841, 인도네시아문학 839.842, 자바문학 839.843, 필리핀어, 타갈로그문학 839.86으로도 분류할 수 있다.

11) 역사

- 지역구분표에서 기후, 식생, 지형, 사회경제적 구분 등 지역구분 일반을 위한 기호를 신설하였다.(-7, 기존의 -7 양극지방은 -69로 재배치하였다) 그 결과 960 오세아니아, 969 양극지방으로 재배치되었으며, 970은 공기호로 남겨두었다.
- 한국의 행정구역상 변경된 증평군 911.73, 세종특별자치시 911.76, 계룡군 911.79이 추가되었고, 당진시 911,78과 여주시 911.58이 군에서 시로 변경되었으며, 장수군 911.84에서 911.92로 이치되었고, 금화군 911.44, 연기군 911.76, 마산시와 진해시 911.88은 삭제되었다.
- 929.98 유럽터키를 삭제하고 918.7 터키로 통합하였다.

2. 보조표의 사용법

KDC에서는 본표에 의하여 분류한 다음 세분하고자 할 때 조기성이 있는 보조표를 사용하여 분류한다. 보조표를 다른 말로는 조기표라고도 하는데, 이것은 조기성을 가진 항목들을 포함하는 표를 말한다.

분류표에서 조기성(mnemonics)이란 분류표를 편찬할 때 동일한 성격을 갖는 것은 가능한 한 동일한 기호를 부여하여 분류자나 분류표 이용자의 기억을 돕도록 하는 것을 의미한다. 이러한 조기성의 목적은 분류표 조직을 단순하고 간결하게 하되 신축성 있게 하여 분류표의 이해와 기억을 용이하게 하며, 나아가 분류업무와 분류표의 이용을 편리하게 하는 데 있다.

KDC 제6판의 보조표는 ① 표준구분표, ② 지역구분표, ③ 국어구분표, ④ 문학형식구분표, ⑤ 언어공통구분표, ⑥ 종교공통구분표 모두 6가지가 있다.

[제1표 표준구분표]

주제에 따라 본표로 분류한 다음 그 주제가 다루어진 형식이나 자료의 물리적 형식, 체제 등에 따라 함께 모으고 표를 간소화하여, 이용을 편리하게 하고자 마련된 보조표이다. 표준구분표는 주제적인 성격을 지닌 내적형식(-01, -07, -09)과 외적편집 또는 출판형식(-02, -03, -04, -05, -06, -08)으로 구성되어 있는데, 이 두 가지 형식이 중복되어 있을 경우는 내적형식을 우선하여 분류한다.

표준구분의 조기성은 〈표 4-4〉와 같이 원괄호 내의 분류기호 및 명사와 관련되어 있으며, 다만 -02만이 조기성이 없다. 그러나 이에는 편람, 제표, 서지 등 참고자료만을 분류하게 되어 있어 -03 사전(辭典), 사전(事典)의 참고자료와 인접하고 있다.

〈표 4-4〉 표준구분의 조기성

-01 철학 및 이론	(100) 철학
-02 잡저	
-03 辭典, 事典, 인용어사전, 약어집	(030) 백과사전
-04 강연집, 수필집, 연설문집	(040) 강연집, 수필집, 연설문집
-05 연속간행물	(050) 일반연속간행물
-06 각종단체, 조직경영	(060) 일반학회, 단체, 협회, 기관
-07 지도법, 연구법 및 교육, 교육자료	(370) 교육학
-08 총서, 전집, 선집	(080) 일반전집, 총서
-09 역사 및 지역구분	(900) 역사

〈표 4-5〉에 제시된 표준구분 기호에 대한 용법은 다음과 같다.[15]

-01 철학 및 이론: 주제와 관련된 체계적이고 심도 있는 학설, 법칙 등을 다룬 이론적 저작에 적용하는 기호이다. 일반적인 원론, 개론, 통론, 입문서 등은 표준구분 -01을 적용하지 않고 해당주제에 분류한다.

---

15) 위의 책, 제3권. 해설서, pp.35-39.

<표 4-5> 표준구분표 개요표

-01	**철학 및 이론**	-07	**지도법, 연구법 및 교육, 교육자료**
-0109	학사, 학설사, 사상사	-071	교육, 교양기관(강습회, 연구집회)
-012	분류법	-072	지도법
		-073	연구방법론
-02	**잡저(雜著)**	-074	기술, 기기, 기구, 비품
-021	편람, 핸드북, 포켓북	[-076]	교과서 및 문제집
-022	스크랩북, 클리핑 등	-077	각종시험 대비용 교재 및 문제집, 면허증
-023	법령 및 규정	-079	경시/경진대회, 포상, 상품, 상장
-024	시청각자료 및 디지털자료		
-025	제표(諸表), 사물목록, 도보(圖譜)	-08	**총서, 전집, 선집**
-026	서지, 서록, 초록, 색인, 해제	-081	개인전집, 총서, 선집
-027	보조기법 및 절차	-082	2인 이상의 전집, 총서, 선집
-028	특정직업 종사자를 위한 저작		
-029	특허, 규격, 상표	-09	**역사 및 지역구분**
		-0901	원시시대(B.C.1 까지)
-03	**사전(辭典), 사전(事典), 인용어 사전(引用語辭典), 용어집, 약어집**	-0902	고대 (1-499)
		-0903	중세 (500-1499)
		-0904	근세 (1500-1899)
-034	커뮤니케이션, 용어연구, 술어, 명명법	-0905	20세기 (1900-1999)
		-0906	21세기 (2000-2099)
		-091-096	대륙, 국가, 지방구분 (지역구분표에 따라 세분한다)
-04	**강연집, 수필집, 연설문집** (연속적 간행 논문집은 표준구분 -05에 분류 한다)	-097	지역구분일반
		-098	해양구분
		-099	전기
-05	**연속간행물** (논문집, 신문을 포함한다)		도서관에 따라서는 990아래 분류할 수도 있다.
-059	연감, 통계연감, 연보, 역(曆)		
-06	**각종 단체, 조직(학회, 단체, 협회, 기관, 회의) 및 경영**		
-061	국가 및 지방조직		
-068	경영		
-069	박물관 및 상설전시장		
-0691-79	박물관사 및 지역구분 (지역구분표에 따라 세분한다)		

-02 잡저: 주제를 간단하고 얕게 포괄적으로 다룬 저작, 단편적 참고가 되는 저작, 유머스러하게 다룬 저작 및 시청각적 표현법을 도입하여 다룬 저작 등에 적용하는 기호이다.

-021 편람, 핸드북, 포켓북: 특정주제의 전반적인 배경지식을 용이하게 확인할 수 있도록 관련 주제를 주요 항목별로 개론적 소개 수준에서 다룬 저작에 적용하는 기호이다. 특정집단을 위해 주제를 특별하게 다룬 저작은 표준구분 -028을 적용한다.

-03 사전(辭典), 사전(事典), 인용어사전, 용어집, 약어표: 특정 주제분야에서 사용하는 특화된 용어의 의미와 용법을 설명한 저작 또는 약어집 등으로서 자모순으로 배열된 사전(辭典), 사전(事典)에 적용하는 기호이다. 특정주제가 아닌 일반적 언어사전은 해당언어의 사전항목에 분류한다.

-04 강연집, 수필집, 연설문집: 한 사람 또는 두 사람 이상이 쓴 강연집, 수필집, 연설문집으로서 그들 각개(各個)가 독립적이며 관계가 약하거나 전혀 없는 것들을 모은 저작에 적용하는 기호이다. 그러나 -04를 부여할 수 있는 저작이라도 권차번호가 있고 2권 이상으로 구성된 종간예정이 있는 것으로 종합서명이 있는 것은 총서, 전집으로 보아서 -08을 적용한다. 연속적으로 간행되는 논문집은 -05를 적용한다.

-05 연속간행물: 권, 호, 횟수, 또는 연차를 따라서 발행되는 신문, 잡지, 보고서, 논문집 등 연속하여 간행되는 저작에 적용되는 기호이다.

-059 연감, 통계연감, 연보, 역(曆): 일반적 주제의 연감, 통계연감, 연보에 적용하는 기호이다. 특정주제의 통계표 및 통계자료는 표준구분 -025를 적용한다.

-06 학회, 단체, 협회, 기관, 회의: 국내·외, 상설·비상설, 영리·비영리, 공공·사설 단체, 기관, 회의의 역사, 헌장, 규정, 주소록, 회원명단 및 인명록, 회의록 등의 저작에 적용하는 기호이다.

-07 지도법, 연구법 및 교육, 교육자료: 한 주제의 연구법과 교수법을 다룬 저작 및 교육자료에 적용하는 기호이다. 예를 들어, 서명이 '정치학연구', '농업연구'라고 되어 있어도 -07을 부여하기보다는 그 주제의 연구결과인 논문, 잡지 또는 총서일 때가 많이 있다. 이럴 경우 -01, -05, -08 등 적합한 표준구분 항목을 적용하여야 한다.

-077 각종 시험 대비용 교재 및 문제집, 면허증 : 국가고시, 검정고시, 공개시험, 기능검사에 관련된 자습서, 문제집, 해답집, 수험참고서 등에 적용하는 기호이다. 초·중·고등학교 교과서는 370 교육학의 해당항목에 분류한다.

-08 총서, 전집, 선집: 총서, 전집 등의 서명이라도 종간예정이 없이 연속적으로 간행되는 것은 -05를 부여해야 한다. 총서의 각권을 분산하여 단행본으로 취급하는 경우도 있다.

-09 역사 및 지역취급: 한 주제를 역사와 지역의 관점에서 다룰 경우 혹은 지역이나 시대의 관점에 의해서 한정될 경우 주제 분류기호 아래 -09를 적용한다.

-099 전기: 전기를 역사류 아래에 모으지 않고 피전자가 공헌한 주제아래 분류하는 경우, 해당주제 아래에 표준구분 -099를 적용한다.

표준구분표의 사용법은 다음과 같다.

① 표준구분표는 단독번호로 사용될 수 없으며, 반드시 주제구분 기호에 첨가되어 사용된다. 표준구분을 각 주제의 분류기호에 적용할 때는 원칙적으로 「0」을 동반한다. 즉 주제를 나타내는 분류기호에 표준구분을 첨가할 때는 주제의 분류기호와 표준구분의 기호 사이에 언제나 「0」을 동반하게 된다.

    교육철학 → 370(교육학) + -01(철학 및 이론) ⇒ 370.1
    한국소설전집 → 813(한국소설) + -082(2인 이상의 전집, 총서) ⇒ 813.082
    세계사연표 → 909(세계사) + -025(연표) ⇒ 909.025
    한국인명사전 → 991.1(한국인전기) + -03(사전) ⇒ 991.103

② 그러나 「0」이 이미 다른 특정 기호로 사용된 경우에는 「0」을 하나 더 붙여 「00」을 사용하고, 또한 「00」이 다른 의미로 사용된 경우에는 「000」과 같이 「0」을 3개 앞세워 표준구분한다.

    한국사 사전 → 911(한국사) + -03(사전) ⇒ 911.003(911.03 삼국시대)

행정학 연속간행물 → 350(행정학) + -05(연속간행물) ⇒ 350.05(350.5 정보관리행정)

③ 류 또는 강에다 표준구분을 하는 경우에는 「0」 또는 「00」은 의미 없는 숫자이기 때문에 생략하고 표준구분 기호를 첨가한다.

문학이론 → 800(문학) + -01(이론과 철학) ⇒ 801
과학핸드북 → 400(자연과학) + -021(핸드북) ⇒ 402.1
경제학총서 → 320(경제학) + -08(또는 -082(2인 이상의 전집)) ⇒ 320.8(2)
영국문학전집 → 840(영문학) + -082(2인 이상의 전집) ⇒ 840.82
19세기 음악사 → 670(음악) + -0904(19세기) ⇒ 670.904
프로이드의 생애연구 → 180(심리학) + -099(T1 전기) ⇒ 180.99

④ 2종의 표준구분이 동시에 적용될 수 없는 경우에는 주제적인 성격을 지닌 형식을 편집 또는 출판형식보다 우선하여 하나만 적용한다.

정치철학사전 → 340(정치학) + -01(철학) + -03(사전) ⇒ 340.1
수학교육저널 → 410(수학) + -07(교육) + -05(저널) ⇒ 410.7

⑤ 자체의 특정한 분류기호가 없는 주제는 표준구분을 사용하지 않는 것이 좋다. 왜냐하면 분류표가 개정될 경우 현재 자체의 분류기호가 없는 항목이 새로이 자체의 분류기호를 가질 경우가 있기 때문이다.

사회인류학사전 → 389(문화인류학, 사회인류학은 독립항목이 아니므로 표준구분은 피한다)
언어지리학사전 → 701.8(방언학, 언어지리학은 독립항목이 아니므로 표준구분은 피한다)

⑥ 표준구분 -03, -04, -05, -06, -08은 특정주제에 한정된 기호 아래 첨가되지만 어느 주제에도 넣을 수 없는 것에는 총류 내의 030, 040, 050, 060, 080 아래에 분류한다.

[제2표 지역구분표]

지역구분표는 다루어진 주제가 특정 지역에 한정된 경우에 그 지역을 세분하기 위하여 지역별 역사를 나타내는 910-969 중에서 9를 제외한 각 지역을 나타내는 기호를 사용하는 것을 말한다. 따라서 지역구분번호도 단독으로 사용되거나 주된 번호로 사용될 수 없다.

KDC 지역구분표의 중요한 지역 번호를 요약하면 〈표 4-6〉와 같다.

지역구분표의 사용법은 다음과 같다.

① 분류표상에 "지역구분표에 따라 세분한다."는 지시가 있을 때 기본번호 다음에 지역구분표에 따라 지역구분 한다.

 독일의 경제정책 → 322(경제정책) + -25(독일) ⇒ 322.25
  (322.1-.7 각국 경제정책, 지역구분표에 따라 세분한다)
 영국의 사회조사 → 331.9(사회조사) + -24(영국) ⇒ 331.924
  (331.9 사회조사, 지역구분표에 따라 세분한다)
 일본농업사 → 520.9(농업사) + -13(일본) ⇒ 520.913
  (520.9 농업사정, 농업사, 지역구분표에 따라 세분한다)
 한국의 인형극 → 682.2(인형극) + -11(한국) ⇒ 682.211
  (682.2 인형극, 지역구분표에 따라 세분한다)
 한국지역사회개발 → 309.2(사회계획 및 개발) + -11(한국) ⇒ 309.211
  (309.2 사회계획 및 사회개발, 지역구분표에 따라 세분한다)
 중국 출판물목록 → 015(국가서지) + -12(중국) ⇒ 015.12
  (015 국가별 서지 및 목록, 지역구분표에 따라 세분한다)
 독일의 지방자치 → 359(지방자치) + -25(독일) ⇒ 359.25
  (359.1-.7 각국 지방자치 및 행정일반, 지역구분표에 따라 세분한다)
 호주 세시풍속 → 386.5(세시풍속) + -62(오스트레일리아) ⇒ 386.562
  (386.5 세시풍속, 지역구분표에 따라 세분한다)
 미국 기념일 → 386.9(기념일) + -42(미국) ⇒ 386.942
  (386.9(국경일, 기념일), 지역구분표에 따라 세분한다)

〈표 4-6〉 지역구분표 개요표

-1	**아시아**		-48	코스타리카, 파나마
-11	대한민국		-49	서인도제도
-12	중국		-5	**남아메리카**
-13	일본		-51	콜롬비아
-14	동남아시아		-52	베네주엘라와 기아나
-15	인디아와 남부아시아		-53	브라질
-16	중앙아시아		-54	에콰도르
-17	시베리아		-55	페루
-18	서남아시아, 중동		-56	볼리비아
-19	아라비아반도와 인접지역		-57	파라과이, 우르과이
-2	**유럽**		-58	아르헨티나
-21	고대그리스		-59	칠레
-22	고대로마		-6	**오세아니아, 양극지방**
-23	스칸디나비아		-62	오스트렐리아(호주)
-24	영국, 아일랜드		-63	뉴질랜드
-25	독일과 중앙 유럽		-64	파푸아뉴기니
-26	프랑스와 인접국가		-65	멜라네시아
-27	스페인과 인접국가		-66	미크로네시아와 인접국가
-28	이탈리아와 인접국가		-67	폴리네시아와 하와이
-29	러시아와 동부유럽		-68	대서양제도
-3	**아프리카**		-69	양극지방
-31	북아프리카		-7	**지역구분 일반**
-34	서아프리카		-71	기후에 따른 구분
-36	중앙아프리카		-72	지형에 따른 구분
-37	동아프리카		-74	식생에 따른 구분
-38	남아프리카		-76	사회경제적 구분
-39	남인도양제도		-79	기타 구분
-4	**북아메리카**		-8	**해양**
-41	캐나다		-81	태평양
-42	미국(미합중국)		-84	인도양
-43	멕시코		-85	대서양
-44	중앙아메리카(중미제국)		-87	북국해(북빙양)
-45	과테말라, 벨리즈, 엘살바도르		-88	남극해(남빙양)
-46	온두라스			
-47	니카라과			

② 분류표상에 "지역구분표에 따라 세분한다."는 지시가 없어도 지역구분이 필요하면 표준구분 -09(역사 및 지역구분)를 먼저 적용한 다음 지역구분 한다.

일본의 수상경기 → 696(수상경기) + -0913(T1, 일본) ⇒ 696.0913
　(696(수상경기, 공중경기), '지역구분표에 따라 세분한다' 지시 없음)
한국의 관혼상제 → 384(관혼상제) + -0911((T1, 한국) ⇒ 384.0911
　(384(관혼상제), '지역구분표에 따라 세분한다' 지시 없음)

③ 특정 주제가 역사를 포함하고 있어 -09가 분류표상에 적용되어 있는 경우에는 지역구분표에 따라 바로 지역구분할 수 있다.

영국 생물학사 → 472.09(생물학사) + -24(영국) ⇒ 472.0924
　(472.09(생물학사), '지역구분표에 따라 세분한다' 지시 없음)
중국의 전통윤리학사 → 190.109(윤리학사) + -12(중국) ⇒ 190.10912
　(190.109(윤리학사), '지역구분표에 따라 세분한다' 지시 없음)
프랑스미술 500년사 → 609(미술사) + -26(프랑스) ⇒ 609.26
　(609(미술사), '지역구분표에 따라 세분한다' 지시 없음)

KDC 제6판에서 한국지역구분표는 지역구분표와 통합되었다. 이는 기본적으로 어떤 주제가 한국의 특정 지역에 한정하여 다루고 있을 때 이를 나타내기 위해 사용할 수 있는 조기표로서, 분류표에 "지역구분표 -111-1199와 같이 세분한다" 라고 지시되어 있다. 이에 따라 한국지역구분의 개요를 살펴보면 〈표 4-7〉과 같다.

한국지역구분의 사용법은 다음과 같다.
① 부가지시 사항에 따라 한국지역구분을 사용할 경우

서울지리 → 980(지리) + -116(서울) ⇒ 981.16
서울시통계연보 → 310(통계) + -116(서울시) ⇒ 311.16
대구광역시 지도→ 989(지도) + -1184(대구) ⇒ 989.1184

〈표 4-7〉 한국지역구분의 개요표

-1	관북지방		-5	경기도
-11	함경북도		-52	**연천군, 포천시, 가평군**
-12	나선특급시		-53	**파주시**
-13	청진시, 김책시 등		-54	**의정부시, 동두천시, 양주시**
-14	량강도		-55	인천광역시, 부천시
-15	삼지연군, 대홍단군 등		-56	김포시
-16	혜산시, 삼수군 등		-57	수원시, 오산시, 화성시 등
-17	함경남도		-58	성남시, 하남시, 광주시 등
-18	단천시, 허천군 등		-59	용인시, 안성시, 평택시
-19	함흥시, 함주군 등		-6	서울특별시
-2	관서지방		-7	충청도
-21	자강도		-71	충청북도
-22	강계시, 자성군 등		-72	충주시, 제천시, 단양군
-23	희천시, 성간군 등		-73	음성군, 진천군, 괴산군
-24	평안북도		-74	청주시, 청원군, 보은군
-25	벽동군, 창성군 등		-75	충청남도
-26	신의주시, 의주군 등		-76	세종특별자치시, 천안시
-27	평안남도		-77	예산군, 홍성군, 청양군
-28	남포특급시		-78	당진시, 서산시, 태안군
-29	평양직할시		-79	대전광역시, 금산군, 논산시
-3	해서지방		-8	경상도
-31	황해북도		-81	경상북도
-32	신평군, 연산군 등		-82	울진군, 봉화군, 영주시
-33	신계군, 평산군 등		-83	김천시, 상주시, 구미시
-34	사리원시, 송림시 등		-84	대구광역시, 고령군, 청도군
-35	개성특급시		-85	포항시, 경주시, 영천시
-36	황해남도		-86	경상남도
-37	은천군, 안악군 등		-87	거창군, 함양군, 합천군
-38	해주시, 벽성군 등		-88	진주시, 사천시, 창원시
-39	강원도(북한지역)		-89	부산광역시, 울산광역시
-4	강원도		-9	전라도
-42	고성군, 속초시, 양양군		-91	전라북도
-44	철원군		-92	전주시, 무주군, 완주군
-45	화천군, 양구군, 인제군		-93	군산시, 김제시, 부안군
-46	강릉시, 삼척시, 태백시,		-94	정읍시, 임실군, 순창군
-47	춘천시		-95	전라남도
-48	홍성군, 횡성군, 평창군		-96	광주광역시, 담양군, 장성군
-49	원주시, 영월군, 정선군		-97	순천시, 광양시, rnforns
			-98	목포시, 무안군, 신안군
			-99	제주특별자치도

② 부가지시 사항에 지역구분하라는 지시가 없는 경우(표준구분표의 -09를 사용하는 방법)

전라도의 사찰건물 → 549.22(사찰건물) + -09(T1) + -119(전라도) ⇒ 549.2209119
서울시 교통정책 → 326.31(교통정책) + -09(T1) + -116(서울시) ⇒ 326.3109116
수원의 인구 → 331.309(각국 인구) + -1157(수원) ⇒ 331.3091157

KDC 제6판의 한국시대구분표는 별도의 표가 있는 것이 아니고 본표 중 한국의 시대사인 911.01-.083과 같이 세분하도록 하고 있다. 이를 시대별 개요를 나열하면 〈표 4-8〉과 같다.

〈표 4-8〉 한국시대구분 개요표

-01	원시시대		-074	제3,4공화국	1963-1981
-02	고대(상)		-075	제5공화국	1981-1988
-03	삼국시대(고대 하)		-076	제6공화국	1988-1993
-04	고려시대(중세)		-077	문민정부	1993-1998
-05	조선시대(근세)		-078	국민의 정부	1998-2003
-06	항일시대(최근세)		-08	21세기	2000-
-07	대한민국시대	1945-	-081	참여정부	2003-2008
-071	군정시대	1945-1948	-082	이명박 정부	2008-2013
-072	제1공화국	1948-1960	-083	박근혜정부	2013-
-073	제2공화국	1960-1863			

사용법은 한국시대구분의 경우 본표상에서 지역구분표를 사용하라는 지시에 따라 다음과 같이 시대 구분한다.

① 부가지시 사항에 따라 한국시대구분을 사용할 경우

조선불교사 → 220.9(불교사) + -11(한국, 지역구분) + -05(조선시대, 시대구분)
 ⇒ 220.91105
일제식민지시대 교육사 → 370.9(교육사) + -11(한국, 지역구분) + -06 (항일시대, 시

대구분) ⇒ 370.91106

조선후기 민속지 → 380.9(민속지) + -11(한국, 지역구분) + -057(조선후기, 시대구분) ⇒ 380.911057

② 부가지시 사항에 '지역구분표를 사용하라'는 지시가 없는 경우(표준구분표의 -09를 사용하는 방법)

고려시대 사찰건물 → 549.22(사찰건물) + -09(T1) + -1104(고려시대)
  ⇒ 549.22091104
제5공화국 교통정책 → 326.31(교통정책) + -09(T1) + -11075(제5공화국)
  ⇒ 326.310911075

[제3표 국어구분표]

국어구분표는 언어류(700)의 국어구분을 언어 이외의 다른 주제에도 적용시켜 구분하는 보조표이다. 국어구분표의 기호는 단독으로 사용할 수 없고, "710-799와 같이 언어구분한다", 혹은 "792-799와 같이 구분한다" 등으로 구분지시가 되어 있는 항목에 적용한다.

국어구분표 개요표를 나열하면 〈표 4-9〉와 같다.

〈표 4-9〉 국어구분표 개요표

-1	한국어	-6	프랑스어
-2	중국어	-7	스페인어
-3	일본어	-79	포르투갈어
-39	기타 아시아 제어	-8	이탈리아어
-4	영어	-9	기타 제국어
-5	독일어	-928	러시아어
-59	기타 게르만어		

국어구분표 사용법은 다음과 같다. 주로 030(일반백과사전), 040(일반강연집, 수필집, 연설문집), 050(일반연속간행물), 080(일반총서, 전집), 471.8 (언어에 의한 인종구

별) 등에 사용된다.

동아원색대백과사전 → 030(일반 백과사전) + -1(한국어) ⇒ 031
(러시아어) 일반강연집 → 040(일반강연집) + -928 ⇒ 049.28
(월간)중앙 → 050(일반연속간행물) + -1(한국어) ⇒ 051
(덴마크어) 잡지 → 050(일반연속간행물) + -5981(덴마크어, 759.81) ⇒ 055.981
독일어 성서 → 233.077(현대 각 국어 성서) + -5(독일어) ⇒ 233.0775
몽골어족 → 471.8(언어에 의한 인종구분) + -393(몽골어, 739.3(몽골제어))
    ⇒ 471.8393
영한사전 → 743(영어, 표제어 아래분류) + -1(한국어, 해설어 국어구분 기호 부가)
    ⇒ 743.1
한영사전 → 713(한국어, 표제어 아래분류) + -4(영어, 해설어 국어구분 기호 부가)
    ⇒ 713.4
(초보자를 위한) 영어문장작법 → 802.04(각국어 문장작법) + -4(영어) ⇒ 802.044

[제4표 문학형식구분표]

문학형식구분은 문학류(800)내에서 1차 구분은 원작품에서 사용된 언어, 2차 구분은 문학형식, 3차 구분은 시대에 따라 구분한다. 이 표는 2차구분인 각국 문학의 형식인 목에 공통으로 적용되는 보조표이다.

문학형식구분표는 〈표 4-10〉과 같다.

〈표 4-10〉 문학형식구분표

-1	시	-5	연설, 웅변
-2	희곡	-6	일기, 서간, 기행
-3	소설	-7	풍자 및 유머
-4	수필, 소품	-8	르포르타주 및 기타

윤동주시집 → 810(한국문학) + -1(시) + -61(현대) ⇒ 811.61
한여름밤의 꿈 / 세익스피어 → 840(영미문학) + -2(희곡) + -2(1558-1625 엘리자베스 여왕시대) ⇒ 842.2

20세기 세계소설사 → 809(문학사) + -3(소설) ⇒ 809.3

태백산맥 : 조정래 대하소설 → 810(한국문학) + -3(소설) + -62(1945-1999) ⇒ 813.62

   도서관에 따라 소설의 주제별로 다시 세분할 경우, 다음과 같이 분류할 수도 있다.

   → 810(한국문학) + -3(소설) + -62(1945-1999) + -03(역사, 전기소설) ⇒ 813.6203

청록파시인들의 작품성 연구 → 810(한국문학) + -1(시) + -6(현대) + -09(문학사, 평론) ⇒ 811.609

현대 드라마비평 및 해설집 → 809(문학사, 평론) + -2(드라마) ⇒ 809.2

[제5표 언어공통구분표]

언어공통구분표는 각국 언어 내에서 한국어에 적용된 구분이 각국어에도 공통으로 적용되는 보조표이다.

〈표 4-11〉 언어공통구분표

-1	음운 및 문자	-5	문법
-2	어원	-6	작문
-3	사전	-7	독본, 해석, 회화
-4	어휘	-8	방언(사투리)

독일어 문법 → 750(독일어) + -5(문법) ⇒ 755

영문법 → 740(영어) + -5(문법) ⇒ 745

중국어회화 → 720(중국어) + -7(회화) + -5 ⇒ 727.5(717과 같이 세분한다)

경상도사투리모음집 → 710(한국어) + -8(방언) + -8(경상도) ⇒ 718.8

국어사전 → 710(한국어) + -3(사전) ⇒ 713

[제6표 종교공통구분표]

종교공통구분표는 KDC에만 존재하는 보조표로서, 종교마다 공통적으로 적용되는 요소들을 동일한 기호로 구성하여 마련한 보조표이다. 비교종교의 요목인 211-218에서 사용된 구분을 각 종교에 공통으로 적용시킨 보조표이다.

종교공통구분표는 필요에 따라 각 종교의 종파나 교파에도 적용할 수 있다.

〈표 4-12〉 종교공통구분표

-1	교리, 교의	-5	선교, 포교, 전도, 교화(교육)활동
-2	종교창시자(교주) 및 제자	-6	종단, 교단
-3	경전, 성전	-7	예배형식, 의식, 의례
-4	종교신앙, 신앙록, 신앙생활	-8	종파, 교파

장로교회의 전도활동 → 238.5(장로교회) + -5(포교, 전도활동) ⇒ 238.55
(문답으로 엮은) 가톨릭교회 교리서 → 238.2(교파: 가톨릭교회) + -1(교리)
  ⇒ 238.21
(이슬람 경전) 코란의 이해 → 280(이슬람교) + -3(경전) ⇒ 283
힌두교 종단 → 270(힌두교) + -6(종단, 교단) ⇒ 276

3. 본표상의 조기성

조기성(助記性, mnemonics)이란 분류표를 편찬할 때 동일한 성격을 갖는 것은 가능한 한 동일한 기호를 부여하여 기억을 돕도록 하는 것을 말한다.

KDC의 조기성 기호는 분류표를 편찬할 때 분류표상에 고정시켜 놓은 방법과 분류자가 자유재량에 의하여 첨가할 방법이 있다.

1) 언어와 총류(030, 040, 050)와의 조기성

언어(700)의 제2위인 강의 배열은 각 국어 순서대로 나열되어 있고, 기타 각 국어는 790(기타 제국어)에 배열되어 있다. 총류 중에서 030(일반백과사전), 040(일반 강연집, 수필집, 연설문집), 050(일반 연속간행물)의 제3위인 목과 언어의 제2위인 강 사이에 상호 조기성을 유지하고 있다.

따라서 분류표상 세분되어 있지 않은 039(기타 제국어 백과사전), 049(기타 제국어 강연집, 수필집, 연설문집) 아래에는 "792-799와 같이 구분한다"라고 지시되어 있으며, 058(기타 제국어 연속간행물) 아래에는 "780-799와 같이 구분한다"라는 지시가 있다.

한국어	710	그리이스어	792.1
(한국어)일반백과사전	031	(그리이스어)일반백과사전	039.21
(한국어)일반강연집	041	(그리이스어)일반강연집	049.21
(한국어)일반연속간행물	051	(그리이스어)일반연속간행물	058.921

이는 언어의 국어구분과 총류의 국어구분과 완전히 조기성을 유지하고 있다는 것을 의미한다.

2) 언어의 국어구분과 문학의 국어구분과의 조기성

700(언어)은 제1차 구분은 각 국어, 제2차 구분은 언어공통구분에 의하여 구분되며, 800(문학)은 제1차 구분은 원저에 나타난 언어, 제2차 구분은 문학형식구분, 제3차 구분은 시대에 의하여 세분된다. 700(언어)의 1차 구분과 800(문학)의 1차 구분 사이에 상호 조기성을 유지하고 있다.

한국어	710	중국어	720	일본어	730	영어	740
한국문학	810	중국문학	820	일본문학	830	영문학	840

3) 역사, 지리, 전기와 총류(060, 070)와의 조기성

900(역사)은 제2위가 각 대륙에 따라 구분되어 있으며, 980(지리), 990(전기), 060(일반 학회, 단체), 070(신문, 저널리즘)은 제3위가 대륙에 따라 구분되고 있다. 역사의 강과 나머지의 목 사이에 상호 조기성을 유지하고 있다.

한국의 역사	911	미국의 역사	942
한국인 전기	991.1	미국인 전기	994.2
한국의 지리	981.1	미국의 지리	984.2
한국의 일반학회	061.1	미국의 일반학회	064.2
한국의 신문	071.1	미국의 신문	074.2

4) 전주제구분과 특수주제구분[16]

전주제구분 : 특정주제를 분류표의 전체주제의 순서에 따라 세분하는 것을 전주제구분 혹은 전분류구분이라고 한다. KDC에서는 세분하여야 할 특정주제의 분류기호 아래 "001-999와 같이 주제구분한다."고 지시하여 전주제구분의 사용처를 제시하고 있다.

026.9 전문도서관 및 정보센터
   전문도서관은 001-999와 같이 주제구분한다.
   예) 법률도서관 → 026.9(전문도서관) + 360(법학) ⇒ 026.936

078 특정주제의 신문
   001-999와 같이 주제구분한다.
   예) 교육신문 → 078(특정주제의 신문) + 370(교육학) ⇒ 078.37
   도서관에 따라 해당 주제 아래에 분류할 수 있다.
   예) 교육신문 → 370(교육학) + -05(T1, 연속간행물) ⇒ 370.5

998 주제별 전기
   100-999와 같이 주제구분(강목 이상) 한다.
   예) 이광수 전기 → 998(주제별 전기) + 810(한국문학) ⇒ 998.81
       철학자 전기 → 998(주제별 전기) + 100(철학) ⇒ 998.1
   주제별전기는 일반적으로 그 관계주제 하에 분류하는 것을 추천한다.
   예) 이광수 전기 → 810(한국문학) + -099(T1, 전기) ⇒ 810.099
       철학자 전기 → 100(철학) + -099(T1, 전기) ⇒ 100.99

016 주제별서지 및 목록
   001-999와 같이 주제구분 한다.
   예) 정치서지 및 목록 → 016(주제별서지 및 목록) +340(정치학) ⇒ 016.34

---

[16] 위의 책, p.15.

교육서지 및 목록 → 016(주제별서지 및 목록) + 370(교육학) ⇒ 016.37
도서관에 따라 주제별서지 및 목록을 각 주제 아래에 분류할 수 있다.
예) 정치서지 및 목록 → 340(정치학) + -026(T1, 서지, 목록) ⇒ 340.26
   교육서지 및 목록 → 370(교육학) + -026((T1, 서지, 목록) ⇒ 370.26

321.55 산업별 노동 및 직업

001-999와 같이 주제구분한다.
예) 영화산업 직업 → 321.55(산업별 직업) + 688(영화) ⇒ 321.55688

374 교육과정(Curriculum)

교육과정 개발 및 평가, 각과교육, 이론, 경험중심과정론 및 교과서, 교과서문제 등을 포함하며, 001-999와 같이 주제구분한다.
예) 물리학 교육과정 비교분석 → 374(교육과정) + 420(물리학) ⇒ 374.42
별법: 도서관에 따라 각과교육 다음에 0을 부가한 후 373.1-.78과 같이 세분할 수 있다.
예) 물리학 교육평가 → 374.42 + 07(373.7 학습평가) ⇒ 374.4207

각급 학교의 각과 교육과정은 해당 학교 아래에 분류한다.
예) 중학교 물리교육과정 분석 → 376.5(중학교육) + 4(374 교육과정) + 42(물리학) ⇒ 376.5442

특수주제구분 : 어떤 특수한 주제의 경우 다른 주제분야의 구분을 적용하여 공통적으로 다시 세목전개를 할 수 있는 것을 특수주제구분이라 하며, 일반적으로 "~와 같이 세분한다"라고 지시하고 있다.

022.31 관종별도서관 인테리어 및 설계

026-027과 같이 세분한다.
예) 대학도서관설계 → 022.31(관종별도서관 인테리어 및 설계) + 76(대학도서관 027.6) ⇒ 022.3176

367.01-.07 사법행정사무

　350.1-.7와 같이 세분한다.

　예) 법원 사무일반론 → 367(사법제도) + 05(350.5 행정사무일반) ⇒ 367.05

　　　법원 행정조직에 관한 연구 → 367(사법제도) + 02(350.2 행정조직) ⇒ 367.02

371.1-.5 일반교육행정

　350.1-.5와 같이 세분한다.

　예) 교직원의 연수과정에 관한 연구 → 371(교육정책 및 행정) + 37(350.37 훈련 및 교육) ⇒ 371.37

　　　교육행정조직에 관한 연구 → 371(교육정책 및 행정) + 2(350.2 행정조직) ⇒ 371.2

600.2 예술재료 및 기법(Art materials and technique)

　모델사용을 포함한다.

　별법: 도서관에 따라 600.21-.27은 각 예술분야의 공통구분으로 사용할 수 있다.

　　　　예: 인장재료 628.23　미술재료 및 기법 → 602.21-.27

　예) 알고 쓰는 미술재료 → 602(미술재료 및 기법) + 23(600.23 예술재료) ⇒ 602.23

668 사진집(Collections of photographs)

　668.2-.8은 600.42-.48과 같이 세분한다.

　예) 인물사진집 → 668(사진집) + 5(600.45 인물화) ⇒ 668.5

　　　동물사진집 → 668(사진집) + 49(600.449 동물화) ⇒ 668.49

757 독일어 독본, 해석, 회화

　757.2-.5는 717.2-.5와 같이 세분한다.

　예) 독일어 회화 → 757(독일어 독본, 해석, 회화) + 5 회화(한국어 회화 717.5) ⇒ 757.5

4. 상관색인의 사용법

분류표에서 사용하는 색인에는 열거색인과 상관색인이 있다. KDC의 색인은 주제의 상호관계를 나타내는 상관색인으로 되어 있다.

KDC의 상관색인은 본표의 분류항목과 주(註)의 설명어 및 예 중에서 중요한 항목을 선정하여 자모순으로 배열하고 해당 분류번호를 제시하고 있다. 여기에는 도치된 항목 (예: 도서관/학교 027)이 포함되어 있으며, 본표에서 사용된 분류항목의 동의어, 유사어, 구칭어, 약칭어, 별칭어 등도 포함되어 있다.

실제 분류업무시 색인만으로 분류번호를 부여해서는 안되며 일단 색인에서 분류번호를 찾으면 반드시 본표와 대조하여 확인한 후 분류번호를 결정해야 한다.

5. 주의 종류와 기능

KDC에서는 사용하고 있는 범위주기(scope note)는 8가지 종류가 있다.

(1) 정의주 : 주요 분류항목에 대한 간단한 정의와 설명을 가하고 또 내포된 개념의 범위를 표시하는 것을 말한다.

```
001 지식, 학문 일반
    학문일반에 관한 저작으로서 특정국가에 한정된 것은 그 국가의 역사와 함께 분
    류한다.
481 일반 식물학
    개개의 식물 혹은 식물군의 특수분야는 그 식물 혹은 그 식물군 아래에 분류한다.
```

(2) 포함주 : 분류항목과 관련되는 주제와 접근된 주제들에 대한 포함을 표시하는 것을 말한다.

350.34 인사처리
   승급, 전속, 징계, 면직, 평가, 영전제도(위계, 서훈, 보상, 국장 등) 등을 포함한다.
549.869 체육관 및 경기장 [전 618.69]
   스포츠센터를 포함한다.

(3) 항목전개 유보주 : 분류항목의 전개를 위해 학문의 보다 깊은 연구를 기다려야 하는 부분에 대해서는 소주제까지 상세히 전개하는 것을 피하고 그 대신 이를 주기에 열거하는 것을 말한다.

678.33 플루트
   피콜로, 파이프, 베이스 플루트를 포함한다.

(4) 특정 서명주 : 고문서 분류에 도움을 주기 위하여 특정서명을 주에 예시하는 것을 말한다.

811.24 고려가요
   한림별곡, 쌍화점, 죽계별곡 등을 포함한다.

(5) 인명·지명주 : 분류에 도움을 주기 위하여 필요한 항목아래 관련된 인명이나 지명을 수록하여 예시한 것을 말한다.

320.15 고전주의 학파
   스미스, 리카도, 맬서스, 밀, 세이 경제학파를 포함한다.
942.1 미국 북부대서양 연안
   뉴잉글랜드(New England) 지방을 포함한다.

(6) 지시주 : 각종 조기표를 필요한 분류항목에 효과적으로 사용하게 하기 위하여 그 구분의 전개를 지시하는 것을 말하다.

329.91 지방재정운영
　　별법: 도서관에 따라 329.912-.9142는 329.12-.142와 같이 세분할 수 있다.
　　예) 지방재정감사제도 329.913

(7) 양자택일주 : 동일한 주제에 대하여 2개소에 분류할 수 있는 것을 양자 다 같이 표상에 마련하고 도서관의 종별과 독자층의 성격에 따라 임의로 택일할 수 있도록 설명을 가한 것을 말한다.

016 주제별서지 및 목록
　　단일 주제의 서목을 포함한다.
　　001-999와 같이 주제구분한다.
　　예: 정치서지 및 목록 016.34
　　별법: 도서관에 따라 주제별 서지 및 목록을 각 주제 아래에 분류할 수 있다.
　　예: 법률서지 및 목록 360.26

(8) 참조주 : 분류시 참조를 필요로 하는 항목을 분류번호와 함께 주의 끝에 열거하는 것을 말한다.

321.1 생산론
　　생산경제 → 323; 생산관리→ 325.6; 노동경제 321.5
911.0091 고문서류
　　고문서학 → 902.9

4.4 KDC의 특징 및 평가

KDC는 우리나라 유일의 표준분류표이다. 따라서 많은 도서관에서 사용하고 있다. 특히 우리나라 대부분의 학교도서관과 공공도서관에서 사용되고 있으며, 대학도서관과 전문·특수도서관에서도 다수 사용하고 있다.

KDC는 십진식 분류표가 갖고 있는 특징을 그대로 지니고 있다. 특히 DDC의 십진체계를 그대로 따르고 있어 DDC 장·단점을 그대로 내포하고 있다. 그러나 KDC는 우리나라 실정에 맞도록 재구성한 한국의 표준분류표이다.

KDC의 장점은 다음과 같다.
① 기호가 순수한 아라비아 숫자만으로 구성되어 있기 때문에 단순하고 국제적으로 통용되며 기억, 서사(書寫), 배열에 편리하다.
② 신축성이 있기 때문에 도서관의 특성, 장서량, 성질에 따라 전체적인 체계를 혼란시키지 않고 분류표의 적용을 자유롭게 할 수 있다.
③ 기호에 전개성이 있기 때문에 장래의 세목을 위한 전개가 가능하다.
④ 조기표를 이용하여 전개할 수 있기 때문에 분류표의 체계가 간명하다.
⑤ 분류기호만으로도 상하개념을 알 수 있다.
⑥ 분류표에 사용된 용어가 사실상의 체험에 기초를 두고 있다.
⑦ 학문의 전 분야를 대상으로 하였기 때문에 적용범위가 넓다.
⑧ 도서 이외의 각종 비도서자료 및 색인 등에 적용할 수 있다.
⑨ 상관색인이 있어 편리하다.
⑩ DDC가 구미위주인 것에 비하여 KDC는 한국 및 동양위주로 되어 있기 때문에 편리하다.
⑪ DDC체계에 있어서 불합리하고 모순되는 부분을 제거하였기 때문에 합리적이다.

⑫ 앞으로 수정, 증보 등을 수시로 행할 수 있는 전망이 있기 때문에 새로운 주제의 삽입이 가능하다.

KDC의 단점은 다음과 같다.
① 분류체계가 DDC를 그대로 답습하여 역베이컨식(inverted Baconian order)으로 되어 있기 때문에 학문의 분류로 보아 구식이다.
② 십진식이므로 인위적이며, 기계적이며, 불합리한 곳이 많이 있다.
③ 조기성이 강조된 나머지 표의 전개가 불합리하게 된 부분이 있다.
④ DDC, NDC, UDC와 LCC 등의 부분을 그대로 적용한 경우가 많아 KDC 고유의 독창성이 부족하다.
⑤ 구분방법이 불균등하고 주제의 전개가 비논리적인 곳이 있다.
⑥ 동위관계, 상하관계가 뚜렷하지 않고, 기호가 길어지면 기억과 식별이 불편하다.
⑦ 상관색인이 DDC에 비하여 정교하지 못하다.

제5장

듀이십진분류법(DDC)의 이해

5.1 DDC의 발전
5.2 DDC의 구성 및 기호법
5.3 DDC의 사용법
5.4 DDC의 보급 및 평가

제5장 듀이십진분류법(DDC)의 이해

5.1 DDC의 발전

듀이 십진분류법(Dewey Decimal Classification)은 멜빌 듀이(Melvil Dewey)에 의해 만들어진 세계에서 가장 널리 사용되고 있는 분류법이다. 듀이는 1851년 12월 10일 미국 뉴욕주 워트 타운 근교의 아담스 센터에서 태어났다. 그의 본명은 Melville Louis Kossuth Dewey였는데 성장 후 Melvil Dewey로 개명하였다. 그는 80년 생애 동안 도서관계에 다섯 가지 탁월한 업적을 남겼다. 1876년 3개의 협회를 창설한 것과 도서관 전문잡지를 창간한 것, 십진식에 의한 분류표의 창안과 도서관국의 개설 그리고 레이크 플래시드 클럽을 만든 것이 그것이다.[1]

1870년 암허스트 대학(Amherst College)에 입학한 그는 1873년 그 대학 도서관에서 학생보조사서로 근무하다가 대학의 장서를 주제에 의하여 십진식으로 구분하는 분류법을 고안하였다. 1874년 대학을 졸업한 후 대학도서관에서 부관장으로 근무하면서 1876년 DDC의 초판(first edition)을 발표하였다.[2]

---

[1] *Encyclopedia of Library and Information Science*, v.7, (New York: Marcel Dekker, c1968), pp.142-160.
[2] 최정태, 양재한, 도태현 공저, 『문헌분류의 이론과 실제』, 개정판, (부산: 부산대학교출판부, 1999), p.94.

같은 해(1876) 미국에서는 미국도서관협회(ALA : American Library Association)가 결성되었는데 여기서 듀이는 중심인물로서 활동하였으며, 초대 편집장을 14년간 역임하여 ALA 발전에 일익을 담당하였다. 도서관 전문잡지의 효시가 되는 「Library Journal」의 편찬에도 참여하였으며 초대 편집자로서 도서관의 기술 및 운영의 개선을 위하여 적극적으로 활동하였다.

그는 도서관 사업뿐만 아니라 철자법 개선과 도량형 통일 운동에도 적극 관여하여 ALA와 SRA(Spelling Reform Association) 그리고 AMB(American Metric Bureau) 등 세 가지 협회의 간사장 역할을 맡았다.[3] DDC로 통칭되는 이 분류법은 미국 도서관사에 큰 영향을 끼친 듀이(Melvil Dewey(1851~1931)가 창안한 것으로서 DDC라는 명칭은 그의 이름자를 써서 십진식(decimal)으로 구성한 분류체계이기 때문에 붙여진 이름이다.[4]

DDC는 1873년 듀이가 암허스트대학 시절에 고안하여 그 대학에서 직접 사용한 바 있지만 초판본은 1876년 「A Classification and Subject Index for Cataloging the Books and Pamphlets of a Library」이라는 표제로 출판되었다.

초판은 14페이지의 앞뒤자료와 12페이지의 개요표 및 본표, 18페이지의 색인으로 이루어진 44페이지의 팸플릿에 불과하였다. 그 후 제2판(1885년)부터 제23판(2011년)에 이르기까지 약 7년 내외를 주기로 개정된 DDC는 1993년에 DOS 버전인 「Electronic Dewey」가 CD-ROM으로 제작되었다. 1989년에는 총 4권으로 증가한 완전판 제20판이, 1996년 7월에는 21판과 함께 윈도우 버전인 「Dewey for Windows」가 출시되었고, 2003년 9월에는 제22판과 웹형식인 「Web Dewey」, 2011년 5월에는 제23판과 「Web Dewey 2.0」이 출시되었다.[5]

이러한 「Web Dewey 2.0」은 다음과 같은 특징을 갖고 있다.[6]

---

3) *Encyclopedia of Library and Information Science*, v.7, 앞의 책, p.146.
4) 최정태, 양재한, 도태현 공저, 앞의 책, p.95.
5) 윤희윤, 『정보자료분류론』, 제4판, (대구: 태일사, 2013), pp.101-102.
6) 오동근, 여지숙, 배영활, 「DDC 제23판의 특성과 KDC 제5판의 개정을 위한 함의」, 『한국도서관·정보학회지』, 제42권, 제3호(2011. 9), p.212.

① 숙련자뿐만 아니라 초보자도 다루기 쉽도록 간단한 사용자 인터페이스로 구성되어 있다.
② BISAC [7]과 DDC의 매핑이 이루어져 있다.
③ 한 번의 클릭으로 스크린 디스플레이를 쉽게 표시할 수 있다.
④ 계속적으로 업데이트되고 있지만, 가격은 인상되지 않는다.

한편 DDC는 소규모이거나 천천히 성장하는 도서관 요구에 따라 DDC의 줄인 형태의 간략판을 발행하여 학교도서관, 소규모 공공도서관에서 사용하도록 하고 있다. 1997년에는 완전판인 제21판을 축소한 간략판 제13판(Abridged Edition 13)이 출판되었으며, 2004년 1월에는 제22판을 축소한 간략판 제14판이, 2012년에는 간략판 제15판이 발행되었다.

DDC 22판의 주요 특징과 변경사항을 간추리면 다음과 같다.[8]
① DDC 22판은 웹 환경에 그 내용을 소개한 첫 번째 판이다.
② 지속적인 갱신이다. DDC 이용자들은 갱신된 내용을 전달하기 위한 주요 전달 수단인 웹 포스팅에서 매월 전자버전과 추가 내용을 이용하여 왔다. 또한, 1997년 이후 매월 웹사이트(www.oclc.org/dewey)에 새로이 설정한 분류기호와 변경사항을 선정하여 게시하였다. 갱신된 이 모든 내용들은 제22판에 편입되었다.
③ 다수의 새로운 분류기호와 토픽들이 포함되었다. 새로운 분류기호와 토픽들로는 퀘벡 지역의 행정구역 갱신과 같은 지역구분 항목에서부터 컴퓨터과학과 공학, 사회학, 의학 및 역사분야에서 새로이 출현하고 있는 토픽들에 이르기까지 DDC 전체에 걸쳐져 있다. 또한 찾고자 하는 토픽들을 포함하고, 표목어휘(entry vocabulary)의 광범위

---

7) OCLC연구부에서는 BISAC(Book Industry Standards and Communication) 주제명표목을 위한 전거레코드를 생성하고 있다. BISAC 주제명표목표는 토픽의 내용을 바탕으로 도서들을 범주화하기 위해 유통체인 전반에서 사용하는 표준으로, 도서에 부여되는 표목은 해당저작이 서점에서 배가되는 장소나 내부데이터베이스에서 그 저작을 탐색할 수 있는 장르를 결정해 준다.
8) 오동근, 여지숙, 배영활, "DDC 제22판의 개정과정과 새로운 특징(1)",『도서관문화』, 제45권, 제1호 (2004. 1), pp.28-30.

한 기반을 제공하기 위해 다수의 새로운 합성 분류기호(built number) 항목과 부가 용어들을 상관색인에 추가하였다.

④ 국제적 시각의 확대 및 상호협력이다. 세계에서 가장 널리 사용되는 분류표임을 감안하여 국제적으로 다양한 이용자를 위한 노력을 계속하였다.

⑤ 분류자의 효율성을 촉진하기 위해 제7보조표를 삭제하고 매뉴얼을 간소화하였다. 이미 본표와 제1보조표의 -08에서 이용 가능한 분류기호를 직접 이용함으로써, DDC 제21판에 있던 제7보조표 인물군 구분표를 대체할 수 있도록 했고, 실제 분류업무에서 관련 있는 분류기호간에 합리적으로 분류기호를 부여하기 위한 긴요한 도구가 되고 있는 매뉴얼 각각의 엔트리를 세밀히 검토하여 매뉴얼을 간소화하였다.

반면 2011년에 출시된 제23판은 서론부분에서는 그 주요 개정사항으로, ① 사람의 집단에 대한 표현, ② 표준세구분의 상당부분의 개정, ③ 보조표와 본표 전반에 걸친 업데이트, ④ 구조적 변경을 들고 있다. 용어의 변화, 보조표·본표·상관색인의 개정, 구조적 변화에 이르기까지 상당한 변화가 있었다. 이를 집약하면 다음과 같다.[9]

① 사람의 집단에 대한 표현에서는 DDC 제22판에서 사람들은 제1보조표(이하 T.1) -08 "kinds of persons"와 제1보조표 -092의 "persons treatment", 그 밖의 본표의 여러 곳에서 집단으로서 다루어졌다. 제23판에서는 이용자의 혼란을 줄이기 위해 T.1의 -08 "History and description with respect to kinds of persons"를 "groups of people"로 변경하였다. 또한, 305와 본표의 다른 곳에 제시된 "Social group"을 "Groups of people"로 대체하였다. T.1의 -092의 "persons treatment"는 "biography"로, -09는 "Historical, geographic, persons treatment"에서 "History, geographic treatment, biography"로 변경하였다.

② 표준세구분의 상당부분의 개정에서는 DDC 제23판의 T.1에서는 "groups of people"과 "biography" 외에도 상당부분의 개정이 이루어졌다. T.1의 개념이 일부 대

---

9) Melvil Dewey. *Dewey Decimal Classification and Relative Index,* Vol.23 ed., (Dublin, Ohiho: OCLC, 2011), p.xxi.

체되는 경우에는 "Notation X from Table 1 as modified below"라는 주기를 새로이 추가하도록 하였다. 아울러 -08, -0901-0905, -093 아래의 부가표의 일부내용과 보조표 3B의 -1-8 Specific forms 아래의 부가표의 일부내용도 수정하였다.

③ 보조표와 본표 전반에 걸친 업데이트에서는 제2보조표(T.2)부터 제6보조표(T.6)의 일부도 업데이트 되었다.

제2보조표(T.2)에서는 "Persons"이 "Biography"로 변경되었으며, 900 역사류 아래의 일부 분류항목에 지역구분을 적용하기 위한 보조표 항목들도 새로 전개되었다. 고대 세계 및 특히 Italy, Swizerland, Sweden, Finland, Turkey, Indonesia, Vietnam, and Canada의 지역구분을 확장하였다. T.3C의 -3, T.4 -014, T.5와 T.6의 일부항목들도 새로이 전개되었다.

④ 구조상의 변경에서 DDC 제23판에서는 개념상의 혼동을 줄이기 위해 기존의 이중표목(dual heading)을 없애고 단일표목으로 변경하였으며, 본표와 보조표에 불균형하게 설정되었던 범위표시(span)들을 조정하였다.

한국에서 DDC가 언제부터 사용되었는지 정확하지 않지만 기록에서 볼 때 1927년 경성외국인학교 도서실에서 DDC를 사용하였고, 1934년 당시 연희전문학교 도서관에서 양서는 DDC에 의하고, 일서, 한국서, 중국서는 DDC를 다소 수정하여 분류하였다고 한다. 한국어 번역은 해군사관학교의 번역본을 처음으로 김중한의 번역, 연세대학교 도서관학과의 번역 등이 있다.[10]

이외에도 DDC를 사용하고 있는 도서관에서 나름대로 번역을 하여 사용하고 있다.

---

10) 최달현, 이창수, 『정보자료의 분류와 주제명』, (서울: 한국도서관협회, 2005), p.80.

5.2 DDC의 구성과 기호법

1. 주류체계

DDC의 주류구분은 해리스(W. T Harris)가 발표한 지식의 역 베이컨식의 체계에 기초했다. 1605년에 발간한 베이컨의 「학문의 진보(The Advancement of Human Learning)」에서 베이컨은 학문전체를 인간의 지식과 신학으로 대별한 다음, 다시 인간의 지식을 정신능력에 따라 기억(memory), 상상(imagination), 이성(reason)으로 구분하고 기억에 대응하는 학문을 역사(history), 상상에 대응하는 학문을 시학(poesy), 이성에 대응하는 학문을 철학(Philosophy)으로 설정하였다.

해리스는 이것을 역으로 배열하여 과학, 예술, 역사의 순으로 배열하였으며, 듀이도 이러한 해리스의 역 베이컨식의 배열을 따르고 있다. 단지 해리스가 기타 잡류인 부록(附錄)을 가장 아래에 둔 것에 반해 듀이는 총류를 맨 위에 둔 것이 다를 뿐이다.

Dewey에 의하면 이러한 구분원리는 총류는 혼돈이라 한다면, 혼돈에서 추출된 사람다운 특성인 정신을 최초의 유(類)인 철학에, 다음으로 사람의 신적 위력을 나타내는 종교를 배정하였다. 사람들이 모여서 사회를 구성하므로 사회과학을, 타인과의 의사소통의 수단으로 언어를 두었고, 사람은 그 사회 환경에 있어서 지식이 여하히 필요한 것인가를 알 수 있게 되므로 필연적으로 과학을 수반하고, 배워 얻은 생명을 유효하게 보존하는 과정으로 기술과학이 필요하며, 이것을 미화하는 것이 미술이고, 최후에 언어를 통해 여하히 기록하느냐가 문학과 역사라고 풀이하고 있다.[11]

그러나 이것은 어학과 문학, 사회과학과 역사가 멀리 떨어지게 만든 DDC의 결점이 되고 있다.

---

11) 김정소, 『자료분류론』, (대구: 계명대학교 출판부, 1983), pp.66-67.

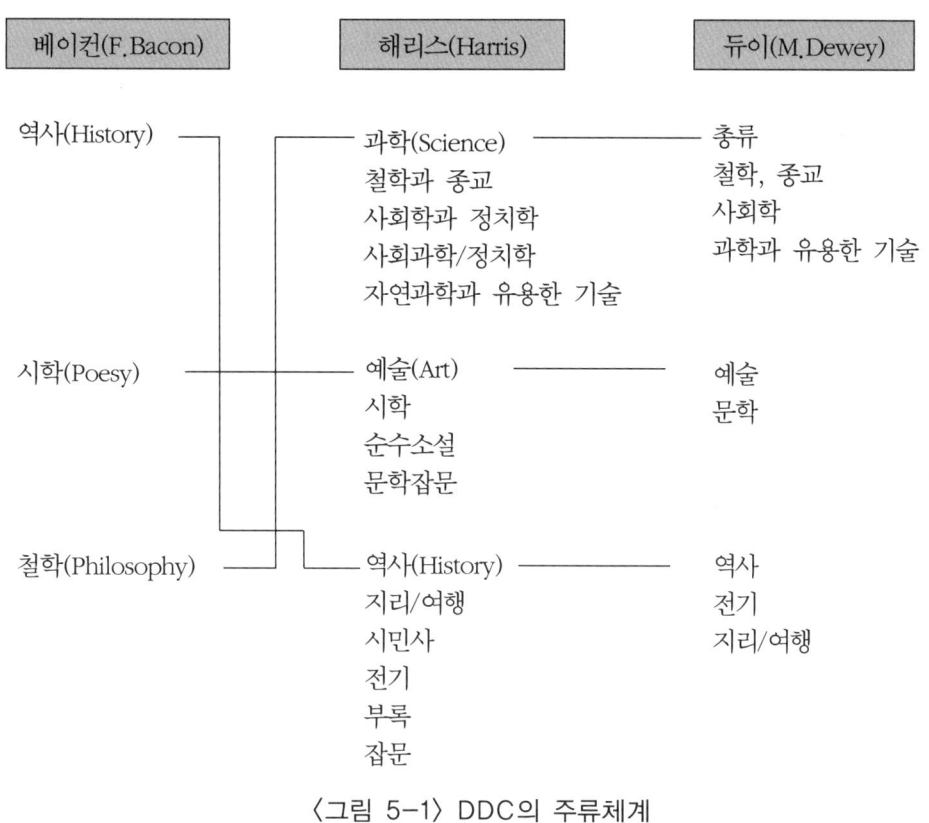

〈그림 5-1〉 DDC의 주류체계

2. 기본 원리

1) 학문에 의한 분류

DDC는 학문에 의해서 분류되어 진다. 류, 강 구분은 주제에 의해서가 아니고 학문의 영역에 따라 분류되므로 한 주제는 여러 곳에 분류될 수 있다. 따라서 가족(family)은 작가의 관점에 따라 윤리학, 종교, 사회학, 사회풍습, 가족계획, 가족경제, 계보학 등 여러 가지로 분류될 수 있다.

지식을 9개 주류로 구분 - 철학, 종교, 사회과학, 언어학, 자연과학, 응용기술, 예술, 문학, 역사, 이중 6개가 인문과학에 속한다. 이는 19세기의 학문 상태를 반영한다.[12]

---

12) Lois Mai Chan, *Cataloging and Classification An Introduction*, (New York: McGraw-Hill,

듀이 시대 이후 지식의 진보는 양이나 속도에 있어서 일정치 않아 오늘날 학문의 표준으로서 이 체계는 한결같지 않다. 철학, 종교는 비교적 안정되나 사회학(→ 후 사회과학), 응용기술(→ 후 응용과학)은 큰 확장과 발전을 겪고 있다.

2) 계층적 구조

본표의 배열체계는 십진식에 근거하여 10개의 주류를 배정하고 각각의 주류 아래에 다시 10개의 강목(綱目)을 배정하였다.

각각의 강목 아래에 다시 10개의 요목(要目)을, 그리고 각각의 요목 아래에 10개의 세목(細目: 분목(分目), 리목(厘目), 모목(毛目), 사목(絲目), 홀목(忽目))을 배정하는 등 철저한 십진체계로 구성된 계층구조를 형성하고 있다.

그러나 실제로 강목이나 요목의 구성 체계는 학문의 분류체계 또는 상하개념에 위배되거나 학문 상호간의 대등성과 형평성의 원칙에서 벗어나게 배정된 경우가 다수 있으며, 일부의 강목이나 요목은 공백으로 남겨져 있다.

9개의 주류구분에 총류를 더해 10개로 구분한다. 각 주류구분은 다양한 레벨(level)에 요구되어지는 세구분과 계속해서 강으로 구분된다. 각 레벨은 기호체계에 의해서 10개로 구분되며, 일반적인 것에서 특수한 것으로 점진적으로 나아가는 구조이다.

일반적인 배열체계는 ① 학문의 체계, ② 주제, ③ 지리, 역사적 상술, ④ 외적형식 순이고, 문학은 ① 학문영역, ② 언어, ③ 형식, ④ 시대 순이며, 총류는 특정주제로 취급 않고, 특정학문에 속하지 않는 것으로 ① 형식, ② 언어나 장소 순으로 배열된다.

3) 관점분류

DDC는 주제에 접근하는 관점 또는 특성(패싯)을 중시하는 관점분류(aspect classification)를 지향한다. 복수의 자료가 동일한 주제를 다루었더라도 관점이 다르면 각각의 관점에 우선 분류하기 때문에 선택지가 많고 관점에 따른 군집이 가능하다. 예컨대 '의상

---

c1981), p.223.

〈표 5-1〉 DDC(23판)의 강목표

000	Computer science, knowledge & system	500	Science
010	Bibliographies	510	Mathematics
020	Library & information sciences	520	Astronomy
030	Encyclopedias & books of facts	530	Physics
040	[Unassigned]	540	Chemistry
050	Magazines, journals & serials	550	Earth sciences & geology
060	Associations, organizations & museums	560	Fossils & prehistoric life
070	News media, journalism, publishing	570	Biology
080	Quotations	580	Plants(Botany)
090	Manuscripts & rare books	590	Animals(Zoology)
100	Philosophy	600	Technology
110	Metaphysics	610	Medical & health
120	Epistemology	620	Engineering
130	Parapsychology & occultism	630	Agriculture
140	Philosophical schools of thought	640	Home & family management
150	Psychology	650	Management of public relations
160	Philosophical logic	660	Chemical engineering
170	Ethics	670	Manufacturing
180	Ancient, medieval, eastern philosophy	680	Manufacture for specific uses
190	Modern western philosophy	690	Construction of buildings
200	Religion	700	Arts
210	Philosophy & theory of religion	710	Area planning & landscape architecture
220	The bible	720	Architecture
230	Christianity	730	Sculpture, ceramics & metalwork
240	Christian practice & observance	740	Graphic arts & decorative arts
250	Christian pastoral practice	750	Painting
260	Christian organization, social work	760	Printmaking & prints
270	History of Christianity	770	Photography, computer art, film, video
280	Christian denominations	780	Music
290	Other religions	790	Sports, games & entertainment
300	Social sciences, sociology& anthropology	800	Literature, rhetoric & criticism
310	Statistics	810	American literature in English
320	Political science	820	English & Old English literatures
330	Economics	830	Germanic & related literature
340	Law	840	French & related literature
350	Public administration & military science	850	Italian, Romanian & related literature
360	Social problems & social services	860	Spanish, Portuguese, Galician literatures
370	Educations	870	Latin & Italic literatures
380	Commerce, communications, transportation	880	Classical & modern Greek literatures
390	Customs, etiquette, folklore	890	Other literatures
400	Language	900	History
410	Linguistics	910	Geography & travel
420	English & Old English	920	Biography & genealogy
430	German & related languages	930	History of ancient world(to ca. 499)
440	French & related languages	940	History of Europe
450	Italian, Romanian & related languages	950	History of Asia
460	Spanish & Portuguese, Galician	960	History of Africa
470	Latin & Italic languages	970	History of North America
480	Classical & modern Greek languages	980	History of South America
490	Other languages	990	History of other areas

일반'은 가정관리(640)의 세목인 646.3(clothing and accessories)에 분류하지만, 심리적 영향은 155.95, 학제적 저작은 391, 패션디자인 측면은 746.92에 분류한다.[13]

3. 기호법

1) 기호법(Symbol)

DDC는 아라비아 숫자의 순수기호를 사용하고 있다. 아라비아 숫자 채용이유는 전 세계에서 보편적으로 사용하고, 문자에 비해 쓰기 쉽고 간편하며, 기억하기 쉽고, 옮겨 적기(移記) 쉽고, 오기가 적다. 또한 문자기호보다 빨리 눈에 띄고 이상한 것이 없다.

3개의 아라비아 숫자를 기본으로 하며 3자리를 채우는데 '0'을 사용하며, 3자리 이상으로 구성되면 3자리 뒤에 . 을 찍는다.

2) 계층적 구조(hierarchical structure)

기호를 분류의 계층적 순서로 표시한다. 기호는 지식의 각 단위와 그것의 하부요소 사이의 관계를 나타내고 있다.

주류 구분 10개, 그 다음 강구분 10개의 요목 순으로 점진적으로 구분하는 십진체계로 지식을 전개하고 있다. '0'은 일반적 주구분을 하는 데 사용하고 있다.

 예) 500 (순수과학의 일반)
    510 (과학의 구분, 510 : 수학)
    512 (대수학)

계속적인 십진기호의 사용에 의해 특별한 것의 다양한 정도에 따라 세 구분 한다. 소숫점은 3단위 후에 놓이며 주제 문제의 요구에 의해 많은 숫자가 더 따를 수 있다. 소숫점 뒤의 끝에는 '0'이 올 수 없다.

---

13) 윤희윤, 『정보자료분류론』, 완전개정증보 제6판, (대구: 태일사, 2020), p.190.

예)　500(순수과학)
　　　510(수학)
　　　516(기하학)
　　　516.3(해석기하학)
　　　516.37(미터법미분기하학)
　　　516.372(유클리드 기하학)

　　　→ (일반→ 특수로 감에 따라 새로운 숫자가 첨가된다.)
　　예외) 574(생물학), 580(식물학), 590(동물학)

3) 조기성

조기성(助記性)이란 분류표상에서 분류기호가 어디에 있든 동일한 주제·관점·측면, 동일한 형식에는 동일의 기호를 주어 공통의 의미를 갖게 해서 분류표의 조직을 단순하게 하고 간결하게 하며 분류표의 이해와 기억이 쉽도록 하며 도서관의 분류업무나 이용자의 자료 검색을 용이하게 하는 것을 말한다.

DDC에서는 주제의 번호를 나타내면서 순환주제를 위해 일관된 번호를 사용한다.

예)　이탈리아 : 5
　　　945(이탈리아 역사)
　　　914.5(이탈리아 지리)
　　　450(이탈리아어)
　　　554.5(이탈리아 지질학)
　　　195(이탈리아 철학)
　　　075(이탈리아 신문)

4) 분절(Segmentation)

DDC 분류번호는 무한히 전개할 수 있으므로 너무 길어져서 구별이 어렵게 될 수도 있다. 이러한 긴 번호는 소규모 도서관에서는 필요하지 않으므로 DDC 번호의 계층성은 번호의 길이를 다양한 정도로 줄일 수 있으며 이는 논리적이 된다.

4. 상관배열과 상관색인의 도입

　상관배열(relative location)이란 분류번호에 따라 한 가지 특정 주제에 관한 도서는 서가상에 함께 배열되어 가장 가까운 유사 주제의 도서가 옆의 주제와 시간관계에 의해서 배열되는 것을 말한다.

　상관색인(relative index)은 DDC의 독창성으로서 분류표상에 표시된 기본명사뿐만 아니라 관련주제 명사를 모두 들어 분류위치를 표시했다. DDC의 문헌분류는 동일주제의 자료라도 관점, 측면에 따라 서가 상에 분산되어 배열되는데 상관색인은 분산된 주제의 여러 가지 관점, 측면에 대한 것을 한데 모아 주제를 발견하기가 용의하게 했다.

5. 개정

　DDC 편집자는 감독과 분류개정에 책임을 진다. DDC 발행처는 Forest출판사이며, 미의회도서관 정리실에 편목실무사서, 문헌정보학 교육자로 구성된 십진분류 편집정책위원회가 있다. 편집자와 Forest출판사에 개정과 관련 문제를 조사 후 조언하고 7년 간격으로 개정한다. 개정 형태는 확대, 축소, 재배치, 완전개정의 4가지 형태가 있다.[14]

① 확대는 현존 주제 하에 더 상세하게 하거나 특별한 세목을 주거나 새로운 주제를 도입하거나 현존하는 지식분야에 대한 도서관 자료의 급증으로 현 주제아래 더 세부적인 하위구분이 요구될 때 시행한다.
② 축소는 거의 사용하지 않는 현재의 세구분은 중지되고 더 일반적인 주제로 분류되어질 수 있다.
③ 재배치는 다른 위치로 분류번호 이동하는 것으로 부당하게 배정된 것을 바로잡거나, 둘 이상 번호가 동일의미를 갖거나 의미 중복될 때 2개 규정을 제거하기 위

---

14) Lois Mai Chan, 앞의 책, pp.221-223.

해서, 이용 않는 번호가 있을 때 새로운 주제를 위해 비워두기 위해서, 현존 주제 하에 세 구분된 주제가 지식의 다른 분야에 더 적절히 속할 때 사용한다.

④ 완전개정(Phoenix Schedules)은 18판의 '510'과 19판의 '324'처럼 이전 구분의 고려 없이 재구조하는 것으로 기호법의 속박에 구애 없이 존재하는 주제를 재배열하고 새 주제를 삽입하는 것을 말한다.

5.3 DDC의 사용법

DDC 제23판 인쇄본은 총 4권으로 구성되어 있다. 제1권은 매뉴얼과 보조표로 여기에는 분류의 정의, DDC개관, DDC를 이용한 분류, 제23판의 배열, 본표 및 보조표의 특징, 분류기호의 구성, 인용 및 우선순위, 매뉴얼, 상관색인, 옵션, 용어, 보조표, 비교 및 대등표, 재사용 기호 등을 담고 있다. 제2권과 제3권은 DDC핵심을 이루는 본표 부분으로 제2권에는 주류구분인 10구분을 비롯해 100구분, 1000구분으로 구성된 3계층의 개요표와 본표 중 000(총류)~599(과학)를 담고 있으며, 제3권은 본표 600(예술)~999(역사)까지로 구성되어 있는데, 분류기호의 순서에 따라 그에 해당하는 표목(분류항목) 그리고 각 용법에 대한 설명을 담고 있는 주기 등이 각각 기술되어 있다. 제4권은 상관색인으로 기본적으로 각 표목 아래에 알파벳순으로 세분 배열되어 있다.

1. 본표의 사용법

본표는 제2권과 3권에 수록되어 있다. 본표에는 매 주요항목마다 개요표(Summary)가 있어서 해당 분야의 내용을 미리 요약 제시해 준다.

아마도 현대의 분류이론의 영향 때문에 DDC는 최근판에 있어서는 열거적 성격이 제한되었고 점차로 분석적 합성식이 되었다고 말할 수 있다. 현재 이 분류표에는 열거되지 않은 번호가 많이 있다.

〈표 5-2〉 DDC의 개요표

020	Library and information sciences
	SUMMARY
020.1-.9	Standard subdivisions
021	Relationships of libraries, archives, information centers
022	Administration of physical plant
023	Personnel management
025	Operations of libraries, archives, information centers
026	Libraries, archives, information centers devoted to specific subjects
027	General libraries, archives, information centers
028	Reading and use of other information media

따라서 바람직한 특수한 분류번호를 얻기 위해서는 특히 이미 마련된 보조표를 사용해서 기본분류표에 전개된 분류번호와 조합을 해야 한다. 다음에는 DDC에 있어서의 기호의 조합 또는 분류번호 구성(number building)에 관해서 설명하고자 한다.

기본분류 번호는 항상 그 분류표에서 취한다. 부가적인 요소는 이 분류표나 보조표 혹은 이 양자에서 얻어지게 될 것이다. 각각의 경우에 있어서 각 요소의 순서는 분류표나 보조표에 있는 지시사항에 의해서 결정된다. 분류번호 구성에 있어서는 모든 소숫점은 제거하고, 조합의 절차가 끝난 후에 처음의 세 자리수 다음에 소숫점을 찍는다.

(1) 분류표에서 얻은 한 번호를 그 분류표의 다른 부분에서 얻은 기본번호에 추가한다.

예) 물리학서지　016.53
　① 색인에는 주제서지에 대한 번호가 마련되어 있다.
　② 본표를 펴보면 분류자는 016.1-016.9에서 "Add to base number 016 notation 001-999"이라고 주기(註記)가 있는 것을 볼 수 있는데, 이것은 그 주제의 서지를 위한 번호를 얻기 위해서는 001-999의 범위 내에 있는 어느 번호를 016에 추가시킬 수 있다는 것을 의미한다.
　③ 물리학(physics)을 위한 번호를 찾는다.　530
　④ 이 번호를 위의 기본번호(016)에 추가한다.　016.53

⑤ 세 자리 수 다음에 십진점을 찍고, 십진점 다음에 끝머리의 0이 있으면 이를 제거한다.
⑥ 따라서 물리학서지에 해당하는 분류번호는 016.53이 된다.

예) 한국의 경제(Economic of Korea) 330.9519
① 색인에서 경제사정(Economic situation)을 찾아보면 330.9이다.
② 본표에서 330.9를 찾아보면 그 밑에 .91-.99에 지리적 취급(Geographical treatment)이 있는데 여기에 "Add to base number 330.9 notation 1-9 from Table 2"라고 주기가 있다. 이것은 각국의 경제사정에 대한 번호를 얻기 위해서는 Table 2(지리, 역사구분표)에서 1-9까지의 번호를 기본번호 330.9에 추가시키라는 것이다.
③ Table 2에서 한국(Korea)를 찾아보면 Korea는 -519이고, 여기에서 북한(North Korea)은 -5193이고, 남한(South Korea)은 -5195이다.
④ 이 번호를 기본번호 330.9에 추가시키면 330.9519가 된다.

(2) 기본번호에 다른 번호의 일부분을 추가한다.

예) 한국의 일반정기간행물 059.957
① 색인(index)에는 연속간행물(serial publication)에 대한 번호가 마련되어 있다.
② 본표에서 일반정기간행물은 050으로 여기에서는 다시 국가 또는 언어별로 세분되어 있는데 영어는 052, 독일어는 053, 기타는 059로서 한국어는 059에 속한다.
③ 다시 059 밑에서는 "Add to base number 059 notation 7-9 from Table 6(言語區分)에서 7-9 사이 있는 해당번호를 추가하라는 것이다.
④ Table 6에서 한국은 -957이다.
⑤ 따라서 한국의 일반 정기간행물은 059.957이다.

예) 기독교신앙생활(Christian life)에 대한 장로교회(Presbyterian)의 지침(指針)
① 색인에서 Christian life에 대한 번호는 248.4이고
② 본표에서 248.4에서는 특수한 종파(宗派)의 Christian life는 248.48로서 여기에서 다시 "Add to base number 248.48 the number following 28 in 280.2-289.9"라는 주기가 있는데, 이것은 280.2-289.9중에서 28 다음에 있는 해당번호를 기

본번호 248.48에 추가하라는 것이다.
③ 280.2-289.9 중에서 장로교회(Presbyterian Church)는 285이며 28다음의 번호는 5이므로
④ 기본번호 248.48에 5를 가하면 248.485이다.

예) 과학주제의 사진(photographs of scientific subjects)
① 색인에서 photographs는 779이고
② 본표에서 779(photographs)를 보면 "Add to base number 779 the numbers following 704.94 in 704.942-704.949"라고 주기가 있는데, 이것은 704.942-704.949 사이의 번호 중에서 704.94 다음의 번호를 기본번호 779에 추가하라는 것이다.
③ 704.942-704.949중에서 과학주제는 기타의 특수주제(other specific subject) 704.949 인데 여기에 "Add to base number 704.949 the notation 001-999"라고 주기가 있는데, 이것은 001-999 사이의 번호(즉 주제번호)를 기본번호 704.949를 추가하라는 것이다.
④ 위에서 말한 주제는 과학이며 그 번호는 500이다.
⑤ 704.949에 500을 추가하면 704.949500이고 여기에 704.94 다음의 번호(9500)를 사진의 번호(photograph) 779에 추가하면 779.9500이다.
⑥ 끝 부분의 00을 제거하면 779.95이다.

2. 보조표의 사용법

DDC 제23판에는 다음과 같은 6가지의 보조표가 있다. 이들 보조표의 기호는 단독으로 사용될 수 없고 반드시 본표의 기호와 조합되어 주제를 한정하는 기능을 한다. T1은 원칙적으로 어떤 주제와도 조합이 가능하며, T3은 문학류에, T4는 언어류에 적용되는 보조표이고, T2, T5, T6은 해당 분류기호에서 특별한 지시가 있는 경우에 적용할 수 있다.

〈표 5-3〉 DDC의 보조표

구분표		명칭
T1		Standard Subdivisions (표준세구분표)
T2		Geographic Areas, Historical Periods, Biography (지역, 시대, 전기 구분표)
T3		Subdivisions for the Arts, for Individual Literatures, for Specific Literary Forms (문학형식구분표)
	A	Subdivisions for Works by or about Individual Authors (개인 저작을 위한 세구분)
	B	Subdivisions for Works by or about More than One Author (2인 이상 저작을 위한 세구분)
	C	Notation to Be Added Where Instructed in Table 3-B, 700.4, 791.4, 808-809 에 추가 지시된 기호
T4		Subdivisions of Individual Languages and Language families(언어공통구분표)
T5		Ethnic and National Groups(민족국가군 구분표)
T6		Languages(언어구분표)

1) T1 표준세구분표(Standard Subdivisions)

표준세구분표는 자료에 적용된 체제나 형식, 취급된 관점이나 방법이 동일할 때 동일한 기호를 부여하기 위해 마련한 보조표로 본표에 그에 반하는 구체적인 지시가 없는 한 본표의 어느 기호에나 추가될 수 있다. 그러나 결코 단독으로 또는 주된 번호로 사용될 수 없으며, 추가할 때는 반드시 한 개 이상의 '0'을 수반해야 한다.

표준구분은 분류대상 자료의 서지적 형태를 표현한 것(-03 사전, 백과사전; -05 연속간행물; -0208 시청각자료), 주제의 접근법이나 연구방법론을 표현한 것(-0208 데이터처리; -07 교수와 연구; -09 역사), 주제를 지역이나 시대·사람으로 한정하는 것(-091 특정지역; -092 사람), 특수 유형의 정보를 제공하는 것(-0221 삽도, -0294 상품목록, 주소록; -027특허, 상표), 주제와 이용자를 연결하는 것(-024 특정 이용자를 위한 저작) 등이 있다.

표준세구분표의 1차 구분을 나타내면 다음과 같다.

〈표 5-4〉 DDC의 표준세구분표

```
-01    Philosophy and theory(-016 서지, 목록, 색인)
-02    Miscellany(-024 특정직업종사자, -025 인명록)
-03    Dictionaries, encyclopedias, concordances
-04    Special topics
-05    Serial publications
-06    Organization and management
-07    Education, research, related topics(-076 문제집)
-08    Groups of people(-081 남자, -082 여자, -089 인족,민족)
-09    Historical, geographical, biography(-092 전기)
```

표준구분 시 0의 숫자는 항상 본표에서 지시하게 된다. 분류자는 지시에 의한 경우가 아니면 표준구분을 적용하는 데 있어서 둘 이상의 0을 사용해서는 안된다. 표준구분은 주제 전체를 포괄하는 분류기호에 대해서만 조합할 수 있다.

가령 캘리포니아의 흑거미 암컷(black widow spiders of California)에 관한 저작은 거미에 대한 기호인 595.44에 분류하고 캘리포니아의 거미(595.4409794)로 분류하지 않는다. 왜냐하면, 흑거미 암컷이 캘리포니아에 사는 거미 전체를 나타내는 것은 아니기 때문이다.

DDC의 일부 주제에서는 표준구분의 조합을 제한하고 있다. 예를 들면 표준구분 -092(전기)는 철학사와 각국 철학(180-190), 화가(759), 문학사와 문학평론(809), 각국 문학(810-890) 등에는 적용할 수 없다. 아울러 예언자 무하마드(297.63)와 같이 본표 상에 표목으로 제시된 특정 인물에 대해서도 -092를 조합할 수 없다.

① -01(Philosophy and theory) : 자료의 주제가 철학적 논리적 관점에서 취급되었을 때 부가하는 보조기호이다.

문학이론(Theory of literature) : 800(문학) + -01(이론) = 801
법철학(Philosophy of law) : 법학(340) + -01(철학) = 340.1

② -02(Miscellany) : 자료의 주제를 포괄적으로 취급한 편람, 도표, 연표, 통계, 목록, 명부, 특허와 상표, 법령집 등에 사용하는 보조기호이다.

법률인명록 : 340(법률) + -025(인명록) = 340.025
도서관통계 : 020(도서관) + -021(통계) = 020.21

③ -03(Dictionaries, encyclopedias, concordances) : 사전, 백과사전, 용어집, 시소러스 등에 적용된다. 그러나 약어사전(略語辭典)에는 -0148을, 전기사전에는 -0922를 부가해야 하며, 학제적 백과사전은 030에, 학제적 언어사전(言語辭典)은 413에 분류한다.

교육학사전 : 370(교육학) + -03(사전) = 370.3
문헌정보학사전 : 020(문헌정보학) + -03(사전) = 020.3

④ -04(Serial topics) : 어떤 주제분야나 특정한 분류항목을 특별히 세분하기 위한 보조기호로 본표에 부가지시가 있는 경우에 사용할 수 있다.

여행자를 위한 숙박시설 : 910(여행) + -0464(숙박시설) = 910.464

⑤ -05(Serial publications) : 자료의 형태(인쇄형, 전자형)나 간행주기(일간, 주간, 순간, 격주간, 반월간, 월간, 계간, 연간 등)를 불문하고 동일한 제호(題號)를 가지고 연속적으로 간행되는 연속간행물(기관지, 잡지, 신문, 연감, 연보)에 적용하는 보조기호이다.

국회도서관보 : 020(문헌정보학) + -05(연속간행물) = 020.5
Journal of anatomy : 571.3(anatomy) + -05(Journal) = 571.305

⑥ -06(Organization and management) : 학회, 협회, 단체 등의 역사, 헌장, 규정, 회원목록, 경영보고서를 분류할 때 사용하는 보조기호이다.`

교육학회 : 370(교육학) + -06(학회) = 370.6
국제정치학회 : 320(정치학) + -0601(국제단체) = 320.0601

⑦ -07(Education, research, related topics) : 교육 및 연구방법에 관한 자료, 교수 및 학습에 관련된 자료를 분류할 때 사용하는 보조기호이다. 그러나 자료의 제목에 '연구'나 '지도' 등의 이름이 붙어 있다 하더라도 그 내용이 직접적으로 연구방법이나, 교수법 등의 자료가 아니면 사용할 수 없다. 그리고 문학은 T1의 -07이 아닌 T3B의 -09(비평, 기술 등)를 적용해야 한다.

물리학 교육 : 530(물리학) + -07(교육) = 530.7
분류문제지 : 025.42(분류) + -076(문제지) = 025.42076

⑧ -08(Groups of people) : 자료에 기술된 주제가 사람집단과 연계되었을 때 이를 세분하기 위해 사용하는 보조기호이다. 21판에 존재하던 T7을 22판에서는 삭제하는 대신에 T1 -08(History and description with respect to kinds of persons)를 사용하도록 개정하였고 제23판은 용어를 'Groups of people'로 변경하였다. KDC -08(전집이나 선집)과는 의미가 다르므로 문학(T3B -08 전집)을 제외한 주제별 전집·총서 등에 '-08'을 사용할 수 없다.

인종주의 사회문제 : 사회문제(361) + -089(인종주의) = 361.0089

⑨ -09(Historical, geographical, biography) : 역사 및 지리적 취급이나 전기자료를 분류할 때 사용하는 보조기호이다.

과학사 : 500(과학) + 09(역사) = 509
언어학자 전기 : 410(언어학) + 092(전기) = 410.92

2) T2 지역, 시대, 전기구분표(Geographic Areas, Historical Periods, Biography)

특정 주제를 지역으로 한정할 때나 전기를 다루었을 때 조합하는 보조표로서 단독으로는 사용할 수 없으며 본표의 분류기호와 조합하여 사용한다.

지리·시대·전기구분표를 요약하면 〈표 5-5〉와 같다.

〈표 5-5〉 DDC의 지리, 시대, 전기구분표

-001-009	Standard subdivisions		
-01-05	Historical periods		
-1	Areas, regions, places in general ; Oceans	-6	Africa
		-61	Tunisia and Libya
-2	Biography	-62	Egypt and Sudan
-3	The ancient world	-63	Ethiopia Eritrea
-31	China	...	...
-32	Egypt	-7	North America
-33	Palestine	-71	Canada
-34	India	-72	Mexico, Middle America
...	...	-73	United States
-4	Europe	-74~79	Specific states of United States
-41	British Isles	-8	South America
-42	England and Wales	-81	Brazil
-43	Germany and neighboring ...	-82	Argentina
-44	France and Monaco	-83	Chile
-45	Italy, San Marino, Vatican	-84	Bolivia
-46	Spain, Andorra, Portugal	...	...
-47	Russia and neighboring ...	-9	Australia, Pacific Ocean islands
...	...	-93	New Zealand
-5	Asia	-94	Australia
-51	China and adjacent areas	-95	New Guinea and neighboring
-519	Korea	...	...
	-5193 North Korea (PDRK)	-99	Extraterrestrial worlds
	-5195 South Korea		
-52	Japan		

T2 지리·시대·전기구분표의 사용법은 다음과 같다.

① 표준구분표의 -09, -025, -07 등을 사용하여 추가 하는 경우

예) Reading in the elementary schools of Australia ⇒ 372.40994
  372.4 초등학교에서의 독서
   -09 T1에서의 역사적, 지리적, 사람취급
   -94 T2에서의 오스트레일리아 지리구분

  일본교육가 인명록 ⇒ 370.2552
   370 교육학
   -025 T1에서의 인명록, 주소록
   -52 T2에서의 일본 지리구분

  독일의 문헌정보학 교육 ⇒ 020.7043
   020 문헌정보학
  -0701-0709 T1에서의 교육, 연구(-07) 아래의 지리구분
   -43 T2에서의 독일 지리구분

② 본표 내의 주기의 지시에 따라 직접 추가하는 경우

예) Secondary schools of Australia ⇒ 373.94
  373.3-373.9 지역별 중등학교
  기본기호 373(중등교육)에 T2의 기호 −3-9를 추가 한다.
  -94 T2에서의 호주 지리구분

③ 지리·시대·전기구분표는 동일 주제에 두 번 적용할 수 있다. 이 경우에는 두 지역기호 사이에 구분을 위하여 '0'을 삽입한다.

예) 한·일 경제관계 ⇒ 337.5195052
　　337.3-.9 특정 지역 간의 대외 경제정책 및 관계
　　기본기호 337(국제경제)에 T2의 -3-9를 추가 후 0을 삽입하고 상대국의 지역기
　　호를 추가한다.
　　-5195 남한 지역기호
　　-52　 일본 지역기호

④ 지리·시대·전기구분표에는 시대구분기호(-01-05)와 전기(傳記)와 관련된 기호가 함께 포함되어 있다. 시대구분은 표준구분의 -0901-0905에서 -09다음의 기호와 같이 세분된다(예: 20세기 -04). 전기와 관련된 기호로 -2는 특정 지역과 무관한 사람의 전기(특정 저작의 평론, 전기, 자서전, 일기, 회고록, 서한)를 나타내고(예: 초등학교 교사의 전기 372.92), -22는 다수 사람의 전기를 모은 총전으로서, 기본기호(-22)에 T2의 3-9를 조합하여 나타낸다(예: 이태리 출신의 인물 총전 -2245).

지리·시대·전기구분표에 시대구분과 전기를 함께 배정한 점은 표준구분표에서의 -09를 생략한 번호로 기호의 단축을 위한 방편으로 사용된 것으로 보이나 혼돈 될 염려가 있어 한곳으로 통합되어야 할 것이다.

3) T3 문학형식구분표(Subdivisions for the Arts, for Individual Literatures, for Specific Literary Forms)

이 구분표는 808-809 및 810-890에서 지시된 대로 추가적인 구분이나 개별문학의 형식을 구분하고자 할 경우에 조합하여 사용하는 보조표이다. 모든 보조표가 단독으로 사용할 수 없듯이 문학형식구분도 개별문학(810-890)의 세구분의 지시기호에 따라 본표상에 전개지시가 있는 경우에만 보조기호를 첨가할 수 있다.

T3는 다음의 3가지로 구분되어 있다.

T3-A 개별 작가에 의한(관한) 저작 구분표(Subdivisions for Works by or about

Individual Authors)

T3-B 두 작가 이상에 의한(관한) 저작 구분표(subdivisions for Works by or about More than One Author)

T3-C T3-B, 700.4, 791.4, 808-809의 지시된 곳에 추가되는 기호 (Notation to Be Added Where Instructed in Table 3-B, 700.4, 791.4, 808-809)

① T3-A의 사용법

보조표 T3-A는 개인의 단행본이나 전집, 또는 한 개인에 관하여 쓴 저서, 비평서, 전기서 등을 세구분하기 위한 보조표이다. 기호의 조합 순서는 먼저 본표의 각국 문학(810-890)에서 해당 문학서의 언어별에 의한 개별문학의 본표분류기호를 찾은 후 문학형식이 필요하면 T3A에서 해당기호를 첨가한다.

개인 저작의 문학형식이 2가지 이상일 때 다른 지시가 없으면 희곡(2) → 시(1) → 소설(3) → 수필(4) → 연설(5) → 서간(6) → 잡서(8)의 순으로 분류한다.

문학형식기호의 기호를 첨가한 후, 해당 작품이 시대를 내포하고 있을 경우에는 본표상 각 개별문학에 제시되어 있는 시대구분표에서 해당기호를 첨가 시킨다.

예) 토지(박경리) ⇒ 895.734
    895.7   한국문학
    -3   T3-A에서의 문학형식 소설에 대한 기호
    -4   T3-A에서의 -31-39 특정시대구분에 대한 지시에 따라 895.7의 본표 내에 세분된 1945년 이후에 대한 시대구분기호

<표 5-6> DDC의 문학형식구분표

1. T3A의 주요구분지

-1-8	Specific forms	-5	Speeches
-1	Poetry	-51-59	Specific periods
-11-19	Specific periods	-6	Letters
-2	Drama	-61-69	Specific periods
-21-29	Specific period		
-3	Fiction	-8	Miscellaneous writings
-31-39	Specific periods	-81-89	Specific periods
-4	Essays		
-41-49	Specific periods		

2. T3B의 주요구분지

-01-07	Standard subdivisions		
-08	Collections of literature text in more than one form		
-09	History, description, critical appraisal works		
-1-8	Specific forms		
-1	Poetry	-5	Speeches
-2	Drama	-6	Letters
-3	Fiction	-7	Humor and satire
-4	Essays	-8	Miscellaneous writings

3. T3C의 주요구분지

-001-008	Standard subdivisions
-009	Historical and geographical
-01-09	**Specific periods**
-1	Arts and literature displaying specific qualities of style, mood…
-2	Literature displaying specific elements
-3	Arts and literature dealing with specific themes and subjects
-4	Literature emphasizing subjects
-8	Literature for and by persons of racial, ethnic, national groups
-9	Literature for and by other specific kinds of persons

② T3-B의 사용법

T3-B의 주요 세목 중에서 -01-09는 어떤 하나의 특정문학에 속하지 않는 경우에 분류하고, 특정 문학형식을 나타내고 있는 작품의 경우에는 개별문학 분류아래의 -1에서 -7까지를 적용시킨다. 이 경우 시대구분이 분명할 경우에는 개별 문학(810-890) 아래 제시되는 시대구분표에 따라 기호를 첨가시킨다.

예) 20세기 한국소설사 ⇒ 895.73004

    895.7   한국문학
    -3   T3-B에서의 문학형식 소설에 대한 기호
    00   T3-B에서의 지시
    -4   895.7의 본표 내에 세분된 1945년 이후에 대한 시대구분기호

③ T3-C의 사용법

T3-C는 2개 국가 이상의 문학 작품 중 수사학(808.1-808.7)과 문학전집총서(808.81-808.87)의 경우 또는 2개 국가 이상의 문학작품의 역사서나 서술형식 및 비평서의 경우에 적용된다. 또한 문학 주류 이외 예술류의 700.4(예술의 특수 주제)와 791.4(공익 수행을 위한 동영상, 라디오, 텔레비전)에서도 동일하게 사용된다.

예) 종교 주제의 소설 전집 ⇒ 808.839382
    (Collections of fiction about religious themes)
    808 + 839(본표, Fiction displaying specific features)
    -382 T3-C에서의 기호

4) **T4 언어공통구분표**(Subdivisions of Individual Languages and Language families)

이 구분표는 420-490의 구체적인 언어에 대한 기호에 따라, 지시된 대로 400류에서만 사용된다. 즉 각 언어에 공통적으로 적용되는 사항들을 기호화한 것이다.

〈표 5-7〉 DDC의 언어공통구분표

```
-01-09 Standard Subdivisions
-1    Writing system, phonology, phonetics of the standard form of the language
-2    Etymology of the standard form of the language
-3    Dictionaries of the standard form of the language
-5    Grammar of the standard form of the language
-7    Historical and geographic variations, modern nongeographic variations
-8    Standard usage of the language(Prescriptive linguistics)
```

예) 독일어 문법 ⇒ 435
    43   독일어의 기본번호
    -5   T4에서의 문법

2개 국어 이상의 언어사전은 표목으로 된 언어를 원칙으로 분류하고, T4 언어공통구분표를 부가한 후 상대국의 언어기호를 T6 언어구분표에서 찾아 첨가시킨다.

예) 영한사전(英韓辭典) ⇒ 423.957
    42   영어의 기본번호
    -3   T4에서의 사전에 대한 언어공통구분
    -957   T4에서의 -32-39의 2개 국어사전에 대한 지시에 따라서 T6 언어 구분표 중의 한국어에 대한 기호

5) T5 민족 및 국가군 구분표(Ethnic and National Groups)

T1의 -089(Racial, Ethnic, National Groups) 및 본표에서 인종, 종족, 국민으로 구분할 필요가 있을 경우 지시에 따라 추가하여 사용하는 보조표이다.

〈표 5-8〉 DDC의 민족 및 국가구분표

-05-09	Persons of mixed ancestry with ethnic origins from more than one continent
-1	North Americans
-2	British, English, Anglo-Saxons
-3	Germanic peoples
-4	Modern Latin peoples
-5	Italian, Romanians, related groups
-6	Spanish, Portuguese
-7	Other Italic peoples
-8	Greeks and related groups
-9	Other ethnic and national groups (-951Chinese, -956Japanese, -957Koreans)

예) Ceramic arts of Chinese artists the world over ⇒ 738.089951
  738 도자공예
  -089 T1의 인종·종족·국민구분
  -951 T5의 중국인

 Ethnopsychology of Afro-American ⇒ 155.8496073
  155.84 특정 종족의 민족심리학
  -96073 T5의 아프리카계 아메리카인(아메리카 흑인)

6) T6 언어구분표(Languages)

이 구분표는 주로 490과 890을 구체적으로 구분하거나, T2의 -175 (Regions where specific languages predominate)와 본표 내에서 어떤 주제를 언어별로 세분하고자 할 경우 여러 곳에서 지시에 따라 사용되는 보조표이다.

〈표 5-9〉 DDC의 언어 구분표

-1	Indo-European languages
-2	English and Old English(Anglo-Saxons)(-21English)
-3	Germanic languages(-31German)
-4	Romance languages(-41French)
-5	Italian, Sardinian, Dalmatian, Rhaeto-Romantic(-51Italians)
-6	Spanish and Portuguese, Galician(-61Spanish)
-7	Italic languages
-8	Hellenic languages
-9	Other languages(-951Chinese, -956Japanese, -957Koreans)

예) 월간조선 ⇒ 059.957
  059 기타 국어에 의한 일반 연속간행물
  -957 T6의 한국어

 한국어 성경 220.5957
  220.53-.59 기타 국어로 번역된 성경

5.4 DDC의 보급과 평가

DDC는 현존하는 문헌분류시스템 중에서 범용성이 가장 강하다. 무려 135개국 이상이 채택하고 있으며, DDC 분류번호는 60개국 이상의 국가서지에 부여되고 있다.[15] 이를 사용하는 도서관은 20만개 관 이상에 달한다.

미국에서는 전체 공공도서관과 학교도서관의 95%, 대학도서관의 25%, 전문도서관의 20%가, 영국에서는 대학도서관의 85%, 공공도서관의 99%가 DDC를 분류도구로 사용하고 있다.

우리나라에서는 대학도서관의 76.4%(동양서), 77.3%(서양서)가 DDC를 사용하고 있는 가운데 20판 이상의 신판을 사용하는 도서관의 비율이 각각 28.2%(동양서)와 50.9%(서양서)이다. 그러나 전문도서관에서는 26.2%가, 공공도서관에서는 극히 일부가 사용하고 있다. 한편 DDC는 30개국 이상의 언어로 번역되었다.[16]

DDC의 장단점을 다음과 같다.

〈장점〉

① 국제사회의 표준분류표로 사용될 정도로 범용성이 높다.
② 아라비아 숫자 사용의 순수기호를 사용하고 있어 기호체계가 단순하고 이해가 쉽다.
③ 십진체계의 사용으로 무한히 전개하고 세분할 수 있다.
④ 우수한 상관색인을 제공하여 분류번호 확인에 유용하다.
⑤ 번호의 조기성은 번호의 기억과 인식을 쉽게 해 준다.
⑥ 기호법의 계층적 성질은 주류번호와의 관계를 잘 표현해 준다.
⑦ 신축성이 풍부해서 도서관의 성질에 따라 세구분이나 간이표를 사용해도 강에 일

---

15) Melvil Dewey, *Dewey Decimal Classification*, 22th ed., (New York: Forest Press, 2003), vol.1, p.xxxvii.
16) 윤희윤, 『정보자료분류론』, 4판, 앞의 책, p.140.

치한다.

⑧ 분류시스템을 관리체계가 확실하다.

⑨ 정기적 개정으로 분류의 현행흐름을 확실하게 해 준다. 추가 및 변경사항은 인터넷에서 확인할 수 있다.[17]

〈단점〉

① 구미 본위로 되어 있다.

② 비논리적으로 관련 학문이 분산되어 있다.

③ 어떤 주제의 정확한 배치가 아닌 곳도 있다. 총류(000)에서의 도서관학(020), 철학(100)하의 심리학(150) 예술(700) 아래 스포츠나 오락에서 나타난다.

④ 800(文學)에서 같은 저자에 의해 쓰인 문학작품이 문학형식에 따라 흩어지는 것이 있다.

⑤ 10개 숫자의 기호로 계층의 같은 주제를 수용할 능력이 9개로 한정되고, 전체 분류능력도 한계가 있다.

⑥ 학문의 성장속도가 다양하므로 구조상 균일하지 않다.

⑦ 새로운 주제를 삽입할 능력이 없다.

⑧ 재배치와 완전개정은 지식을 나타내는 데는 필요하지만 사용하는 도서관은 재분류해야 하는 실제적 문제를 낳는다.

---

17) Stay current with ongoing updates to the DDC.
〈http://www.oclc.org/dewey/updates/default.htm〉 [cited 2010.1.25].

제6장

현대의 주요분류법

6.1 국제십진분류법(UDC)
6.2 미국의회도서관분류법(LCC)
6.3 기타분류표

제6장 현대의 주요분류법

6.1 국제십진분류법(UDC)

1. UDC의 발전

UDC(Universal Decimal Classification)는 DDC를 국제적인 시야에서 확장 발전시킨 것으로 그 기초원리는 지식의 전 분야를 십진식에 의해 항목을 일일이 열거하였지만, 조합기호를 사용하여 주 분류기호 상호간 또는 주 분류기호와 보조분류기호 사이를 조합하여 다면적 분류가 가능하도록 조합식의 원리를 도입한 분류표이다.

다시 말해 UDC는 모든 지식을 포함한 일반분류표로서 보편적(universal)이며, 모든 국가적 요소나 인종적 요소를 포괄하는 국제적(international)이고, 개념의 분석을 통한 다면적 접근과 조합기호를 통한 합성의 원리와 간명하고 수용력이 좋은 십진식을 기초 원리로 하고 있다. 그렇기 때문에 이 분류표를 국제십진분류법이라 부르게 된 것이다.[1]

19세기 후반에 접어들면서 정보출판량의 증가와 정보매체의 다양화로 인하여 기존 분류표로 모든 자료의 분류문제를 해결할 수 없게 되었다. 이에 새로운 방식으로 정보자료를 처리해야 할 필요성이 대두되어 1895년 벨기에의 법률가 오트렛(Paul Otlet)과

---

[1] 최달현, 이창수, 『정보자료의 분류와 주제명』, (서울: 한국도서관협회, 2005), p.102.

라퐁테인(Henri La Fontaine)이 중심이 된 국제서지학회가 벨기에의 브뤼셀에서 개최되었고, 그 회의 결과로 IIB(Institut International de Bibliographies)가 창설되었다. IIB는 1931년 IID(Institut International de Documentation)로 개칭되었으며, 1938년에는 FID(Federation International de Documentation)로, 1988년에는 국제정보도큐멘테이션연맹(International Federation for Information and Documentation)으로 개칭되었다가 2000년 해산되었다. FID는 UDC를 관리하기 위해 창설되어 1991년까지 UDC의 관리 기구였다. 그러나 1980년대를 거치면서 보다 재정적으로 자주적인 조직이 UDC를 관리할 필요성이 대두되어 FID는 네덜란드어, 영어, 프랑스어, 일본어, 스페인어 판의 UDC 출판사들과 더불어 새로이 UDCC(UDC Consortium)를 창설하였다. 1992년부터 UDC의 소유권은 UDCC로 인계되었으며, UDCC는 UDC의 모든 판들과 번역판들을 통제하고 있다.[2]

UDC는 1905년-1907년에 DDC 제5판을 저본으로 하여 국제 제1판(불어판)을 출판하기 시작하여 1991년 이전 까지 기호의 생략 정보에 따라 완전상세판(full edition; 15만 - 20만 항목), 중간판(medium edition; 약5만 항목 또는 상세판의 30%), 간략판(abridged edition; 상세판의 10%) 및 특정주제판(special subject edition; 관련 주제를 발췌한 것) 등으로 출판되고 있다.[3]

지금까지 간략판은 17개 언어로 출판되었고, 1973년에는 한국과학기술정보센터(KORSTIC)에서 한국어 간략판을 출판하였다. 1992년에는 UDC의 전자버전인 MRF(Master Reference File)를 구축하였고, 이 파일을 근거로 1993년 영국의 BSI(British Standards Institution)가 인쇄형 초판인 영문판의 국제 중간판(제2판)을 발간하였다.

현재 UDC는 총 72,000개 항목으로 구성된 전자형 파일(UDC MRF 12)로 이용할 수 있다. 이를 근거로 한 기존 중간판에 상당하는 표준판과 3-4배 분량인 분야별 확장판도 있다. 또한 항목수가 4,000개인 포켓판이 출판되어 직원 및 학생의 교육, 소규모 장서 및 전자자료 분류 수요에 대비하고 있다. 이외에 MRF를 기반으로 CR-ROM판(러시

---

[2] 이창수, 『자료분류론』, (서울: 한국도서관협회, 2014), p.152.
[3] 최정태, 양재한, 도태현 공저, 『문헌분류의 이론과 실제』, 개정판, (부산: 부산대학교출판부, 1999), p.128.

아어, 체코어, 스페인어)이 발행되었고, 웹 기반 영화, 지도자료, 그림자료, 학습자료 디렉터리의 분류에는 'UDC online BS 1000'이 사용되고 있다.

이처럼 UDC가 지속적으로 발간 개정될 뿐만 아니라 다양한 버전이 출시되는 이유는 FID의 중앙분류위원회가 분류표의 개정과 발전을 주도하고 연간 2회에 걸쳐 「Extension and Corrections to the UDC」를 간행하는 등 최신성을 유지하기 때문이다.[4]

UDC는 적용범위로는 일반분류표, 구조원리로는 준열거분류표, 기호법으로는 십진분류표, 작성의도로는 표준분류표이다.

2. UDC의 구성 및 기호법

1) 주류표

UDC는 DDC의 십진분류를 기초로 하여 전개한 것이므로 체계는 DDC와 거의 같다. 다만, 다른 점은 DDC가 주류를 3자리의 아라비아 숫자로 표현하는 반면에 UDC는 의미 없는 '0'을 제외한 숫자로 나타내고 있으며, 1962년 개정판부터 언어(4)를 문학(8)에 포함시키는 대신에 '4'를 공기호로 남겨 두었다.

UDC의 주류구분은 다음과 같다.

〈표 6-1〉 UDC의 주류 구분

0	일반사항. 총류
1	철학. 형이상학. 심리학. 논리학. 윤리학
2	종교. 신학
3	사회과학
4	
5	수학, 자연과학
6	응용과학. 의학. 공학. 농학
7	미술. 사진. 음악. 오락. 스포츠
8	언어. 문학
9	지리. 전기. 역사

---

[4] 윤희윤, 『정보자료분류론』, 완전개정증보 제6판, (대구: 태일사, 2020), p.293.

UDC의 분류기호는 십진식에 의해서 구성되며 주분류표의 목(目)까지는 대부분 DDC의 체계에 따라 전개되었으나 그 이하는 미국 본위의 것을 국제적인 보편성을 지닌 것으로 대폭 개편하였다. 특히 분야에 따라서는 10구분 이상의 세 분이 필요하면 백진식의 구분이 사용되기도 하였다.

또한 유(類)나 강(綱)의 표현도 DDC는 세자리 숫자를 기본으로 하나 UDC는 0을 생략하고 간단히 나타내고 있으며 (예: 사회과학 3; 경제학 33), 소수점도 세자리 마다 찍어 여러 번 반복될 수 있다. 이때의 소숫점은 분류기호를 보기 쉽게 하기 위한 시각적 효과 외에는 아무런 의미가 없다.

DDC의 130과 150의 심리학이 UDC에서는 159.9로 축소되어 합쳐지고, 사회과학의 320-350 분야에서 대폭 수정이 있었다. 특히 1962년에는 언어, 언어학이 문학과 통합됨으로써 주류마저도 UDC에서는 부가기호와 상관기호에 의한 분류기호의 조합이 가능하게 되어 다면적인 분류를 할 수 있다는 점이 DDC와 다른 점이다.

2) 보조표

UDC의 보조표에는 주분류표와 별도로 분류표의 앞부분에 열거해 놓고 어떤 주분류기호에는 공통적으로 부가할 수 있는 공통보조표(common auxiliaries)와 주분류표내의 특정 주제에 포함되어 있으면서 (보조표의 표시는 주분류표와 동일하게 나열하면서 왼쪽에 굵은 선을 그어서 나타냄) 특정 주제군의 범위 내에서만 공통으로 사용할 수 있는 고유보조표(special auxiliary subdivisions)의 두 종류가 있다. 이 보조표는 단독으로 사용할 수 없다.

가. 공통보조표

UDC의 공통보조표는 주분류기호 및 고유보조분류기호에 공통적으로 사용할 수 있는 것으로 언어, 형식, 장소, 인종, 민족, 국적, 시(時), 문자, 번호, 관점, 사람·재료의 보조표 등 8종류가 있다. 일반적으로 공통보조표는 특별히 필요한 경우에만 사용하는 것으로 가장 많이 이용되는 것은 장소보조표이며, 시(時)나 인종·민족·국적보조표는 극히 한정된 범위에만 적용된다.

하나의 주분류기호를 여러 개의 공통보조기호가 동시에 부가될 경우에 그 조합의 순서는 관점 ..00..., 장소 (...), 시간 "...", 형식(0), 언어= ... 순으로 한다.

예) 영어로된 한국의 1960년대 화학공업제품의 대용품 제조에 관한 규격 ⇒
66.002.69(519)"1960"(083)=20

66	화학공업
.002.69	관점보조기호의 대용품
(519)	장소보조기호의 한국
"1960"	시의 보조기호
(083)	형식보조기호의 규격
=20	언어보조기호의 영어

① 언어보조표

분류하고자 하는 자료가 어떤 언어로 기술(記述)되어 있는가를 나타내기 위한 것으로 세분은 주분류표의 82/89와 같이 구분되어 있다. 연결기호는 =를 사용한다.

예) 불어로 쓰여진 물리학자료 ⇒ 53=40

언어별로 자료를 모으고자 할 경우에는 = 기호를 해당 언어를 나타내는 기호 앞뒤에 기입한 후 주 분류기호 보다 앞세워 조합한다.

예) 한국어로 된 전집 ⇒ =957=08

② 형식보조표 (0...)

자료의 성질 또는 형식에 따라서 분류하는데 사용하는 것으로 연결기호는 (0...)를 사용한다.

예) 물리학편람 ⇒ 53(02)

형식별로 자료를 모으고자 할 경우에는 형식보조기호를 주 분류기호 앞에 놓으면 된다.

예) 수학사전 ⇒ (03)51

형식보조표에 나열되지 않은 일반 주제분야의 형식도 연결기호 (0:...)를 사용하여 : 다음에 해당 주 분류기호를 기입하여 분류할 수 있다.

예) 소설로 된 정치학자료 ⇒ 32(0:82-3)
    32   정치학
    82-3   소설

③ 장소보조표 (...)

자료의 내용이 지리적 특성을 지니고 있을 경우 사용하는 것으로 연결기호는 (...)를 사용한다.

예) 한국의 화학공업 ⇒ 66(519)

지리적 관점이 특히 중요시되는 경우는 장소보조기호를 주 분류기호를 앞에 놓아 지역별로 모을 수 있다.

예) 노동력 과잉으로 인한 인도의 실업자 문제 ⇒ (54)331.6

④ 인종·민족·국적보조표 (=...)

분류하고자 하는 자료의 내용이 어떤 민족 또는 국적에 한정된 경우에 사용하는 것으로, 인종·민족은 언어보조표의 언어구분기호와 국적은 장소보조표의 지리구분기호와 동일하게 되어 있다. 이 보조표의 연결기호는 (=...)이다.

예) 유태인 인구통계 ⇒ 312.95(=924)

⑤ 시(時)의 보조표 "…"

자료의 내용이 시간적 특성을 지니고 있을 경우 연결기호 "…"를 사용하여 표시하는 것으로 자료의 출판시기를 나타낸 것은 아니다. 연대는 서기로 쓰며 연월일순으로 4-2-2의 단위로 기입하며 세기의 표시는 해당 세기보다 1이 작게 표시한다.

예) 1950년 6월 25일의 국제정치상황 ⇒ 327"1950.06.25"
    1994년의 화학공업계 동향   66"1994"
    20세기의 물리학   53"19"

⑥ 문자·번호보조표 *…

이것은 별도의 보조표가 마련되어 있는 것이 아니고 주 분류표에 일일이 나타낼 수 없는 고유명사 또는 번호를 UDC 이외의 출전에서 차용하여 구분하는 방법을 말하는 것이다.

고유명사의 경우는 연결기호 없이 바로 해당문자 또는 그 약칭을 사용하고, 번호의 경우는 연결기호로 과거에는 NO.…를 사용하였으나 오늘날에는 *…를 사용하고 있다.

예) 케네디 전기   ⇒   92Kennedy 또는 92K
    서울의 지하철 제4호선 ⇒   656.4.02(519.11)*4
    우라늄235   ⇒   546.791*235

⑦ 관점보조표 .00…

특정 주제가 다루어진 관점을 구분하고자 할 경우 사용하는 것으로 연결기호는 .00…이다.

예) 하수도공사의 예비 작업 ⇒ 628.2.002.27
    628.2 위생공학(628) 중의 하수도
    .002.27 관점보조표의 실행적관점(.002) 중의 예비작업

⑧ 사람, 재료의 보조표 -05… -03…

자료의 주제가 사람의 여러 가지 특성을 취급하고 있을 경우에 사용하는 것으로 연결기호 -05…이다.

예) 샐러리맨의 정신병 ⇒ 616.89-057.3

UDC는 새로이 재료의 보조표를 제시하여 대상물의 구성 재료를 부차적으로 표현할 필요가 있을 경우에 사용할 수 있도록 하고 있다. 재료의 보조표는 -03…를 연결기호로 사용하고 있다.

예) 수예의 섬유재료 ⇒ 746-037

나. 고유 보조표

UDC의 보조표 중 고유보조표(특수보조표)는 주분류법에 정하여진 부분을 다시 세분코자 할 경우에 사용하는 것으로 .0…, -…' …(apostrophe) 등의 (기호를 앞세워 주분류표 중에 열거한 것으로) 3종류가 있다.

-…가 .0…보다 많은 부분에 사용된다. 만일 동일 개념에 둘 이상의 고유보조기호가 있을 경우에는 적용범위가 좁은 것을 우선하여 -…보다는 .0…을 우선하여 사용한다.

예) 과실의 방사선처리 ⇒ 664.85.039.5
    664.85   과실의 보존
    .039.5   고유보조기호 .0…의 방사선에 의한 식품의 보존처리

    육상비행기 차륜의 브레이크 ⇒ 629.735.33.027-59
    629.735.33 육상비행기
    .027   629.7 항공우주공학 아래의 고유보조표인
    .027   이착륙 장치: 차륜
    -59   62 공학 아래의 고유보조표인 -59 브레이크

...'...는 화합물이나 합금의 독립된 물질이 다른 물질과 합성하여 특수한 화합물 또는 합금을 나타내고자 할 경우에 사용한다. 이 경우 조합되는 기호의 공통된 부분은 생략한다.

예) 염화칼륨 ⇒ 546.32'131
　　　[금속(양이온)'산(酸: 음이온)의 순으로 조합]
　　　546.32　　칼륨
　　　'131　　　546.131 염산. 염화물
　　　니켈동(銅) 669.15'24-194
　　　669.15　　합금철. 합금강
　　　'24　　　　669.24 니켈
　　　-194　　　저탄소합금강을 나타내는 고유보조기호

3. UDC의 사용법

UDC에서는 주 분류기호 또는 보조 분류기호를 조합하여야 할 경우가 많이 있다. 즉 분류하고자 하는 자료의 내용이 보조기호 또는 주 분류기호를 2개 이상에 해당하는 복합주제로 되어 있을 경우에는 각 기호와 기호를 조합하여 복합기호로 하여야 한다. 이러한 경우에는 사용하는 조합기호는 다음과 같은 것이 있다.

1) 부가기호　　...+..., .../...

둘 이상의 복합주제가 상호 아무런 관계(영향)없이 독립적으로 되어 있을 경우에 사용하는 것으로 ...+...와 .../... 등이 있다. 이때 분류기호의 상위 자리가 공통일 경우에는 소숫점을 생략할 수 있다. /기호는 복합되는 해당 분류기호가 연속될 경우 '~에서 ~까지'란 뜻으로 처음과 마지막 기호 사이에 사용한다.

예) 물리와 화학　　　　　　　　⇒　53+54
　　미국과 영국의 문헌정보관리　⇒　002(73+420)
　　말, 소, 양의 사육　　　　　　⇒　636.1/.3

2) 상관기호   ...:..., ...::..., [...]

둘 또는 그 이상의 주제가 서로 영향, 작용, 원인, 결과, 목적, 용도, 수단, 비교, 대조 등의 상호 관계가 있을 경우 사용하는 것으로 ...:..., ...::..., [...] 등이 있다. :기호는 관련된 분류기호들이 대등하여 선후를 고정적으로 사용할 수 없을 경우에 사용하고, ::기호는 고정적으로 사용해야 할 경우에 사용한다.

따라서 :기호를 사용할 경우에는 완전한 검색을 위하여서는 분류기호는 순서를 바꾸어 부출하여야 한다. [ ]기호는 복합되는 기호 중 어느 한편이 극히 종속적 부차적인 것으로 부출할 필요가 없을 경우에 사용한다.

또한 [ ]기호는 둘이상의 주분류기호를 +, /, :기호로 조합하여 이루어진 복합기호에 보조기호를 부가하거나 다른 주분류기호와 :기호로 상호 관련하여 분류하고자 할 경우에는 사용한다.

예) 공업경제   ⇒   338:62 또는 62:338
    미일통상조약   ⇒   337.91(73:52) 또는 337.91(52:73)
    세포유전학   ⇒   575::576.3
       575   유전학
       576.3   세포
    교육관계문헌목록   ⇒   37[016]
    세무회계의 데이터처리 ⇒   681.3:[336.2+657]
       681.3   데이터처리 장치
       336.2   조세, 세금
       657   회계

3) UDC 분류기호의 배열 순서

UDC 주 분류기호의 조합 및 보조기호가 부가된 분류기호를 배열할 때의 순서는 다음과 같다.

(기호)	(예)	
+	669.35+669.55	동합금 및 아연합금
/	669.35/.37	동의 합금, 가공, 용도
단독	669.35	동합금
:	669.35:621.315.5	전기용 동합금
=	669.35=82	동합금에 관한 러시아어문헌
(0)	669.35(083.7)	동합금의 사양서
( )	669.35	고대이집트의 동합금
" "	669.35"-0200"	기원전 200년경의 동합금
A/Z	669.35F	F회사에서 만든 동합금
-	669.35-462	동합금관
.00	669.35.004.8	동합금 찌꺼기의 회수, 재생
.0	669.35.018.27	용수철용 동합금
'	669.35'5	동아연합금, 황동

4. UDC의 특징 및 평가

대다수의 분류표가 도서중심의 서가 배열을 위한 분류도구인데 비하여 UDC는 모든 출판물의 서지통정을 위한 분류시스템을 지향하여 왔다. 그렇기 때문에 열거식 구조임에도 불구하고 조합식 분류원리와 다양한 기호법을 채용함으로써 복수주제의 기호화뿐만 아니라 주제 내의 특정한 부분까지도 기호화할 수 있다.[5]

이러한 이유로 UDC는 전세계적으로 많은 수의 도서관에서 사용하고 있으며, 그 중에서도 유럽과 중남미, 일본에서 많이 사용되고 있다. 특히 소련과 동유럽의 나라들은 UDC분류표 채용이 강제적이며, 소련의 과학 기술 분야 도서관에서는 공식적인 분류표로 사용되고 있다. 일본에서는 「情報の科學と技術」같은 잡지에서 매 논문마다 그 주제의 UDC번호가 부여되고 있다. 우리나라에서는 전문도서관을 중심으로 사용되고 있다.

---

[5] 위의 책, p.310.

UDC의 장단점을 나열하면 다음과 같다.[6]

〈장점〉

① 국제적인 일반분류표로서 전 세계 자료정리의 일원화를 시도하였다.
② 분석합성식의 원리를 도입하여 복합주제를 상세하게 표현할 수 있다.
③ 십진법을 적용하여 기호가 간결하고 융통성과 전개성이 있다.
④ 과학·기술부분이 상세할 뿐 아니라 서지분류에는 현재 분류표 가운데 가장 적합하다.
⑤ 국제적인 양성기관인 FID에서 각국의 개정 의사를 경청하여 계속적인 분류표의 보호, 육성을 도모하고 있다.

〈단점〉

① 자료를 서가에 배열하기 위한 것이 아니라, 전 세계의 서지분류를 목적으로 작성된 분류표이기 때문에 기호가 복잡하고 길어져서 사용하기에 부적당하다.
② DDC의 제3의 목(section)까지를 기초로 하였기 때문에 비과학적이며, 실제적인 면에서도 시대에 뒤떨어져 있다.
③ 십진법을 채택하였기 때문에 십진법의 원초적인 결함을 가짐으로써 기호의 전개가 불합리하고, 보조기호의 결합으로 기호가 길고 복잡하다.
④ 분류항목의 배열이 서구중심이어서, 동양관계의 분류는 전개가 부족하다.
⑤ 개정 제안 및 과정이 신속하지 못하고 그 절차가 까다롭다.

---

[6] 최정태, 양재한, 도태현 공저, 앞의 책, p.140.

6.2 미국의회도서관분류법(LCC)

1. LCC의 발전

미국의회도서관(Library of Congress)은 1800년에 세워졌는데 이전 수도인 필라델피아에서는 국회의원들이 여러 도서관들이 모여 만들어진 도서관 조합을 이용하였다. 이 해에 수도가 지금의 워싱턴으로 옮겨지면서 필연적으로 도서관이 필요하게 된 의원들이 「합중국 정부의 이전과 그 시절의 준비에 관한 결의」를 채택함으로써 국회의사당 내에 설립되었다.

개관 당시 도서 964권, 지도 9매가 전부이던 것이 1812년 도서 3,076권, 지도 53점으로 늘어나는 성장을 하였으나 1815년 영국과의 전쟁 때문에 대다수 장서가 소실되었다. 3대 대통령 제퍼슨(T. Jefferson)이 개인문고 6,700권을 구입해 재건에 나서면서 다시 빠른 속도로 발전하게 된 미의회도서관은 1899년엔 장서 수 2백만 권을 헤아리게 되었다.

급속히 늘어난 장서의 올바르고 제대로 된 분류를 위해 1899년부터 1939년까지 관장을 지냈던 퍼트남(Herbert Putnam)은 1900년 외부의 필요나 영향력이 없는 가능한 간결하게 장서를 배열하고 이용자에게 봉사할 수 있는 새로운 분류표를 고안할 것을 결정하였다.

당시 DDC는 여섯 번째 판을 거듭하였고, EC는 제7표가 진행 중인 시점이었다. 이미 활용되고 있었던 DDC나 EC를 두고 새로운 분류체계를 고안하게 된 이유는 DDC가 이론적으로 몇 가지 결함을 가지고 있었던 점과 EC의 미완성 때문이었다. 독자적인 새로운 분류표를 작성하기로 결정하고 나서 고안된 새 분류법은 각 전문분야별 전문지식을 가진 전문가가 담당하여 방대한 장서를 알맞게 분류할 수 있도록 세분하면서 1901년 아메리카 역사(E-F) 부분이 새 분류표 중 첫 번째로 출간하게 된다.

이렇게 시작된 미국의회도서관분류표(LCC : Library of Congress Classification)의 출판

은 현재 40개 이상의 분책(1992년에는 48책)으로 출판되고 있다. 이들 각 분야는 서로 다른 전문가들에 의해 어떤 하나의 류 전체나 하위류 또는 하위류의 일부분을 독립해서 출판하고 있다. 따라서 LCC는 전체로는 일반분류표이지만 각 분야로 볼 때는 서로 조정하여 작성된 일종의 특수분류표 라고도 볼 수 있다.[7]

Q류는 현재 제7판(1989)이나 K류의 하위류는 아직 완전판이 출간되지 않고 있다. 또한 LCC는 초기에는 의회도서관의 장서만을 위한 일관분류표로서 출발하였으나 지금은 많은 도서관에서 사용되고 있어 표준분류표의 성격을 가진 열거식의 비십진식분류표이다. 또한 모든 주제의 자료를 취급할 수 있는 일반분류표이긴 하지만 주제분류표를 개정하거나 보완할 경우 분책마다 책임자가 다르고 개정 주기도 서로 다르기 때문에 분책 단위로 말한다면 일종의 전문분류표라고 할 수 있다.

LCC의 개정은 각 주류표 마다 수정 보완하는 책임자가 다르며, 수시로 개정된다. 현재 의회도서관의 수서・서지접근관리국(Acquisitions and Bibliographic Access Directorate)의 도서관정책표준부서가 유지, 개발하며, 매주 개정내용을 웹사이트에 알리고 있다.[8]

LCC는 신판, 재쇄판, 누적판, 개정판 등 4종류의 판이 간행되고 있다. 신판은 전에 간행된 적이 없는 완전히 새로운 분류표이고, 재쇄판은 재고가 없을 때 추가 및 변경사항만을 분류표의 끝에 첨부하여 새로이 인쇄한 것이고, 누적판은 그때까지의 추가 및 변경사항을 누적하고 이들을 이전의 판과 통합하여 출판하는 것이다.[9] 개정판은 상당한 변경과 수정이 가해진 새로운 판이다.

---

7) Arthur Maltby, *Sayers' Manual of Classification for Librarians*, 5th ed., (London: Andre Deutsch, 1975. p.175.
8) Library of Congress Classification (LCC) Weekly Lists.
   〈http://www.loc.gov/aba/cataloging/classification/weeklylists/〉 [cited 2010.1.27].
9) 최달현, 이창수, 앞의 책, p.97.

2. LCC의 구성 및 기호법

1) 주류 배열

LC분류표는 도서를 위한 상세하고 종합적인 열거분류시스템이다. 이것은 철학적인 것에 기초를 두었다기보다는 서지 혹은 문헌적 근거에 기초를 두고 있다.[10] 그러나 전적으로 LCC 만의 임의적 주류배열이라기보다는 어느 정도 EC의 주류체계를 참고한 것으로도 보인다.

LCC의 주류배열을 살펴보면 〈표 6-2〉와 같다.

〈표 6-2〉 LCC의 주류 배열

A	General Works, Polygraphy
B	Philosophy, Religion
C	History, Auxiliary Sciences
D	History and Topography(excluding America
E-F	America History
G	Geography, Anthropology
H	Social Sciences, Sociology
J	Political Science
K	Law
L	Education
M	Music
N	Fine Arts
P	Language and Literature
Q	Science
R	Medicine
S	Agriculture, Plant and Animal Industry
T	Technology
U	Military Science
V	Naval Science
Z	Bibliography and Library Science

---

10) *Encyclopedia of Library and Information Science,* v.12, (New York: Marcel Dekker, 1974), p.93.

LCC의 항목에서 주류를 차지하고 있는 영역이 역사, 지리와 사회과학 영역에 특히 치우쳐 있는 것을 보아 근본적으로 자관의 장서구성상 특수성에 따른 주류구성임을 알 수 있다. 그러나 I, O, W, X, Y를 차후 장래의 장서 증가를 위하여 공기호(空記號)로 남겨두고 있는 것을 볼 수 있다.

LCC에서는 전 주제에 공통적으로 사용할 수 있는 조기성 기호를 마련하지 않는 대신, 각 주제마다 독자적인 형식구분과 지리구분을 각각 열거하고 있기 때문에 분류표가 방대해지는 점이 있다.

분책된 LCC의 각 분류표는 서문, 목차 페이지, 개요표, 주류표, 보조표, 색인, 보유란의 7개 부분으로 구성되어 있다.[11]

① 서문(preface): 각 주류표의 역사적 배경과 주제범위
② 목차 페이지(content page): 개요표, 주류 아래의 하위류 2-3개 문자 리스트, 보조표, 본표의 색인
③ 개요표(outline): 인쇄본의 내용 목차에 해당하는 토픽과 세부 토픽의 상세한 요약과 계층 구조로 열거된 리스트
④ 주류표(main schedule): 본표에 해당하는 주류표 내용
⑤ 보조표(auxiliary tables): 주류에 선택적으로 적용되는 5종(form, geographic, chronological, topical subdivision, combination)
⑥ 색인(index): 대다수의 주류표가 색인을 제공하지만 일부 주류 및 하위류는 색인이 존재하지 않기 때문에 종합색인은 없지만 「An index to the Library of Congress Classification」과 「Combined Indexes Library of Congress Classification Schedule」가 대신함
⑦ 보유란(supplementary pages): 주류표 말미에 개정을 상세하게 기술함

2) 보조표

LCC는 대부분의 세부분이 분류표에 열거되어 있기 때문에 일반보조표는 거의 사용

---

11) 윤희윤, 앞의 책, pp.317-318.

할 필요가 없다. 보조표는 소수의 예외를 제외하고는 DDC나 다른 분류표와는 달리 기본번호에 덧붙여지는 것이 아니라 본표에 열거되어 있는 일정범위의 기호(범위만 설정하여 비워둠) 가운데에서 특수한 기호로 정확히 지시하기 위하여(주로 분류표의 분량을 줄이기 위한 수단으로써) 사용되고 있다.

LCC의 보조표는 색인 바로 앞의 본표의 맨 끝에 있으면서 어떤 류나 하위류 전체에 적용되는 일반보조표(auxiliary table)와 본표 내의 그 표가 적용되는 기호범위의 전후에 있는 내부표(internal table)가 있다.

3) 색인

LCC에는 극소수의 예외를 제외하고는(K: 법률과 같이 분류표 전체가 아직 미완성이기 때문에) 각 분책별로 자체의 상관색인을 가지고 있다. 또한 미국의회도서관에서 발간한 미국의회도서관주제명표목표(LCSH : Library of Congress Subject Headings)의 각 표목에는 그에 상응하는 LCC 분류번호가 첨부되어 있기 때문에 LCC의 종합색인 역할을 대신하고 있다.

이외에는 1974년 캐나다 도서관협회에서 J. McRee Elrod 등이 출판한 「An index to the Library of Congress Classification」과 역시 1974년 Nency B. Olson이 15권으로 편찬한 「Combined Indexes to the Library of Congress Classification Schedules」과 같은 색인이 미의회도서관 이외의 다른 곳에서 출판되어 색인으로 사용되어지고 있다.

4) 기호법

LCC는 문자와 아라비아 숫자의 혼합기호법을 채택하고 있다. 주류는 1문자로 표시하고 2문자나 3문자로 하위류를 나타낸다. 하위류 가운데 세목은 1-9999의 아라비아 정수로 표시되며, 가능한 범위 내에서 소수에 의한 전개가 이루어진다. 예를 들면 다음과 같다.

D.	역사, 고대사, 지지(미국제외)	H.	사회과학	
DA.	영국	HD.	경제사	
	20 - 690 잉글랜드		101 - 1395 토지	
	700 - 749 웨일즈		1405 - 2206 농업	
	750 - 890 스코틀랜드		2321 - 9999 공업	
	900 - 995 아일랜드		4501 - 8942 노동	
DB.	오스트리아		6350 - 6940 노동조합	
DC.	프랑스		9000 - 9999 각종산업	
DD.	독일			

필요에 따라서 더 하위의 세구분을 하고자 할 때는 Cutter기호(대문자 1자와 십진 숫자의 조합으로 이루어진 LC저자기호)를 사용하여 구분함으로써 해당 자료의 주제를 적절하게 기호의 혼합으로서 나타내는 것이다. 이 Cutter기호는 도서기호로서 뿐만 아니라 주제의 하위세분을 위한 분류번호의 일부분으로서도 사용된다.

LCC 분류의 전형을 몇 개 제시하면 다음과 같다.

Ubertalli가 쓴 아르헨티나의 경제사정 ⇒ HC.175.U23
  H.   사회과학 및 사회학
  HC.   경제사 및 경제사정
   175   아르헨티나에 대한 기호법위(171 - 180)에서 HC 아래의 '현대'를 나타내는 기호 5
  U23   저자 Ubertalli의 커터기호

Gahtron이 쓴 스웨덴의 양로연금 ⇒ HV.1481.S82G34
  HV.   사회병리학
  1481   유럽에서의 노령자 원조, A - Z
  .S8   스웨덴
   2   일반적 저작
   G34   Gahrton의 저자기호(커터기호)

D. F. Selvin의 California 노동사 ⇒ HD8083.C2S4
- HD   경제사
- 8083   미국의 노동, 주 또는 지역별
- .C2   California를 나타내는 Cutter기호
- S4   Selvin, D.F.의 도서기호(LC저자기호)

The Works of Mark Twain(마크 트웨인의 저작) ⇒ PS1300.F72
- PS   미국문학
- 1300   합집의 범주 내에서 Clamen, Samuel Langhorne(Mark Twain)에 부여된 1300~1348년의 범위 내에서의 하위류 PN, PS, PZ에 적용되는 표 Ⅱ에 따른 최초의 기호
- .F72   1972년에 출판된 저작에 대한 표Ⅱ에 따른 도서기호

LCC의 기호법의 중요한 특징은 일관된 계층구조를 취하지 않고 있다는 점이다. 즉 세목의 전개에 있어서 십진식분류표의 표준구분, 시대구분, 지리구분 등의 보조표에 해당하는 내용과 본표의 내용도 상하관계의 구분 없이 동일한 수준으로 정수 1~9999 중에서 선정하여 사용하였다. 따라서 계층구조와 그 관계를 기호법에 있어서는 무시할 수 있기 때문에 새로운 주제에 대응하기가 아주 용이하다.

3. LCC의 특징 및 평가

LCC의 시작은 의회도서관의 장서분류를 위한 설계이지만 1920년 이후 많은 대학 및 연구도서관에서 이 분류법을 채용하고 있다. 1975년의 한 조사에 의하면 LCC는 미국과 캐나다의 전체 도서관의 14.6%, 미국의 장서의 50만권 이상의 대규모 도서관의 62.3%가 채용하고 있다. 우리나라에서는 한국과학기술정보연구원, 한국교육개발원, 한국과학재단, 한국표준연구소 등 전문도서관의 43%와 포항공과대학교 도서관 등에서 사용되고 있으며[12] 2009년 개교한 울산과학기술대학 도서관에서도 채용하고 있다.

---

[12] 최달현, 이창수, 앞의 책, p.101.

LCC의 장·단점을 구체적으로 살펴보면 다음과 같다.[13]

〈장점〉

① 비십진식 분류법이어서 구분력이 우수하고 새로운 주제의 삽입이 가능하여 포용력이 있다.
② 분책으로 간행되며 각 주제는 전문가들에 의하여 전개되고 개정되므로 정확하고 비교적 최신성 유지가 용이하다.
③ 독립된 조기성 보조표의 사용이 제한되어 있고 기호의 합성이 거의 없기 때문에 분류작업이 간편하다.
④ 도서관 자료의 구성에 근거하여 전개했기 때문에 실용적이고 현실적이다.
⑤ 주제의 전개가 어느 분류표보다 상세하여 대규모 도서관에 적합하며, 주제별 분책으로 간행되어 주제전문도서관에서도 사용이 가능하다.

〈단점〉

① 조기성 보조표를 전 주제에 공통적으로 적용하지 않으므로 표가 방대하다.
② 표 중에 분류규정 없어 분류작업 중 판단이 어려울 때도 있다.
③ 미국 중심, LC 중심으로 전개되어 있어 기타의 도서관에서 그대로 사용하기가 불편하다.
④ 복합주제의 표기에 있어 열거식 분류표의 단점을 나타내고 있다.

---

13) 최정태, 양재한, 도태현 공저, 앞의 책, p.184.

6.3 기타분류법

1. 전개분류법(EC : Expansive Classification)

전개분류법(展開分類法 : Expansive Classification)은 1891년 카터(Charles Ammi Cutter, 1837-1903)에 의해 발표되었다. 커터는 하버드대학을 졸업하고 할아버지의 유언에 따라 하버드 신학대학에 입학하였다. 하버드 신학대학 재학 중 도서관에서 목록작업을 하였고, 1860년 하버드 대학 도서관의 목록 분야 직원으로 정식업무를 시작하였다. 목록분야 책임자였던 Ezra Abbott 박사와 함께 새로운 목록시스템인 카드목록을 적용하였다. 1868년 Boston Athenaeum 도서관 사서로 임명되어 25년간 봉사하였다. 이곳에서 커터는 사전체목록규칙을 발간하였고, 1980년 전개분류법을 연구하기 시작했다. 전개분류법 연구에서 저자기호로 사용되는 카터기호(Cutter Number)를 창안하였다.[14]

EC는 1부와 2부로 이루어져 있다. 제1부(제1표 - 제6표)는 1891-1893년에 발표되었지만 제2부(제7표)를 편찬하는 도중에 카터가 사망함으로써 이직도 EC는 부분적으로 미완성인 채 남아있다.

〈표 6-3〉 EC의 주류 배열

A	총류	R-U	기술과학
B-D	철학, 종교	V	레크레이션, 체육, 연극, 음악
E-G	전기, 역사, 지리	W	미술
H-K	사회과학	X	어학
L-P	자연과학	Y	문학
Q	의학	Z	도서, 도서관

이들 표 중에서 제1표부터 제6표는 비교적 소규모의 장서를 소장한 도서관을 위한 분류표이며 제7표는 100만권 이상의 대규모 도서관을 위한 분류표로 구상된 것이다.

---
14) 곽철완, "Cutter의 전개분류법에 대한 연구,"『한국문헌정보학회지』, 50(3): 251.

카터의 분류표는 제1표부터 제7표까지 점차적으로 세분된 7종의 분류표로 이루어져 있기 때문에 전개분류표라고 부르고 있다.

EC의 주류구성과 세분은 사물의 진화순으로 배열되어 있다고 한다. 이는 스펜서(Herbert Spencer)나 꽁트(August Comte)의 학문분류의 영향을 받았기 때문이다.[15] 그리고 기호법은 주제전개를 위하여 알파벳 대문자를 기호로 사용하고 있다. 제1표는 7종류의 문자[16]만 사용하고 있으며, 6표부터 알파벳문자 중 P를 제외한 나머지 모든 문자를 사용하고 있다.[17] 이 분류표의 주류구성은 LCC, NDC 등에 영향을 미쳤다.

EC의 보조표로 DDC의 표준구분표(Standard subdivision)와 같은 기능을 수행하는 일반형식구분표가 있다. 제1부(제1표 - 6표)에서는 알파벳 대문자를 기호로 사용하고 있으나 제2부(제7표)에서는 기호의 혼란을 피하기 위해 아라비아 숫자를 사용하고 있다. 이외에도 아라비아 숫자를 사용하는 지리구분표가 있으며, 시대구분표, 어학과 문학의 세구분표 등의 보조기호표가 있다.

EC는 주류배열이 논리적이고, 도서관 규모에 따라 적합한 표를 선택적으로 사용할 수 있는 장점이 있으나 제7표와 색인이 미완성이며, 혼합기호를 사용함으로 기호체계가 복잡하여 읽고, 기억하기 어려운 단점이 있다.

2. 주제분류법(SC : Subject Classification)

주제분류법(主題分類法 : Subject Classification)은 브라운(James Duff Brown, 1864-1914)이 1906년에 창안한 분류표이다. 2판은 1914년에 간행되었고, 3판은 도중에 브라운이 죽음으로써 그의 조카 스튜어트(James D. Stewart)에 의해서 1939년 간행되었다. 3판을 끝으로 더 이상 간행되지 않고 있다.

---

15) Bodhan S. Wynar, *Introduction to Cataloging and Classification,* 6th ed., (Littleton: Libraries Unlimited, 1980), p.396.

16) A 참고자료와 포괄적인 자료, B 철학과 종교, E 전기, F 역사, 지리와 여행, H 사회과학, L 자연과학과 예술, Y 언어와 문학, YF 소설.

17) 최정태, 양재한, 도태현 공저, 앞의 책, pp.168-169.

SC의 주류배열은 세계 4대 분류표(DDC, EC, LCC, SC) 중 나머지 셋이 정신과학을 상위에 둔 주류체계를 갖는 데 비하여 자연과학을 상위에 둔 분류표이다. 즉, B-D에 물질과 힘(Matter and Force)에 관한 주제, E-I에 생명(Life)에 관한 주제, J-L에 정신(Mind)에 관한 주제, 그리고 M-X까지는 기록(Record)에 관한 주제 순으로 주류를 배열하고 있다.[18]

〈표 6-4〉 SC의 주류 배열

A	총류	L	정치, 사회과학
B-D	자연과학, 공학	M	언어, 문학
E-F	생물과학	N	문학형식
G-H	인류학, 의학	O-W	역사, 지리
I	농학, 가정학	XZ	전기
J-K	철학, 종교		

SC의 기호는 문자기호에다 숫자에 의해 세분하는 혼합기호를 사용하고 있으며, DDC에서 처럼 다양한 조기성 보조표를 채택하지 않은 대신 주제가 다루어진 형식이나 관점 등에 따라 세분할 수 있도록 마련한 범주표가 있다. 범주표에서 사용하는 기호는 .0부터 .980까지의 숫자를 사용한다.

SC의 주요한 특징은,[19] ① 기존의 열거식 분류표가 같은 주제라도 그 취급방법에이나 관점이 다르면 분류표상 여러 곳에 흩어져 나타나는 것과는 달리 동일한 주제는 한 곳에 모으는 것을 원칙으로 하는 "One-Place theory"에 따라 동일한 주제는 한 곳에 집중되어 배열된다. ② 자연과학을 상위에 둔 주류배열 체계를 가지고 있다. ③ 본표 외에 범주표에 의해 세분하는 합성적 방법을 채용하고 있다.

---

18) A Generalia B-D Physical Science, E-F Biological Science, G-H Ethnology and Medicine, I Economic and Medicine, J-K Philosophy and Religion, L Social and Political Science, M Language and Literature, N Literary Forms, O-W History, Geography, X Biography.

19) 최정태, 양재한, 도태현 공저, 앞의 책, pp.190-191.

3. 콜론분류법(CC : Colon Classification)

콜론분류법(CC : Colon Classification)은 인도의 도서관학자이며, 유명한 도서관학 5원칙과 많은 문헌정보학 이론서를 펴낸 랑가나단(S. R. Ranganathan)이 1933년에 창시한 분류표이다.

랑가나단은 마드라스 크리스찬 대학에서 수학을 전공하고 1924년 마드라스(Madras) 대학의 도서관장으로 취임하였다. 마드라스대학의 도서관장으로 취임하면서 콜론분류법을 구상하기 시작하였다.[20] 콜론분류법은 랑가나단이 1924-25년 영국의 런던대학에서 문헌정보학을 수학하면서 기존의 분류표들의 비과학적인 원리와 부적절성에 한계를 느끼고 지식 성장에 적합한 새로운 분류법을 개발하기 위해 오랜 기간 연구하고 실험한 결실이다. 그는 기존의 DDC, UDC, LCC, SC, EC 등의 분류법을 비교 연구한 결과 이 분류표들은 주제의 다면적 표현이 어려울 뿐만 아니라 지식구조의 변화에도 적극 대처할 수 없다는 결론을 얻고 지식의 성장 및 새로운 주제의 출현 등에 관하여 계속 연구 하였다. 이러한 그의 연구는 문헌정보학 발전에 귀중한 기여로 인정받고 있으며, 자신의 분류법 본표 설계에도 그 연구 결과를 그대로 적용시켜 기존의 열거식 분류법과는 전혀 다른 조합식의 독특한 분류체계를 이룩하였다. 그는 새로운 분류표를 위해 합성 번호를 실험하고, 이용자들의 반응을 조사하는 등 많은 노력을 기울여 마침내 1933년 초판을 간행하였다.[21]

그 후 2판이 1939년, 3판이 1950년, 4판이 1952년, 5판이 1957년, 6판이 1960년, 제7판이 1987년에 간행되었다.

CC는 피분류체들의 다면적 분석을 가능하게 하고 이렇게 다면적으로 분석된 요소들을 결합함으로써 각 도서들이 가진 복합주제들을 표현할 수 있도록 하였다. 즉 분석합성식분류표로 만들어진 것이다. 각 패싯(facet, 面)에서 분석된 요소들을 결합할 때 주

---

[20] 윤희윤, 앞의 책, p.332.
[21] 이창수,『자료분류법』, (서울: 한국도서관협회, 2014), p.47

로 콜론(:)을 많이 사용하였으므로 이 분류표를 '콜론 분류표'라 부르기도 하며, 하나의 주제를 패싯별로 분석하기 때문에 '패싯 분류표'라 부르기도 한다.

CC의 주류배열은 암페르(A.M. Ampere)의 학문분류에 영향을 받았으며 자연과학, 인문과학, 사회과학 순으로 배열하고 있으며, 7판의 주류구성은 〈표 6-5〉와 같다.

〈표 6-5〉 CC의 주류 구성

01	Generalia	J	Agriculture
1	Communication Science	K	Zoology
2	Library and Information science	L	Medicine
3	Book science	M	Useful arts
4	Mass communication	N	Fine arts
5	Exhibition Technique	O	Literature
6	Museology / Museum Technique	P	Linguistics
7	System Research, Systemology	Q	Religion
8	Management Science	R	Philosophy
A	Natural Sciences	S	Psychology
B	Mathematics	T	Education
C	Physics	U	Geography
D	Engineering	V	History
E	Chemistry	W	Political Science
F	Chemical Technology	X	Economics
G	Biology	Y	Sociology
H	Geology	Z	Law
I	Botany		

CC에서는 각 유들을 5개의 기본범주로 구분하고 있는데, 그 내용은 〈표 6-6〉과 같다.

〈표 6-6〉 CC의 기본범주

기본 범주	의미	패싯 기호	패싯 기호
Personality	개성: 본질적 속성	[P]	,(comma)
Matter	소재: 사물	[M]	;(semicolon)
	특성(property)	[MP]	
	방법(method)	[MM]	
	재료(material)	[MMt]	
Energy	기능: 기능, 작용, 공정	[E]	:(colon)
Space	공간: 지리구분	[S]	.(dot)
Time	시간: 시대구분	[T]	'(apostrophe)

앞 5개 기본범주의 열거순서(패싯배열식)는 구체성 감소의 순서에 따라 [P] [M] [E] [S] [T]이며, T는 시대구분을 의미하며, 거의 모든 주제에 적용할 수 있다. S는 지리(지역)구분을 의미하며, 거의 모든 주제에 적용할 수 있다. E는 기능을 나타내는 패싯으로서 활동, 작용, 공정, 문제 등을 나타내며 가장 많이 사용하는 패싯이다. M은 소재를 나타내는 패싯이며, 주제를 형성하는 재료로서의 사물을 나타내며, P는 주제를 구성하고 있는 본질적 속성을 나타내는 패싯이다.[22]

이를 조합해서 분류기호로 합성하면 〈표 6-7〉과 같다.

〈표 6-7〉 CC의 패싯 조합

자료		1990년대 한국 대학도서관의 고문서 정리		
		포커스	분류기호	연결기호
기본주제		도서관학	2	
패싯	[P]	대학도서관	34	,
	[M]	고문서	128	;
	[E]	정리	85	:
	[S]	한국	41V1	'
	[T]	1990년대	N9	'
조합결과		2,34;128:85,41V1'N9		

CC의 장점과 단점은 다음과 같다.[23]

① 이론에 충실한 분류법이어서 학문적 연구가치가 매우 높다.
② 주제지향적 분류법이기 때문에 새로운 주제를 수용하기 쉽다.
③ 인터넷 정보검색에 유용하다. 온라인 환경에서는 패싯별로 독립적 검색이 가능하도록 다양한 접근점을 제공하는 것이 바람직하다는 측면에서 다른 분류법보다 잠재적 유용성이 높다.
④ 복수·복합주제를 포함한 혼합 주제를 다면적으로 기호화할 수 있을 뿐만 아니라 특정적 기호화도 가능하다.

---

22) 최정태, 양재한, 도태현 공저, 앞의 책, pp.193-194.
23) 윤희윤, 앞의 책, pp.351-352.

⑤ 기본 주제 아래에 제시된 패싯 공식은 기호조합을 용이하게 한다.

그럼에도 불구하고 많은 단점을 가지고 있다.
① 자료의 기본범주를 판단하기 쉽지 않고 일관성이 부족하여 실용성과 기억력을 약화시킨다.
② 규범류에 패싯 공식이 없는 곳이 많아 기호 조합에 혼선을 초래한다.
③ 분류법에 사용된 용어가 난해하고 애매하며, 분류규칙 또한 불확실하여 이해가 쉽지 않다.
④ 여러 종류의 기호(숫자, 문자, 구두점 기호, 로마자, 그리스 문자 등)를 사용하는 데 따른 조합과정이 복잡하다.
⑤ 최대 약점은 분류표를 개정·보완할 구심체가 없고 분류규정 또한 부실하다.
⑥ 상관색인이 없는 미완성 분류표다.

4. 서지분류법(BC : Bibliographic Classification)

서지분류법(BC : Bibliographic Classification)은 미국의 블리스(Henry Evelyn Bliss, 1870-955)가 1902년 초안하여 그가 관장으로 근무하던 뉴옥 시립대학도서관에서 사용하였고, 1910년에는 'Library Journal'에 그 개요를 발표하였다. 또한 블리스는 오랜 연구과정을 거쳐 1935년에「서지분류시스템」(A System of Bibliographic Classification)을 발표하여 BC의 체계를 확고히 하였다.

그다음 해인 1936년에는 제2판이 출판되었는데 여기는 BC의 개요가 기술되어 있고, 이 개요가 다시 전개되어 1940년부터 1953년 사이에 윌슨사에 의해 4책으로 간행되었다.

그 이후의 개정은 1954년 이래 윌슨사가 간행한 Bliss Classification Bulletin(연간)에 발표되었다. 블리스의 사후인 1967년 윌슨사는 BC와 Bliss Classification Bulletin의 판권을 영국의 블리스 분류법협회(BCA : Bliss Classification Association)에 넘겼으며, 동 협회의 Bulletin에서는 주로 과학기술 관계의 주제를 전개하거나 개정하여 발표하였다.

또한 동 협회는 전면 개정판의 편찬에 착수하여 1977년부터 분책으로 간행하기 시작하였는데, 1977년에는 서론 및 보조표(1987년 추가개정), J 교육(1991년 추가 개정), P 종교·윤리, Q 사회복지분야(1995년 추가 개정), 1978년에는 I 심리학분야, 1981년에는 H 인류학·의학분야, 1984년에는 K 사회과학·사회학분야, 1987년에는 T 경제학·경영학분야, 1992년에는 A/AL 철학·논리학분야, 1993년에는 AM/AX 수학·확률·통계학분야, 1996년에는 R 정치학·행정학분야, S 법학분야, 1999년 AY/B 일반과학·물리학, 2003년 W 예술·음악, 2004년 C 화학·물질, U-V 기술과학 등이 중판되었다.[24] 그 외에도 BC의 간략판(*The Abridged Bliss Classification*)이 1967년부터 영국학교도서관협회에서 간행되고 있다.

BC는 그 원산지인 미국에서는 DDC나 LCC의 영향력 때문에 거의 채용되지 못했으며 오히려 영국의 정부기관 도서관이나 대학 및 전문도서관에서 주로 채용되었다.

BC의 주류체계를 요약하면 〈표 6-8〉과 같다.

〈표 6-8〉 BC의 주류체계

1	서론 및 보조표	K	사회, 사회과학, 사회학 등
2-9	선행류(총류)	L/O	역사, 지지(地誌), 전기
A/AL	철학, 논리학	LA	고고학
AM/AX	수학, 확률, 통계학	P	종교, 윤리
AY/B	일반과학, 물리학	Q	사회복지
C	화학, 물질	R	정치학, 행정학
D	천문학, 지구과학	S	법학
E/GQ	생물과학	T	경제학, 경영학
GR/GZ	응용생물학, 농학	U-V	기술과학
H	인류학, 의학	W	예술, 음악
I	심리학	X/Z	언어, 문학
J	교육학	ZA/ZW	박물관학

---

24) 최달현, 이창수, 앞의 책, pp.57-58.

BC에는 본표 외에 6가지의 공통보조표를 갖추고 있어서 열거식분류표의 구조적 단점을 극복하고 있는데 그 종류는 다음과 같다.

    Auxiliary Schedule 1 : Common Subdivisions (공통 세구분표)
                              1A : Persons (사람의 유형 구분표)
                              2 : Place (지리구분표)
                              3 : Language (언어구분표)
                              3A : Ethnic Group (인종구분표)
                              4 : Period of Time (시대구분표)

BC의 기호법은 알파벳과 숫자, 기타 부호를 함께 사용하는 혼합기호법을 사용하고 있다. 주류의 구분과 그 세분을 위해서는 주로 알파벳 대문자를 사용하지만 때로는 숫자를 사용하기도 하며, 본표와 보조표의 기호를 결합하기 위하여 콤마(,), 본표 상의 기호들을 결합하기 위하여 붙임표(-) 등의 부호를 사용한다.

BC의 장점과 단점은 다음과 같다.[25]

〈장점〉

① BC는 지식의 분류에 근거하여 주류를 배열했기 때문에 학구적이다.
② 양자택일의 원칙을 적용하여 융통성이 있다.
③ 체계보조표의 사용으로 분석합성식 방법을 가미했다.
④ 기호가 간결하다.

〈단점〉

① 분류표의 사용법이 난해하다.
② 양자택일의 방법을 많이 채택한 결과 사용상 통일을 기하기 어렵다.
③ 기호의 배열 순서에 대한 명확한 지시가 없다.

---

25) 최정태, 양재한, 도태현 공저, 앞의 책, pp.207-208.

제7장

분류작업과 분류규정

7.1 분류작업

7.2 　분류규정

7.3 KDC 제6판 분류의 연습

7.4 DDC 제23판 분류의 연습

7.5 분류목록

7.6 서가작업

제7장 분류작업과 분류규정

7.1 분류작업

분류작업이란 그 도서관에서 채용하고 있는 분류표를 활용하여 특정자료가 서가상에 어디에 위치함이 적합한 지를 정하는 과정을 말한다. 협의의 분류작업이란 분류표를 적용하여 적절한 분류기호를 배당하는 작업을 말하며, 광의의 분류작업이란 별치기호, 분류기호, 도서기호 등을 배정하여 자료를 서가상의 특정한 위치에 배열하기 위한 실무전체를 총칭하는 말이다.[1]

1. 분류작업의 과정

도서관에서 이루어지는 분류작업은 다음의 과정을 거친다.[2]
① 분류할 도서가 도서관에 도착한다.
② MARC 레코드에 있는 KDC나 DDC기호를 참고로 한다.
③ 주제분석을 한다.

---

1) 최정태, 양재한, 도태현 공저, 『문헌분류의 이론과 실제』, 개정판, (부산: 부산대학교 출판부, 1999), p.209.
2) 최달현, 이창수, 『정보자료의 분류와 주제명』, (서울: 한국도서관협회, 2005), pp.162-163.

④ 주제내용을 상술한다.
⑤ 그 도서의 복본이나 다른 판이 이미 장서 속에 존재하는지를 조사한다. 이들 자료는 항상 일관성 있게 분류되어야 하기 때문이다.
⑥ 같은 주제를 가진 도서가 도서관에 존재하는 지를 조사한다.
⑦ 두 개 이상의 주제를 가지거나 복합주제를 가진 도서는 취급의 정도와 이용 가능성을 고려하여 이용의 극대화를 도모하여야 한다.
⑧ 분류표에 따라서 주제를 분석한다. 이 과정은 그 주제에 관한 책이 장서 속에 있든 없든 수행하여야 한다. 그렇게 함으로써 이전의 분류가 잘못되었다면 발견될 수 있기 때문이다.
⑨ 중복 없는 유일한 청구기호를 만들기 위해서 정확한 분류기호와 부차적 기호를 붙여서 청구기호를 완성 기록한다. 분류부출 저록은 이 단계에서 결정한다.
⑩ 장비작업을 마치고 최종적으로 분류자의 검사를 받은 연후에 서가에 배열한다. 정확한 서가배열의 유지를 위해서 배열된 도서는 향후 지속적으로 재점검된다.

한편, 도서관에서 일반적인 자료조직과정은 선택 ⇒ 날인 ⇒ 등록 ⇒ 분류 ⇒ 편목 ⇒ 서가위치 결정 ⇒ 장비 ⇒ 배열의 순서로 진행된다. 이 가운데서 분류작업은 다음과 같은 과정으로 이루어진다.[3]

① 분류표 선정 및 이해
② 분류할 자료의 정확한 내용 파악
③ 분류기호 부여
④ 도서기호 결정
⑤ 서가배열

---

[3] 최정태, 양재한, 도태현 공저, 앞의 책, p.209.

2. 분류표 선정

분류표의 선정은 한번 이루어지면 도서관 자료전체의 체계가 형성되고 도서관 운용의 기본적인 틀을 이루는 중요한 요소이다. 또한 한 번 선정되어 사용하면 변경하기 어려우므로 신중하게 결정해야 한다. 분류표는 기존에 많이 사용하고 있는 분류표를 권장한다. 그 이유는 이미 알려져 있을 뿐만 아니라 공동목록을 이용할 경우 중앙집중관리의 분류서비스(Centralized Classification Service)를 받을 수 있는 장점이 있다.

한편, 분류표 적용 시 고려사항은 다음과 같다.
① 자관의 장서량에 따른 분류기호의 자리 수를 결정한다. 이때 장서증가량까지 포함해서 대체적인 분류기호 자리 수를 결정한다.
② 장서의 내용에 따라 정도(精度)의 차이를 두어야 한다. 보통 한 번호 아래 30-40권 이상 모이면 세분한다.
③ 분류표에서 양자택일(兩者擇一, option)을 하도록 한 항목은 자관의 실정에 따라 하나만 적용한다.
④ 성문화(成文化)된 분류규정을 만들어야 한다.
⑤ 수정 전개시 수정된 사항을 본표와 색인에 명시해야 한다.

3. 주제분석

자료의 내용을 파악하는 주제 분석은 다음과 같은 순서에 따라 이루어진다.[4]
① 표제(title)를 보고 주제를 결정한다. 대개 표제는 여러 서지정보 중에서 자료의 주제를 가장 함축적으로 표현한 키워드이기 때문에 분류에 있어 일차적으로 확인

---

[4] 한국도서관협회 분류분과위원회, 『한국십진분류법』, 제6판, 제3권 해설서, (서울: 동 협회, 2013), pp.25-27.

하야 할 대상이다. 전문주제분야 자료의 경우는 표제와 자료의 내용이 대부분 일치하기 때문에 표제만으로 분류해도 크게 문제가 되지 않을 수 있다. 그러나 일반교양도서나 문학작품, 학제적 자료 등의 표제는 내용의 일부만을 표현하거나, 암시적, 상징적 표현으로 되어 있을 경우가 많아 표제만으로 분류해서는 안되며 이외의 다른 정보원을 검토하여 종합적으로 파악해야 한다.

② 내용목차(table of contents) : 표제만으로 주제를 파악할 수 없거나, 비록 표제가 도서의 내용을 나타내고 있다고 판단되어도 보다 정확한 분류를 위해서는 반드시 내용목차를 통해 주제를 판단해야 한다. 목차에는 본문의 구성항목, 도표목차, 참고문헌, 부록 등이 포함되어 있으므로 이들을 통해서 전체의 구성체계, 저술범위, 전개순서, 하위주제의 취급정도 등을 파악할 수 있다. 그러나 내용목차만으로 분류기호를 결정하기 어려울 때가 있으므로 다음의 단계에 의해 이를 확인할 필요가 있다.

③ 서문(preface) 또는 서론(introduction), 해설 : 일반적으로 서문에는 저자의 집필동기가, 서론에는 저작의 목적과 주제, 각 장별 주요 내용과 전개과정 등을 기술하고 있다. 해설은 저자의 의도, 입장, 도서의 내용, 가치, 특색 등을 설명하고 있으며, 특히 주석서나 번역서는 원전의 주제파악에 중요한 단서를 제공하고 있다. 이처럼 서문, 해설은 저자의 개인적 입장이나 자료의 내용범위에 대한 간단한 설명, 주장, 의도 등을 요약한 것이기 때문에 문헌의 내용을 파악하는 데 유용하다.

④ 본문 통독 : 본문을 전부 읽는다는 것은 어려운 일이나, 위와 같은 방법으로도 내용파악이 어려울 경우에는 부분적으로 선택하여 읽거나 전부 읽을 수밖에 없다. 이 경우 특히 서론과 결론 부분을 주목하여 읽을 필요가 있다.

⑤ 참고문헌, 색인항목 : 저자가 인용하거나 참고한 문헌을 확인하고 용어해설이나 색인 등을 파악하면 주제를 결정하는 데 도움이 되는 경우가 많이 있다.

⑥ 출판 시 목록데이터(CIP) : 표제지 뒷면에 표기된 CIP 데이터에서 서지정보, 주제명표목, 분류기호 등의 주제정보를 참고하거나 국가서지 또는 종합목록, 서지유틸리티 등에서 제공하는 분류기호나 주제명을 활용한다.

⑦ 서평, 참고자료, 전문가 : 이상에서 언급한 여러 방법으로도 자료의 내용파악이 어려울 경우는 분류대상자료 이외의 다른 참고자료를 조사해야 한다. 유용한 참고정보원으로는 백과사전, 주제별사전, 전문용어사전, 인명 및 지명정보원, 해제서지, 서평지 등이 있으며 이들을 이용하여 주제, 용어, 인물, 지명, 사건, 시대 등을 파악할 수 있다. 또한 해당분야의 주제전문가에게 의뢰하여 용어의 개념, 학문체계, 자료내용을 이해하고 주제를 결정한다.

4. 분류번호 부여

1) 분류번호 부여 과정

분류번호 부여는 분류하고자 하는 대상 자료의 내용(주제)을 파악하고 저자의 관점 등을 고려한 대표적인 주제를 결정하여 분류표에 있는 해당번호를 부여한다.

<u>주제파악</u> → <u>대표적 주제결정(저자·관점 등 고려)</u> → <u>해당번호나 어휘를 준다</u>
(제1단계)   (제2단계)   (제3단계)

2) 분류번호 배정시 유의사항

① 이용자의 편의를 고려해야 한다.
② 특별한 이유가 없는 한 도서전체의 내용에 따라서 번호를 결정한다(저자가 특히 강조, 분류자가 그 부분이 특히 중요하다고 인정, 도서관의 특수사정을 고려한다).
③ 정당한 이유가 있어야 한다(자료의 내용파악과 분류표 이해가 필수적이다).
④ 일관성이 유지되어야 한다(분류규정 필요하다).
⑤ 주류표, 강목표, 요목표, 세목표 순으로 고려하고, 일반적인 것에서부터 특수한 순서에 따라서 해당하는 번호를 찾되 반드시 본표에서 확인하여야 한다.

7.2 분류규정

분류규정이란 이용자의 편의를 위해 일관성을 기하는 것으로, 오늘날 분류표가 점점 상세해지고, 책 내용이 더욱 복잡해져 인간기억의 한계 때문에 성문화(成文化)해야 한다.

분류규정에는 모든 주제에 해당하는 일반규정과 특정한 주제에만 해당하는 특수규정이 있다.

1. 분류표에 관한 규정

분류표에 관한 규정은 다음과 같다.
① 분류표에 나타난 분류항목(명사)의 의미를 한정하고 분류명사의 해석을 통일시켜야 한다.
② 유사 개념의 적용범위를 명확히 해야 한다.
③ 새로운 주제의 신설이나 추가시에는 색인을 보완해 두어야 한다.
④ 양자택일(兩者擇一)의 경우 한 장소에 취사선택 한다.

2. 도서관 자료 및 자료 취급에 관한 규정

도서관 자료 및 자료 취급에 관한 규정은 다음과 같다.
① 그 도서관에서 이루어지고 있는 분류작업의 기본 순서 및 요령을 밝혀 두어야 한다.
② 도서의 복잡하고 다양한 성질을 몇 개의 유형으로 나누어 취급 방법을 결정해 두어야 한다.
③ 자기 도서관에서 특수취급방법을 규정해 둔다(예, 별치기호 등).

3. 분류의 일반 규정[5]

1) 기본원칙

엘로드(J. McRee Elrod)는 그의 저서 「*Classification: third edition for use with LC or Dewey*」에서 10가지의 분류원칙을 제시하고 있는데 다음과 같다.[6]

제1원칙: 문학의 경우를 제외하고는, 첫째로 그 책의 주제를, 둘째로는 형식을 고려해서 분류한다.

제2원칙: 문학의 경우에는, 첫째로 저자의 국적, 둘째로 문학의 형식(시, 연극, 소설 등), 다음으로는 그 작품을 쓴 시대를 고려해서 분류한다.

제3원칙: 두 개의 주제를 다룬 하나의 책은 어느 한 주제에 치중해서 취급한 경우가 아닌 한 첫 번째 주제에 분류한다.

제4원칙: 세 개 또는 그 이상의 주제를 다룬 책은 이 모든 주제를 포함한 좀 더 포괄적인 주제에 분류한다.

제5원칙: 상위의 주제가 없는 여러 개의 주제를 다룬 책은 총류에 분류한다.

제6원칙: 한 주제가 다른 주제를 수식하고 있는 경우에는 수식을 받는 주제에 분류한다. 예를 들어, 항공기의 기압에 대한 책은 기압에 분류하지 않고 항공기에 분류한다.

제7원칙: 주제 또는 지리를 위주로 분류할 수 있는 책은 주제에 따라서 분류한다.

제8원칙: 주제 또는 지리로 더 세분할 수 있는 책은 주제로 세분한다.

제9원칙: 공공도서관이나 학교도서관에서는 전기를 따로 독립해서 분류하기도 한다. 대학도서관에서는 전기를 피전자와 관련된 주제에 분류하거나 또는 국가에 분류한다.

제10원칙: 때에 따라서는 분류번호를 정할 때에 저자의 의도나 당 도서관의 이용면을 고려하여 결정해야 한다.

---

[5] 최정태, 양재한, 도태현 공저, 앞의 책, pp.218-227.
[6] J. McRee Elrod 저, 홍순영 편역, 『분류연습』, (서울: 아세아문화사, 1986), pp.9-15.

2) 주제와 형식

자료는 먼저 주제에 의해서 분류하고, 그 다음 주제를 표현하고 있는 형식에 의해 세분한다. 그러나 총류의 서지학(010), 문헌정보학(020), 신문, 저널리즘(070)을 제외한 나머지와 문학작품은 주제에 따라 세분하지 않고 형식을 우선하여 분류한다. 일반백과사전류(030), 일반강연집, 수필집(040), 일반연속간행물(050), 일반총서(080) 등은 1차적으로 사용된 형식에 따라 분류하고 2차적으로 사용된 국어에 따라 세분한다. 문학작품은 1차적으로 원저작에 사용된 국어에 따라 분류하고, 2차적으로 표현된 형식 등으로 세분한다.

예) 경제학사전 → 경제학(320, 주제) + 사전(T1 -03, 형식) ⇒ 320.3
    법철학 → 법학(360, 주제) + 철학(T1 -01, 형식) ⇒ 360.1

3) 저자의 의도

도서는 저자의 의도에 따라 분류한다.

4) 세밀분류

도서관 사정에 따라 저서의 양과 이용자 수를 감안하여 가급적 세분된 주제까지 분류한다. 여기서 세분된 주제란 자기 도서관에서 필요한 자리수를 결정한 후 그 범위 내에서 세밀한 기호를 부여한다는 의미이다.

초등학교 도서관에서는 두 자리 혹은 세 자리만 사용하여도 분류할 수 있다. 장서량이 일만 권이 넘으면 세 자리와 부분적으로 네 자리 또는 그 이하를 사용하여도 좋다. 향후 장서량이 급증할 도서관은 처음부터 세목을 사용하고 전문분야의 장서가 중심이 되는 대학도서관, 전문도서관, 대규모 도서관에서는 완전한 세목을 사용한다.

예) "꿈(dream)"이란 주제의 분류

100	철학	1자리 사용할 경우의 분류기호
180	심리학	2자리 사용할 경우의 분류기호
181	심리학 각론	3자리 사용할 경우의 분류기호
181.3	인식 및 사고	4자리 사용할 경우의 분류기호
181.38	심층심리학	5자리 사용할 경우의 분류기호
181.383	꿈, 수면, 잠꼬대	6자리 사용할 경우의 분류기호

6가지 기호 중 자기 도서관의 규모나 성격에 따라 정한 범위 내에서 가장 세밀한 곳까지 분류한다.

5) 분류표에 없는 주제

분류표에 설정되어 있지 않은 주제는 가장 가깝고 비슷한 주제와 함께 분류한다. 다만 이러한 주제의 도서가 많아서 새로운 항목의 설정이 필요하면 이를 신설하고 색인에도 삽입한다.

예) 동아시안 게임 ⇒ KDC 692.0695
(항목이 없어 아시안게임과 함께 분류)

6) 자관의 특수성을 고려

도서의 분류는 주제에 따라 분류하지만 소장관의 특수성도 고려하여 분류한다. 예를 들어, 전기서의 경우 전문도서관과 대학도서관에서는 각 주제와 함께 분류하는 것이 좋으나 공공도서관과 학교도서관에서는 전기서를 별도로 모아 주는 것이 이용에 편리하다.

또한 특수법률 및 법령은 일반도서관에서는 주제 아래 분류하는 것이 이용자에게 편리하지만 법률도서관에서는 368 기타 제법 아래 모아 주는 것이 이용에 편리하다.

예) 도서관법 ⇒ KDC 368.002(특수법을 한 곳에 모을 필요가 있는 경우)
⇒ KDC 021.3(특수법률 및 법령을 그 주제 하에 분류할 경우)

7) 분류표상 2주제도서(양자택일)

도서자체의 주제는 하나이지만 분류표상 둘 이상의 위치에 속하는 것은 그 가운데 한쪽을 결정하여 분류한다. 이것의 결정도 자관의 특수성과 분류방침에 의하여야 한다.

예) 069.8 전문박물관
    001-999와 같이 주제구분 한다.
    (국립철도박물관 → 069.8(전문박물관) + 535(535 철도공학) ⇒ 069.8535
    도서관에 따라 그 주제아래에 분류할 수도 있다.
    (국립철도박물관 → 535(철도공학) + -069(T1, 박물관) ⇒ 535.069

8) 복수주제

한 자료 내에서 둘 혹은 셋 이상의 주제를 각각 독립적으로 다룬 주제는 가장 중요한 것으로 판단되는 주제 아래 분류한다. 즉 저자나 편자가 가장 역점을 둔 주제를 제1주제로 하여 분류한다. 두 번째 혹은 세 번째 주제가 결정적으로 중요하게 취급되지 않았을 경우에는 첫 번째 주제 혹은 상위의 주제 아래 분류하는 것을 원칙으로 한다.

그리고 중요한 주제를 판단하기가 곤란할 때는 페이지 수가 많은 것을 제1주제로 분류할 수도 있다. 여기에서 제1주제로 취급되지 않은 제2주제, 제3주제는 필요에 따라서 분류목록이나 주제명목록에 부출하여 이용자들이 이용할 수 있도록 유의하여야 한다.

예) 미국의 정치, 경제, 법률제도 분석 ⇒ KDC 340.942
    (미국의 정치를 제1주제로 선정하면 미국의 경제, 법률제도는 제2주제로 부출하여야 한다.)

일반적으로 한 자료 내에 3개 이상의 주제가 포함되어 있을 경우는 전체를 포괄하는 상위 항목에 분류한다.

예) 영국, 독일, 프랑스 사회복지현황 ⇒ KDC 338.092 (유럽의 사회복지에 분류)

그러나 독립된 2주제를 다루고 있더라도 2주제가 합하여 하나의 상위개념을 나타날 때에는 그 상위개념으로 분류하여야 한다.

예) 유기화학과 무기화학 ⇒ KDC 430

2주제를 다루고 있더라도 분류표 상으로 볼 때 전체와 부분의 관계에 있는 것은 상위개념에 분류한다.

예) 한국과 창원지역 관광안내 ⇒ KDC 981.102
(창원뿐만 아니라 한국 전체의 관광안내로 분류)

2주제의 도서라 하더라도 분류표 상에 설정되어 있지 않은 주제는 상위주제에 분류한다.

예) 피겨스케이팅과 스피드스케이팅 ⇒ KDC 697.1

9) 구체적인 주제의 자료와 추상적인 주제의 자료

구체적인 주제와 추상적인 주제가 함께 다루어진 자료는 구체적인 주제 아래 분류한다.

예) 현대사회와 정신위생 ⇒ KDC 517.34
(구체적인 주제인 정신위생에 분류)

10) 관점

한 관점에서 설명된 주제는 취급된 관점에 따라 암시된 주제 아래 분류하지 않고 설명된 주제 아래 분류한다.

예) 기독교의 입장에서 바라본 한국문화 ⇒ KDC 911

같은 소재를 취급하고 있는 자료라도 그 주제가 다루어진 저자의 관점에 따라 달리 분류한다.

예) 말(馬)
　　동물학 관점에서 다룬 것 ⇒ KDC 499.72
　　축산학 관점에서 다룬 것 ⇒ KDC 527.42

11) 주제와 연구방법

특정주제를 연구하기 위해 이론이나, 조사방법, 수단 등을 적용한 저작은 이론이나, 방법, 수단에 분류하지 않고 연구 대상이 된 주제 아래 분류한다.

예) 수리경제학 ⇒ KDC 320.015
　　(연구대상이 된 주제는 경제학)
　　상업영어 ⇒ KDC 326.1
　　(연구대상이 된 주제는 상업)

특정주제와 그것을 설명하기 위해 사용된 주제(재료)가 있을 경우 설명된 주제에 분류한다.

예)「文藝春秋」에서 살펴본 昭和時代 일본의 역사 ⇒ 913.07(소화시대 역사)

특정 이용계층을 위해 저작된 저술은 일반적으로 주제가 아니라 목적(이용계층)에 분류한다.

예) 물리학자를 위한 수학 ⇒ KDC 420(물리학) + -015(T1. 수학원리) ⇒ 420.15(이용계층이 물리학자임, 목적(물리학) + 주제(수학))

그러나 일반이용자도 이용할 수 있는 경우에는 목적이 아니라 주제에 분류할 수도 있다.

예) 410(수학) + -028(T1. 특정직업) + 42(420 물리학) ⇒ 410.2842

12) 인과관계와 영향

한 자료가 두 주제 간의 인과관계, 즉 원인과 결과를 동시에 다루고 있는 것은 결과에 분류하고, 두 주제가 영향관계 있는 것은 영향을 받은 쪽에 분류한다.

예) 사회제도 발생과 원시적 신앙 ⇒ KDC 332
    (영향을 받은 쪽은 사회제도)
    정치불안으로 인한 한국의 경제상황 ⇒ KDC 320.911
    (결과는 한국 경제상황)

그러나 영향관계에 있더라도 특정 개인의 사상이나 업적이 다수에게 영향을 미친 경우는 영향을 준 개인에 분류한다.

예) 세익스피어와 한국문학 ⇒ KDC 842

13) 비교와 대조

두 주제를 비교, 대조한 저작은 저자가 비교나 대조를 통하여 주장하거나 옹호하려고 한 주제에 분류한다.

예) 민주주의냐 사회주의냐 ⇒ KDC 340.24
    (저자가 사회주의를 옹호하는 내용임)

14) 원저작과 관련된 저작

원저작에 대한 번역서, 주석서, 해설서, 연구서 등은 원저작과 같은 곳에 분류하고, 어학의 학습을 목적으로 한 대역서, 주해서 등은 학습하고자 하는 국어의 독본으로 분류한다. 원작품을 번안하거나 각색한 것은 번안가나 각색가의 작품으로 분류한다.

예) 알렉스 헤일리, 뿌리(한국어로 번역) ⇒ KDC 843
　　Pearl S. Buck, Letter from Peking(학습용) ⇒ KDC 747
　　빅토르 위고의 레미제라블 ⇒ 813.8
　　(한국 아동을 위해 대강의 줄거리를 개작한 번안서임)

15) 총서(叢書), 전집, 강좌

특정주제에 한정되지 않은 것은 총류의 총서로 분류한다.

예) 20세기 강좌 ⇒ KDC 082.1
　　현대인 강좌 ⇒ KDC 082.1

주류가 3개 이상에 걸쳐 있는 것은 총류에 분류한다.

예) 철학, 종교, 사회과학 총서 ⇒ KDC 082.1

특정주제에 한정된 것은 그 주제에 분류하고, 형식기호 -08을 첨가한다.

예) 철학총서 ⇒ KDC 108
　　영미문학전집 ⇒ KDC 840.8

문고본은 대부분 총서로 취급하여 분류한다. 출판사에서 판매를 목적으로 임의로 부여한 총서는 단행본으로 취급하여 분류한다. 절판이나, 예산상의 이유로 전질 중 몇 권만 소장하고 있는 경우 단행본과 같이 취급하여 분류한다.

예) 삼성문고 ⇒ KDC 082
　　정보사회론 : 커뮤니케이션 혁명과 뉴미디어 / 전석호(나남신서 275)
　　　　　⇒ KDC 020.13

7.3 KDC 제6판 분류연습

1. 전주제구분과 특수주제구분 활용연습

① 국립농학도서관
② (매일)경제신문
③ 생명과학자의 연구윤리
④ 철도노동조합
⑤ 섬유산업의 노동환경
⑥ 초등학교 자연교육과정
⑦ 동물시험소 건물
⑧ 기록관리정책
⑨ 기독교의 가정윤리
⑩ 철도요금문제
⑪ 고등학교 개인지도
⑫ 안개주의보
⑬ 동물의 면역체계
⑭ 아동의 심장질환
⑮ 인삼의 처리 및 가공
⑯ 축산경영학개론
⑰ 나일론 염색기술
⑱ 바이올린 연주기법
⑲ 중국의 고문서류
⑳ 독일어 문장작법

2. 조기표 활용연습

1) 표준구분표

① 현대법철학이론
② 세계경제학설사
③ 현대토목설계편람
④ 주택조합실무편람
⑤ 청소년문제와 관련된 법령해설집
⑥ 사진으로보는 세계의 철도망
⑦ 세계버섯도감
⑧ 사회과학분야 논문색인집
⑨ 생명공학과 특허
⑩ 벤처기업 실무백과사전
⑪ 현대인을위한 다이어트백과사전
⑫ 무기화합물명명법
⑬ 청소년문제 해결을 위한 세미나 강연집
⑭ 월간바둑
⑮ 2020년도 교육통계연감
⑯ 음악협회 회원주소록
⑰ 일등제자를 만드는 피아노 지도법
⑱ 정치학 연구방법론
⑲ 경찰공무원시험대비 경찰직 종합문제집
⑳ 링컨의 일대기

2) 지역구분표

① 일본의 장례풍속
② 일본자동차보험의 유형과 실태
③ 한국의 가정윤리
④ 아시아 각국의 해상운송정책 연구
⑤ 미국의 아동청소년 문제
⑥ 독일의 헌법 및 해설
⑦ 미국의 개발도상국 경제원조
⑧ 일본의 경제사정
⑨ 중국 인구통계
⑩ 프랑스 지리
⑪ 프랑스의 선거제도
⑫ 이탈리아 예술사
⑬ 한일 안보조약
⑭ 한국불교사 연구
⑮ 핀란드의 도서관 현황
⑯ 18세기 이탈리아 미술사 연구
⑰ 아시아종교사
⑱ 러시아대학의 과학교육
⑲ 일본물가통계
⑳ 한국의 고등교육사

3) 한국지역구분과 한국시대구분

① 서울특별시 인구통계
② 금강산 관광안내
③ 조선백자
④ 낙동강지역 환경보전 대책
⑤ 김해시 지방재정
⑥ 호남문학사
⑦ 진주시 시정백서
⑧ 광주시 경제실태 보고
⑨ 김해시 인구통계연보
⑩ 고성오광대 가면극
⑪ 영남지역 기상예보
⑫ 울산광역시 일반통계집
⑬ 일제시대 인구통계
⑭ 조선시대 복식사 연구
⑮ 조선전기 민속지
⑯ 고려시대 불교연구
⑰ 박정희대통령시대 경제정책 분석
⑱ 조선시대 사회사연구
⑲ 조선시대 한국지리
⑳ 부산문단 100년사

4) 국어구분표와 언어공통구분표

① (초보자를 위한) 중국어문장작법
② 셈족의 언어인류학적 접근
③ (독일어) 일반강연수필집
④ (러시아어) 일반강연집
⑤ (불어판) 성서
⑥ (인도어) 일반연속간행물
⑦ 경상도지방의 방언
⑧ 한일사전
⑨ 영한사전
⑩ 현대 독일어 강좌
⑪ (러시아어) 일반백과사전
⑫ 대학 일본어 작문
⑬ 스페인어 어원 연구
⑭ 고급 이탈리아어 해석 연구
⑮ 일본어 어원사전
⑯ (혼자서 배우는) 영어회화입문
⑰ 스페인어 어휘사전
⑱ 스페인어 회화 연습
⑲ 독일어 작문
⑳ 영·스페인어 사전

5) 문학형식구분표와 종교공통구분표

① 시를 어떻게 쓸 것인가
② 박경리의 김약국의 딸들
③ 세익스피어의 로미오와 줄리엣
④ 청록파 시인들의 작품 연구
⑤ 현대 중국시 선집
⑥ 영미소설비평 및 평론집
⑦ 한국 현대소설 작법
⑧ 중국소설 작법
⑨ 세계시 전집
⑩ 청나라 시대의 수필
⑪ 조정래의 태백산맥
⑫ 한국 현대시조작법
⑬ 현대단편소설 작법
⑭ 현대 중국 단편소설 선집
⑮ 이어령 에세이집
⑯ 문학비평사전
⑰ 삼일교회 100년사
⑱ 회교 사원
⑲ 평신도를 위한 신앙 에세이집
⑳ 문선명의 생애

3. 분류규정 활용연습

① (일본어) 일반강연집(주제 대 형식)
② 법학사전(주제 대 형식)
③ 삼성문고(문고판)
④ 초·중등교육법(양자택일)
⑤ 황순원 전기(양자택일)
⑥ 한국문학과 한국소설(복수주제)
⑦ 동물과 식물(복수주제)
⑧ 영미문학과 독일문학(복수주제)
⑨ 독·영·프랑스문학(복수주제)
⑩ 공업물리학과 공업진동학(복수주제)
⑪ 국제법상에서 본 6.25(구체적인 자료)
⑫ 도서관사(주제사)
⑬ (학습용) Love Story(소설)
⑭ 「헨젤과 그레텔」 안데르센 원작; 김인겸 극본(각색 작품)
⑮ 대기오염과 기후의 변화(영향)
⑯ 보호무역이냐 자유무역이냐(비교)
⑰ (영한대역시리즈) 오 헨리 단편집 모음(학습용)
⑱ 한국, 중국, 일본의 경제상황 비교분석(3개 국가)
⑲ 정보사회와 성폭력(구체적인 주제)
⑳ 경제학 총서(전집)

4. 유별 분류연습

1) 총류(000)

① 국립의학도서관
② (주간)부동산신문
③ 함양의 향토자료
④ 초등학교 도서관 설계
⑤ 일본의 저작권법
⑥ 사회과학분야 연구초록집
⑦ 국립민속박물관
⑧ 몽골어 일반연속간행물
⑨ 한국도서관연감
⑩ 교육신문
⑪ 전자자료편목법
⑫ 서울대학교 학술논문집
⑬ 창원대학교 도서관전산화 방안
⑭ 한국 전통음악 자료분류표
⑮ 한국문헌정보학회지
⑯ 철학관계 잡지기사 색인집
⑰ 기독교 향토자료
⑱ 영어로 저작된 2인 이상의 일반전집
⑲ 어린이독서지도론
⑳ 경희대학교 음악도서관

2) 철학류(100)와 종교류(200)

① 생명과학자의 연구윤리
② 종교와 자살문제
③ 기독교와 노동문제
④ 불자의 사회윤리적 책임
⑤ 노자 사상에 대한 새로운 이해
⑥ 하이데거 철학의 이해
⑦ 유태인의 사상과 철학
⑧ 일본인의 민족심리학
⑨ 한국, 한국인의 국민성
⑩ 교육심리학
⑪ 아프리카철학
⑫ 베트남인들의 사상과 철학
⑬ 기독교와 음주문제
⑭ 조계종의 포교활동
⑮ 기독교의 의료복지사업
⑯ 감리교의 신도교육
⑰ 한국기독교의 전래과정
⑱ 이집트의 신화
⑲ 영국 교회사
⑳ 신약성서 주석

3) 사회과학류(300)

① 섬유산업의 노동환경
② 화학 교육과정 비교분석
③ 화학 교육평가
④ 초등학교 사회교육과정
⑤ 건설노동조합
⑥ 철도운송의 경영합리화 방안
⑦ 낙동강 환경청
⑧ 법원 행정조직에 관한 연구
⑨ 교직원의 인사관리
⑩ 중학교 특별교육활동
⑪ 재한국인 캐나다 이민
⑫ 일본의 조세제도 연구
⑬ 일본의 정당발달사
⑭ 한·일 외교현안문제
⑮ 중국의 국가 공무원제도
⑯ 한국과 미국간의 국제조약
⑰ 독일의 형법제도 분석
⑱ 호남지방의 민담
⑲ 중앙대학교 학생편람
⑳ 영국수상

4) 자연과학류(400)과 기술과학류(500)

① 안개주의보
② 종자식물의 발아과정
③ 동물의 영양 및 신진대사
④ 동물해부학
⑤ 아동의 심장질환
⑥ 수입쇠고기 검사
⑦ 내과 한방치료
⑧ 내과 간호
⑨ 식용작물의 휴경재배
⑩ 인삼의 가공
⑪ 정육의 통조림제조
⑫ 돼지고기 식품
⑬ 고대은화식물
⑭ 지중해
⑮ 조류의 생태학
⑯ 지리산의 야생화
⑰ 한방 산부인과
⑱ 포도주 숙성
⑲ 아이티의 식량문제
⑳ 일본의 실용신안

5) 예술류(600)와 언어류(700)

① 과학체험관 건물
② 알고쓰는 미술재료
③ 천도교 사원건물
④ 만도린 연주기법
⑤ 한자옥편
⑥ 독일어 품사론
⑦ 독한사전
⑧ 고급 프랑스어 독본
⑨ 동물사진집
⑩ 중국미술사
⑪ 동양현대건축사
⑫ 한국사진작가협회 인명록
⑬ 독일의 음악교육
⑭ 한국 프로농구 연감
⑮ 한국도자기 : 고려시대
⑯ 세계공용어 에스페란토어
⑰ 기본한자 연습
⑱ 프랑스어 입문
⑲ 영어 음성학 사전
⑳ 표준 중국어 독본

6) 문학류(800)와 역사류(900)

① 광물학분야 논문작성법
② 일본어문장작법
③ 이문열의 우리들의 일그러진 영웅
④ 19세기 미국의 단편소설 모음
⑤ 최신 창원시지도
⑥ 일본관광안내지도
⑦ 백범 김구 일대기
⑧ 사이버문학론
⑨ 일본소설작품 대전집
⑩ 당신도 시인이 될 수 있다.
⑪ 중국 명대 단편소설 모음집
⑫ 낙동강 700리
⑬ 20세기를 빛낸 경남인들
⑭ 세계탐험기
⑮ 김해김씨대동보
⑯ 경남의 지명 대사전
⑰ 하와이 여행안내
⑱ 일본의 한국 침략
⑲ 발명왕 에디슨 전기
⑳ 중국 금석학

7.4 DDC 제23판 분류연습

1) T1(표준세구분), T2(지리·시대·전기구분) 연습

① 최신 국제법이론
② Abstracts and indexes of medicine
③ Computer programming for chemists
④ Encyclopedia of sports
⑤ 도서관문화 / 한국도서관협회 발행
⑥ History of science
⑦ 영국천문학사
⑧ (위대한 교육자) 페스탈로지 일대기
⑨ 농업자료종합목록
⑩ Feminist Christian theology
⑪ 재정학문제집
⑫ 일본의 사회복지사업
⑬ 한국에서 발간한 도서목록
⑭ 중국과 미국의 대외관계
⑮ 한국의 교육정책분석
⑯ A journal of literature history
⑰ Foreign policy of Korea
⑱ 일본의 관습
⑲ 영국의 노동법
⑳ Reading interests of doctors(028.9 Reading interests, -088 T1: specific occupational groups, 610 medical sciences)

2) T3(문학형식구분), T4(언어공통구분), T5(민족 및 국가군구분), T6(언어구분) 연습

① 일본드라마
② Collections of English poetry
③ 독일문학비평
④ Collections of French literature
⑤ 이광수 소설전집
⑥ 김소월의 「진달래」
⑦ Critical appraisal of fiction
⑧ Rhetoric of poetry
⑨ 세계문학대사전
⑩ 박경리의 「김약국의 딸들」
⑪ German dialects
⑫ 일한사전
⑬ French grammar
⑭ 중화요리(특정 민족의 요리 641.592, 중국인 -951)
⑮ 한국인의 독서습관(028.9 독서습관, T5 사용지시 없음 -089, 한국인 -957)
⑯ 중국 사람들에 대한 사회학적 연구(305.8 특정 민족 및 국가군에 대한 사회적 연구, T5 사용지시 있음, 중국인 -951)
⑰ 동아원색대백과사전
⑱ (최신 영어판) 신구약성서(성서번역 220.5, 한국어 -957)

7.5 분류목록

1. 분류목록의 의의

　분류목록이란 주제로 문헌을 검색하기 위한 주제목록의 일종으로서, 각각의 분류체계(분류표)에 따라 부여된 분류기호 순으로 개개의 기입을 배열하여 편성한 목록을 말한다. 하나의 도서에 둘 이상의 주제가 포함된 경우에는 각각의 주제에 대응하는 복수의 분류기호를 부여하는데, 이것을 분류중출이라고 한다. 찾고자하는 주제를 표현하는 주제명에서 해당 분류기호로 안내하고 지시하기 위하여 자모순 색인이 첨부되는 것이 보통이다.[7] 주제목록으로서 주제명목록을 주로 채택하는 미국과는 달리 우리나라에서는 대부분의 도서관이 주제목록으로서 분류목록을 채택하고 있다.

　자료의 주제 또는 형식을 기호로 나타낸 분류기호를 기입의 표목으로 한 분류목록상의 표목을 분류표목이라 한다. 분류표목은 분류표 중에서 자료의 주제 또는 형식을 가장 잘 표현한 분류기호로 선정한다.

　분류표목은 보통은 분류기호로만 구성되지만 특정 개인이나 단체에 관한 자료는 그 인명이나 단체명을, 특정 저작에 관한 연구자료(주석서, 평석서, 서지, 색인 등)는 그 저작의 저자명을, 저자 불명의 경우는 저작명을 분류기호 다음에 부가하여 나타낸다. (예: 이광수의「무정」연구 → 813.6　이광수). 기본목록에서 분류표목을 지시하는 방법은 표목올림지시(부출지시)란의 주제명표목 위치나 그 다음에 기재하고, 여러 개의 분류표목을 나타낼 경우는 주된 주제, 부차적 주제의 순으로 기재한다.

---

7) 사공철 등편,『문헌정보학 용어사전』, (서울: 한국도서관협회, 1996), p.169.

2. 분류목록의 부출과 분출

자료가 2개 이상의 복합적인 주제를 다루고 있는 경우나, 한 권 또는 여러 권으로 된 논문집, 전집, 총서 등으로 여러 개의 독립된 주제를 포함하고 있는 경우에 서가 상에는 자료의 물리적인 제약으로 한 곳에 밖에는 배열될 수 없다. 이러한 경우 서가분류된 한 곳으로 밖에는 검색할 수 없다면 자료를 효율적으로 이용할 수 없게 된다. 이러한 문제점을 보완하기 위해서 분류목록에서는 부출과 분출을 하게 된다.

2개 이상의 주제를 다루고 있는 자료가 그 중 한 주제에 따라 서가분류 되었을 경우 다른 주제는 서가분류상에서 무시되어 버린다. 따라서 분류 배가하는 경우 어느 한 주제를 선택해서 그 주제 아래에만 배가되어 무시된 주제에서도 검색될 수 있도록 하기 위해서는 필요한 주제의 수만큼 목록을 작성하거나 MARC 데이터를 입력해서 분류목록에 포함시켜 접근점을 추가할 필요가 있다. 이와 같이 서가분류에서 무시된 주제에서의 검색을 가능하도록 하는 목록기입을 분류목록에 있어서의 부출기입이라 한다.

또한 1책 또는 여러 책의 전집이나 총서 속에 포함된 독립된 저작에 대해서 각각 분류기입을 작성하는 것을 분류목록의 분출이라 한다.

부출과 분출목록의 작성은 분류목록 편성상 불가결의 요건이지만 무조건 기계적으로 다량의 표목을 작성하는 것은 경비·인원·노력의 낭비가 있고, 또한 목록의 양적 증대는 역으로 검색효과를 감소시키게 된다. 따라서 일반적인 기준을 정해서 실시해야 한다.

7.6 서가작업

서가작업이란 분류작업이 완료된 자료를 배가하기 위해서 이루어지는 작업(도서기호 및 별치기호의 결정과 부여, 서가목록의 편성 및 유지, 청구기호의 표시 등)에서 서고의 관리(자료의 배가, 이동, 서가의 정돈, 장서점검 등)까지 서가에 관계된 일체의 실무를 말한다.

일반적으로 도서기호를 부여하는 등의 자료의 배가를 위한 정리업무는 분류 담당자가 수행하고 자료를 배가하는 등의 서고관리는 대출담당자가 수행한다.

1. 서가목록

서가목록이란 서가상의 자료의 배열과 동일한 순서, 즉 청구기호 순으로 편성된 목록으로 배가목록이라고도 한다. 도서기호를 결정하거나 장서점검, 서가정리를 위해 불가결한 사무용 목록으로서, 수집과 정리업무의 전 과정에서 사용된다.[8]

서가목록의 배열은 먼저 분류기호 순으로 하고 동일 분류기호 내에서는 도서기호 순으로, 즉 청구번호순으로 한다. 도서기호를 사용하지 않거나, 첫 자(initial)만을 사용하여 완전 개별화를 하지 않는 경우에는 동일 분류기호 내에서 기본표목 순으로 배열한다.

2. 청구기호의 표시

서가목록에 근거하여 도서기호를 부여해서 청구기호가 결정되면 이 기호는 다음과 같은 곳에 표시된다.[9]

① 서가목록에 기재해서 서가목록에 바로 배열한다.

---

[8] 앞의 책, p.194.
[9] 최달현, 이창수, 앞의 책, p.158.

② 자료 자체의 일정한 위치(보통 표제지)에 연필로 기재한다.
③ 자료를 구별해서 배가·출납하는데 사용하기 위한 기호로서 자료의 등(spine)에 표시한다.

이 경우 표시하는 방법에는 라벨에 기재해서 첨부하되 일정한 위치(보통 책등의 아래로부터 1-2cm)에 표시한다. 또한 라벨의 색깔을 달리하여 자료 형태별이나 주제별(유별)로 구분하여 사용하면 서고관리를 효율적으로 할 수 있다.

3. 자료의 배가[10]

배가라는 것은 개개의 자료를 그 청구기호의 순으로 서가상에 배열하는 것을 말한다. 별치기호를 부여한 자료나 지도, 팸플릿, 마이크로자료, 파일자료 등 도서 이외의 자료는 종별로 소정의 서가나 수납 캐비닛에 배열한다.

배가의 방법은 원칙적으로 서가 일련마다 상단에서 하단으로, 좌에서 우로 배열한다. 그러나 이용자의 편의를 고려하여 원칙에서 벗어나 서가의 각 연을 무시하고 각단을 좌에서 우로 계속해서 배열하는 리본식 배열법(Ribbon Arrangement)도 있다.

개가식을 취하는 공공도서관에서 소설의 서가에 이용자가 집중되어 혼란하게 되는 것을 피하기 위해서, 또는 학교도서관에서 아동의 손이 미치지 않는 최상단은 교사용 자료를 배열하여 서가를 효율적으로 활용하기 위해서 리본식 배열법이 사용된다. 또한 DDC로 분류된 장서의 경우 330(경제학)과 650(경영학)이 분리되어 있는 것을 서가상에서 인접되게 배열하기 위해서 청구기호순의 원칙을 벗어난 배열을 하는 파순식 배열법도 있다.

어떻든 분류배가에서는 자료를 그 내용의 상호관계에 따라 배열하기 위한 상관식 배가법이 가능하도록 계속 증가하는 자료에 대비한 적당한 여유 공간을 마련해 둘 필요가 있다. 개가식의 도서관에서는 서가배치도와 서가안내 표시를 부착하여 이용자가 손쉽게 자료를 찾을 수 있도록 할 필요가 있다.

---

10) 앞의 책, pp.158-159.

제8장

도서기호

8.1 청구기호
8.2 도서기호
8.3 별치기호

제8장 도서기호

8.1 청구기호

1. 청구기호의 의의

청구기호(call number)란 "이용자가 도서를 청구하는 번호이며, 분류번호(혹은 서가번호) 다음에 도서기호 또는 저자기호로 되어 있다. 이것은 개개 도서를 구별하기 위한 것이며, 서가상의 위치 및 다른 도서와의 관련된 위치도 나타내는 데 일반적으로 책등(書背 : spine)의 아래 부분에 표시한다"라고 『문헌정보학용어사전』에서는 설명하고 있다.[1]

따라서 청구기호는 자료의 주제를 분석하여 분류기호로 변환하고, 개별화 수단으로서의 도서기호 등을 부여함으로써 배가위치를 나타내는 일련의 기호시스템으로 정의할 수 있다. 물론 이용자가 자료대출을 요구할 때 사용하는 기호라는 측면에서 도서관의 장서 관리적 측면에서도 필요 불가결한 기호시스템이다.

이러한 의미를 지니는 청구기호의 기능을 구체적으로 정리하면 다음과 같다.[2]

---

[1] 사공철 등편, 『문헌정보학용어사전』, (서울: 한국도서관협회, 1996), p.362.
[2] 윤희윤, 『정보자료분류론: 이론과 실제』, (대구: 태일출판사, 1998), p.176.

① 자료의 유형구분, 관내에서의 식별위치, 실내에서의 서가위치, 특정 서가에서의 배가위치를 결정하는 유일한 수단이다.
② 이용자 - 도서관 - 목록시스템 - 자료를 직접적으로 연결하는 가장 중요한 매개기호이다.
③ 폐가제 도서관에서는 이용자에게 대출청구의 편이성을 제공한다. 그 이유는 이용자가 온라인 열람용목록(OPAC)에서 검색한 자료의 각종 서지정보 가운데 청구기호만 기재하여도 대출을 신청할 수 있다.
④ 개가제 열람방식 하에서는 동일한 분류번호를 갖는 자료가 저자순이나 서명순 또는 연대순 등으로 배열되고 유사한 주제의 자료가 인접 배치되기 때문에 특정 자료의 검색기능과 인접자료의 브라우징 기능을 동시에 제공한다.
⑤ 반납된 자료의 책등에 부착된 청구기호는 재배가 위치를 확인하는 결정적인 수단이다.
⑥ 신착자료의 배가위치를 결정하는 유일한 기준이다.
⑦ 장서점검시 서가목록과 더불어 동일 자료의 판단여부를 식별하는 수단이다.

2. 청구기호의 구성체계

청구기호는 〈그림 8-1〉에서 예시한 바와 같이 별치기호(別置記號), 분류기호(分類記號), 도서기호(圖書記號), 기타 부차적기호(副次的 記號)로 구성된다. 그러나 일반적으로 청구기호라 할 때는 도서관의 장서 중에서 절대 다수를 차지하는 일반도서에 부여하는 분류번호(기호)와 도서기호를 지칭하므로 양자는 청구기호를 구성하는 최소단위가 되며, 필요에 따라 별치기호와 부차적 기호들이 추가 된다.[3]

---

3) 앞의 책, p.176.

R	별치기호
330.3	분류기호(번호)(classification number, class number, class mark, class notation)
김23ㄱ 2	도서기호(book number) : 저자기호(author mark) + 저작기호(work mark, title mark)
-1=3	부차적기호(additional number) = 판차, 역자, 권호, 복본

〈그림 8-1〉 청구기호의 구성체계

1) 별치기호

소재기호로도 지칭되는 별치기호는 자료의 내용 또는 형태의 특수성이나 이용목적을 감안하여 별도의 서고(서가)에 배치하고자 할 경우에 분류기호 상단에 알파벳 대문자 또는 한글단어의 두문자(頭文字)로 표시하는 기호이다

2) 분류기호

청구기호의 요체가 되는 분류기호(번호)는 분류표에 근거하여 자료의 주제와 형식 등을 아라비아 숫자, 또는 문자와 아라비아 숫자로 혼합한 기호를 사용한다.

3) 도서기호

도서기호란 각각의 도서를 분류기호 내에서 순차적으로 배열할 때 사용하는 기호로서 저자기호(또는 연대순기호, 수입순기호)와 저작기호로 구성된다.

가. 저자기호

저자기호란 분류기호 내에서 각 도서를 개별화할 목적으로 저자명(일부의 경우는 서명)의 조합한 기호를 말한다.

나. 저작기호

저작기호란 어떤 저자에 의해 출판된 다수의 자료가 동일한 분류기호와 저자기호를

가지게 될 경우에 개개의 도서를 구분하기 위하여 저자기호 다음에 서명의 알파벳 두 문자(관사는 제외)나 한글의 초성(자음)을 부기하는 서명기호이다. 그러나 일본에서는 저작기호를 부차적 기호로 취급하기도 한다.

4) 부차적 기호

가. 판차기호

판차기호(版次記號)란 도서의 내용 변화 즉 개정, 수정, 증보, 보유 등 물리적 체제의 변화가 분명할 때, 도서기호 다음에 아라비아 숫자로 판의 변화를 표시하는 기호이다.

나. 역자기호

역자기호(譯者記號)란 번역서의 경우, 원저자와 구별할 목적으로 도서기호 다음에 부기하는 번역자 기호이다.

다. 연도기호

연도기호(年度記號)란 연감, 연보, 백서, 회차(回次)가 분명한 회의자료, 연차보고서 등 연차적으로 발간되는 자료의 출판연도 및 개최연도를 나타내는 기호이다.

라. 복본기호

복본기호(複本記號)란 도서의 물리적 체제나 내용의 변화가 없는 복본일 경우에 표시하는 기호이다. 대개 서양서는 'c', 동양서는 등호(=) 뒤에 숫자를 부기한다.

마. 색인부록기호

색인(索引), 부록기호(附錄記號)는 특정 저작의 부대자료인 색인이나 부록을 원저작과 구별하기 위하여 별도로 '색인', '부록' 등으로 표기해 주는 기호이다.

바. 전기자기호

전기자 기호(傳記者 記號)란 저자와 피전자의 관계를 나타내는 기호이다.

사. 권호기호

권호기호(卷號記號)는 총서, 전집이나 선집, 연속간행물의 권이나 호를 나타내는 기호이다. 통상적으로 동서는 해당 권호를, 양서는 'v'와 'n' 뒤에 해당 권호를 표기한다.

8.2 도서기호

 도서기호(book number)란 동일 분류기호 중의 도서를 다시 개별화하여 배가 위치를 결정하며, 도서의 관리와 자료검색의 수단을 제공하기 위해 부여하는 기호로서 분류기호와 함께 청구기호(call number)를 구성한다. 이 청구기호에 따라 자료는 각 책마다 기호상으로 개별화되어 서가에 배열할 때 다른 도서와 위치적 관계가 결정된다. 그리하여 정확하고 신속하게 배가할 수 있고, 검색과 출납을 효율적으로 할 수 있다.
 이러한 도서기호를 결정할 때에는 분류의 정밀도, 열람 방식, 도서관의 종류 등 여러 가지 조건을 고려하여 가장 알맞은 방법을 선택해야 한다. 도서기호를 주는 방법에는 수입순, 연대순, 저자순 등이 일반적으로 사용된다.

1. 수입순기호법

 수입순기호법은 동일한 분류기호 내의 자료들을 개별화하는 기준을 자료가 도서관에 입수된 순서대로 일련번호를 매겨 나가는 방법이다. 이 방법을 사용하는 경우라도 동일한 책의 복본이나 전집, 총서의 각 권에 대해서는 입수된 순서에 관계없이 동일한 기호를 주고 다음에 권차 표시나 복본표시로 개별화한다. 이 방법은 기호의 결정이 간단하고, 자료의 배가 및 점검이 용이하고 능률적이며, 고정식 배가법이라 자료의 이동이 없으며, 배열할 때 공간이 절약되는 장점이 있다.
 반면에 수입순번호가 너무나 우연적이어서 아무런 조직적인 의미가 없고, 동일한 분류기호를 가지는 동일한 저자의 다른 저서의 경우 그 도서관에서의 입수순서에 따라서 무질서하게 분산된다.
 이 기호법은 듀이(Mevil Dewey)가 그의 모교인 암허스트(Amherst) 대학 도서관에 봉직했던 당시(1874-1877)에 채택한 바 있으며, 우리나라에서는 해방 후 박봉석에 의

하여 권장되어 한때 많은 도서관에서 채택되었으나 현재는 일부 공공도서관에서 사용하고 있다.

2. 연대순기호법

연대순기호법은 동일한 분류번호 내에서 도서의 출판년대순으로 도서를 배열하기 위해서 도서의 간행연대를 알파벳 문자나 아라비아 숫자로 기호화하는 방법을 말한다. 이재철은 그의 논문에서 연대순 기호법이 좋은 이유를 1885년 최초로 연대순 기호법을 발표한 비스코(Walter Stanley Biscoe)와 메릴(William Stelson Merrill)의 주장을 바탕으로 하여 다음과 같이 설명하고 있다.

이용자가 서가 앞에 설 때, 그는 그의 앞에 주제의 발전과정을 한 눈에 대하게 된다. 왼쪽의 것은 그 주제에 관해 쓰인 가장 오래된 도서가 놓이게 되어, 서가가 그 학문의 발전과정과 문헌의 추가과정을 증명해 주며, 오른쪽 것은 가장 새롭고, 가장 참신하고, 가장 적합한(the most authentic) 도서임을 알게 해준다. 이 배열법은 어떤 주제를 주의 깊게 연구하는 이들에게 가장 마음에 들게 하며, 그 어느 다른 도서기호법 보다도 거의 모든 사람들의 선호를 받고 있다. 결론적으로 연대순기호법은 지식 추가방식과 합치되는 장점을 갖고 있다. 이것은 다른 순차법에 의한 목록에서와 같이 추가되는 정보가 앞서 나온 것과 뒤섞이는 배열법이 아니다.[4]

도서는 각 분류항목 아래서 저자명의 자모순으로 배열하는 것보다 발행년에 의하여 배열해야 최신간의 도서가 서가상의 맨 마지막에 놓이게 되어 독자의 눈에 쉬이 뜨이게 된다. 최신간의 도서는 그 주제분야에서 인지(人智)의 첨단의 것임을 나타내는 것이므로 발행된 연대순으로 놓는 도서기호법을 권장하는 것이다.[5]

---

[4] Walter Biscoe, "Chronological Arrangement on Shelves", *Library Journal*, vol.10(Sept. - Oct. 1855), pp.246-247. 리재철, "새 연대순 도서기호법의 연구", 『도서관학』, 제12집(1985), p.10에서 재인용.

[5] William S. Merrill, "Order of books by date under Subject", *Library Quarterly*, vol. 4(1934), pp.282-284. 리재철, 위의 글, p.11에서 재인용.

연대순 기호법은 학문의 진전 속도가 빠른 과학과 기술분야의 자료를 취급하는 전문도서관에 적당한 기호법이다. 지금까지 개발된 연대순 기호법으로는 「비스코 연대순 기호법」, 「메릴 연대순 기호법」, 「브라운 연대순 기호법」, 「랑가나단 연대순 기호법」, 리재철의 「새 연대순 도서기호법」이 있다.

비스코의 연대순 기호법은 1885년 미국의 비스코(Walter Stanley Biscoe)가 「Library Journal」에 발표한 최초의 연대순 도서기호법으로서 DDC 13판 권말부록과 EC에도 게재되어 있다. 이 기호법은 동일 분류기호 내에서 당해 도서의 출판연도 알파벳 문자와 아라비아 숫자를 결합하여 기호화한 것이다.

브라운의 연대기호법은 1906년 영국의 브라운(James Duff Brown)이 그의 주제 분류법(Subject Classification)에 발표한 것으로, 각 출판년대를 알파벳 소문자 두자를 결합시켜서 기호화 한 것이다. 이것은 서양에서 초기 간본이 시작된 1450년부터 그 이후의 연대를 매 1년마다 일정한 기호를 주어 전개한 것으로, 기호는 소문자 2자만으로 구성되어 있으나 필사본류에 한해서는 대문자 2자로 표시하게 된다.

예) 1452년에 간행된 요람기본 - ac,   1452년에 간행된 필사본 - AC

이 연대순 기호법은 서양에서 초기 간본이 시작된 1450년부터 알파벳 소문자 2자 aa로 시작하여 매 1년마다 알파벳 한자를 전개하여 사용한다. 따라서 aa-zz (26*26)까지 계속되므로 2125년까지 사용할 수 있는 기호표이다.

랑가나단의 연대기호법은 그의 콜론 분류법(Colon Classification)에서 도서기호용 연대기호표(Chronological Table for Book Number)란 제목으로 발표한 기호법이다. 우리나라에서 만든 대표적인 연대순 기호법으로는 리재철의 「새 연대순 도서기호법」이 있다.

3. 저자기호법

저자기호법은 저자의 성명을 문자 혹은 문자와 숫자 등으로 기호화하는 방법으로 동일한 분류기호 내에서 저자명 순으로 배열하기 위한 방법이다. 저자기호는 원칙적으로 기본기입의 표목을 대상으로 하는 것이므로 저자의 성명이 대상이 되나 저자의 범주에는 개인명, 단체명, 기관명이 해당되며 때로는 서명기본기입의 경우는 서명이 대상이 되기도 한다. AACR2R(2002)에서 규정한 기본표목의 선정기준은 다음과 같다.[6]

〈개인명 기본표목〉
① 1인 저서 : 개인저자
② 2-3인 공저서 : 대표저자, 대표저자가 없으면 첫 번째 저자
③ 번안, 각색, 개작서 : 번안자, 각색자, 개작자
④ 개정서 : 원저자, 원저자의 책임성이 없으면 개정자
⑤ 주석서 : 원문이 강조된 경우는 원저자, 주석이 강조된 경우는 주석자
⑥ 번역서 : 원저자
⑦ 삽화가 있는 저작 : 저자
⑧ 전기서 : 자서전은 저자, 타서전은 피전자

〈단체명 기본표목〉
① 단체의 행정적 저작 : 단체명
② 법률, 조례, 조약 : 국가명
③ 위원회 등의 보고서 : 위원회명
④ 종교단체의 전례서 : 종교단체명
⑤ 회의자료 : 회의명

---

6) *Anglo-American Cataloging Rules*, 2nd ed. 2002 revision(Chicago : American Library Association, 2002), ch.21.

〈서명 기본표목〉
① 저자가 없는 경우 : 서명
② 4인 이상의 공저자 : 서명
③ 편서 : 단순한 편집인 경우는 서명, 합집인 경우는 종합서명
④ 무저자명 고전 : 통일서명
⑤ 종교경전 : 통일서명
⑥ 연속간행물 : 지명(誌名)

1) 저자명 문자식

이 기호법은 저자명의 머리글자 한 글자 또는 두세 글자를 그대로 도서기호로 사용하는 아주 간단한 방법이다. 소규모의 학교도서관이나 개가제 열람방식을 사용하는 도서관에서 별도의 도서기호표 없이 손쉽게 사용할 수 있다.

예) 이광수 → 이 또는 이광수
    Lehnus, D.J. → L 또는 LEH 또는 Leh

2) 저자별 수입순

저자 성의 첫 자 한 글자를 한글이나 영문으로 표시하고 이 첫 글자가 동일한 저자들은 도서관에 그 저자의 저작이 도착하는 순서대로 저자별로 일련번호를 매겨 나가는 방법이다. 동일저자는 동일분류기호 내에서는 그 저작의 선후를 불문하고 동일한 번호로 고정된다. 동일저자의 책이 여러 권 있을 경우에는 수입순 번호를 다음 줄에 부여하여 개별화한다.

예) 김동인. 감자   김1
    김동리. 무녀도   김2   김동리. 자유의 역사   김2
                      1   2

이 방법은 별도의 저자기호표 없이도 손쉽게 저자별로 저작을 모을 수 있는 간단한

방법이긴 하지만 완전한 저자명순 배열이 되지 못하고, 기호를 부여할 때 일일이 서가 목록에서 동일한 두문자를 지닌 기입을 조사하여야 한다. 특히 동일한 두문자를 지닌 저자가 많을 경우는 특정저자를 조사하기가 불편하다.

3) 열거식 저자기호법

열거식은 저자명에 해당하는 낱말들을 일일이 나열하고 그에 상응하는 기호를 배당한 기호법이다. 열거식 저자기호표는 Cutter-Sanborn 저자기호표, Olin 저자기호표, Merrill 저자기호표, 일본저자기호표, 박봉석 성별기호표, 고재창 한국저자기호표, 이춘희 동서저자기호표, 장일세 동양서저자기호표, 정필모 한국문헌기호표 등이 있다. 이 중에서 Cutter-Sanborn 저자기호표 사용법에 대하여 살펴보도록 한다.

가. Cutter-Sanborn 저자기호표

이 표는 1878년 Charles Ammi Cutter에 의하여 자료의 청구기호를 형성하는데 있어서 분류기호는 그의 EC에 의하여 문자를 사용하고 저자기호는 숫자를 사용한다는 방침아래 저자명을 숫자만으로 표시한 십진식 저자기호법으로 창안되었다. 그 후 이 기호표는 숫자만 사용하던 방침을 바꾸어 저자 성의 첫 문자 한 글자와 숫자를 혼합하는 두 자리표, 세 자리표 등으로 계속적인 개정을 시도하여 세계적으로 가장 인정받고 있으며 널리 보급되어 이용되고 있다.

우리나라에서도 서양서의 저자기호표로 가장 많이 사용하고 있으며 그의 열거식 기호조직의 방법은 우리나라에도 큰 영향을 끼쳐서 이 기호표의 원리를 응용한 저자기호표들이 여러 가지 발표되었다.

이러한 Cutter의 저자기호표는 1896년 Kate G. Sanborn이 Cutter의 지시와 승낙을 얻어 인명을 더 증가하고 숫자를 세 자리로 전개한 「Cutter-Sanborn 세자리표」를 발표하였다. Sanborn이 개정한 결과는 Cutter표를 전개하기 보다는 더욱 독립적인 요소가 강한 표가 되었다.

이 표는 모음표와 자음표로 구성되어 있으며, 저자의 성은 두문자 한 자와 111-999까지의 아라비아 세 숫자를 결합하는 것을 원칙으로 하는 표이다. 그러나 개인명과 단체명의 사용빈도가 적은 자음 중 J, K, Y, Z와 모음 중 E, I, O, U는 11-99까지 두 자리 수로 전개하고, 자음 Q, X는 1-9까지 한 자리수로 전개하였다. 그러나 본 표는 완전히 알파벳순으로 배열되어 있지 않아 불완전한 세 자리 전개표라고 할 수 있다. 특히 성명의 자모순배열이 완전한 알파벳순이 아니므로 이용에 불편한 점이 있었다.

이와 같은 불편한 모순점을 제거하기 위하여 1969년 Swanson-Swift가 완전한 알파벳순으로 재편성하였는데, 그 서명은 변화 없이 *Cutter-Sanborn Three-Figure Author Table*이었다. 즉 매사추세츠주의 Forbes Library의 Paul K. Swanson과 H. R Huntting Company의 편집자 Esther M. Swift여사는 샌본이 전개한 커터 - 샌본표가 불완전한 알파벳순 배열이었기 때문에 완전한 알파벳순으로 재배열하였다. 그러나 약간의 오자만 정정했을 뿐 내용상의 변경은 거의 없었으며, 첫 페이지에 그 이용법을 상세히 설명해 주고 있다.

Cutter-Sanborn표의 사용법을 요약하여 보면 다음과 같다.
① 저자 성의 첫 글자를 대문자로 채기하고, 다음에 표에서 해당 저자의 번호를 찾아 채기한다.

예) Arnold, Maragaret ⇒ A757
    Lewis, Sinclair ⇒ L676
    Stoddard, Solomon ⇒ S869

② 해당 성명에 꼭 알맞은 번호가 없는 경우에는 바로 앞의 번호를 사용한다.

예) Andrews, Helen ⇒ A566

③ 동일한 분류번호에서 다른 두 저자가 동일한 번호를 가지게 될 경우는 숫자 하나를 더 붙여 개별화한다. 그 숫자는 5를 사용하는 것이 좋다. 5는 숫자를 삽입할 필요가 있을 때 그 앞뒤에 여유가 있기 때문이다.

예) Richard Colby   ⇒ C686
     Simeon Colby   ⇒ C6865

④ 동일한 저자에 의한 다른 책을 구별하기 위해서는 저작기호(work mark)가 사용된다. 이것은 서명 가운데의 최초의 요어(key word)에서 취하는 한 글자로서 소문자로 표시한다.

예) Maugham의   A Writer's Notebook   ⇒ M449w
     Of Human Bondage   ⇒ M449o

또한 동일한 저자에 의한 연속적인 저서의 경우 모두 동일한 분류기호 내에서 서명이 동일한 낱말로 시작될 때는 저작기호로서 요어(key word)를 사용하는 것이 좋다.

예) Zaidenberg의 How to Draw Cartoons   ⇒ Z21hc
     How to Draw People   ⇒ Z21hp

⑤ Mc, M'로 시작되는 이름은 그것이 모두 Mac로 철자되는 것으로 취급되었다.

예) McClellan ⇒ M126
     M'Clinton ⇒ M127

⑥ 연속간행물, 익명의 저서, 정부간행물, 연감, 백과사전 등 서명으로 기본기입이 되는 경우는 서명 가운데 첫 낱말에서 취하고 저작기호는 생략한다.

예) The Story of Wise Men   ⇒ S887
     World Almanac   ⇒ W927

⑦ 동일한 사람에 관한 모든 전기가 서가상에 같이 모이도록 하기 위해서 전기서의 경우는 저자명에서 취하지 않고 피전자의 이름에서 취한다. Lincoln에 대한 모든

전기는 저자가 누구이든지 간에 L736이 된다. 이 경우에 저작기호는 서명에서 취하지 않고 그 저자의 성의 첫 자에서 취한다.

예) A Biography of Abraham Lincoln, by Charles Adams ⇒ L736a

4) 분석합성식 저자기호법

분석합성식 기호법은 「LC 저자기호법」과 리재철 「한글순도서기호법」등이 있다. 분석합성식 기호법은 LC기호표에서와 같이 전체기호를 외울 수 있어서 기호를 매길 때 일일이 표를 들추지 않아도 기호 매김이 가능하다는 장점이 있는 반면, 구분 능력의 취약성이 단점으로 지적되고 있다. Cutter-Sanborn표는 12,330개의 구분성을 가지고 있는데 비하여 LC기호표는 188개의 구분성만을 가지고 있다.[7]

그러나 분석합성식 기호표인 리재철의 「한글순도서기호법」은 표마다 구분성이 다르고, 구분성이 가장 강한 제2표는 15만8천6백개의 구분성이 있다고 리재철은 그의 논문에서 주장하고 있다.[8]

이에 비하여 열거식기호표인 장일세의 「동양서저자기호표」는 4,455개의 구분성, 이춘희의 「동서저자기호표」는 3,780개의 구분성을 지니고 있다.[9] 그러나 분석합성식 기호표는 기호의 배정이 저자에 따라 고르게 배정되어 있지 않기 때문에 특정문자의 출현빈도가 많은 저자의 경우에는 기호의 중복이 많아져 이를 피하기 위하여는 끝없이 전개를 하여야 한다. 기호의 수가 저자 성의 첫문자를 포함하여 최저 2자리에서부터 시작하여 계속 늘어나며, 이와는 반대로 잘 사용하지 않는 문자에서는 기호가 거의 사용되지 않는 단점도 있다.

---

[7] LC저자기호표의 구분성을 계산해 보면, S 다음의 문자 해당 기호수 8개, Qu 다음의 문자 해당 기호수 7개, 나머지 자음 19×7=133개, 모음 5개×8=40개, 합계 188개의 구분성이 있다.

[8] 리재철, "구조론에 입각한 한국저자기호표에 관한 연구 : 한글의 구조상의 특색, 기입의 형식, 배열, 표기법 문제 등과 관련한 고찰", 『도서관학』, 제1집(1970) p.17. (산출근거는, 자음 14개*9개=126개, 1,259개 문자기호×126개 숫자기호=158,634개).

[9] 위의 글, p.18.

가. LC 저자기호법

LC 저자기호법은 미국의회도서관에서 사용되기 시작한 기호법이다. 이 기호법은 기본표목이 되는 저자의 성이나 서명의 두문자(頭文字)를 대문자로 표시하고, 그 뒤에 채기 된 두문자 다음의 문자에 해당하는 숫자를 표에서 찾아 조합하여 사용한다. 이 예를 나타내면 다음과 같다.10)

LC저자기호표, 개정판(1986년)

① 두문자 모음 다음

둘째문자 : b   d   l,m   n   p   r   s,t   u-y
숫자기호 : 2   3   4   5   6   7   8   9

예) Ames   ⇒ .A4
    Austin ⇒ .A9

② 두문자 S 다음

둘째문자 : a   ch   e   h,i   m-p   t   u   w-z
숫자기호 : 2   3   4   5   6   7   8   9

예) Shiply   ⇒ .S5
    Sullivan ⇒ .S8

③ 두문자 Qu 다음

셋째문자 : a   e   I   o   r   t   y
숫자기호 : 3   4   5   6   7   8   9

두문자가 Qa-Qt로 시작하는 이름은 2-29의 숫자를 사용한다.

---

10) 박준식, 『영미저자기호표 연구』, (대구: 계명대학교 출판부, 1997), pp.88-93.
　　최정태, 양재한, 도태현 공저, 『목록조직의 이론과 실제』, 개정판, (부산: 부산대학교 출판부, 1999), pp.270-271.

예) Queener ⇒ .Q4
　　Qureshi ⇒ .Q7
　　Qadriri ⇒ .Q2

④ 두문자 자음 다음(S제외)

　　둘째문자 : a　e　I　o　r　u　y
　　숫자기호 : 3　4　5　6　7　8　9

예) Cecil ⇒ .C4
　　Cullen ⇒ .C8

⑤ 숫자의 첨가시

　　셋째문자 : a-d　e-h　i-l　m-o　p-s　t-y　w-z
　　숫자기호 : 3　　4　　5　　6　　7　　8　　9

나. 리재철 한글순도서기호법

리재철은 1958년 동서저자기호표 제1-2표, 1970년에 이를 개정한 제3-6표, 1973년 제7-8표를 발표하였다. 1982년에 제7-8표를 수정하여 한글순도서기호법이라는 명칭으로 새로 발행하였다. 이들 각 표의 명칭은 다음과 같다.

제1표
제2표
제3표　실용형 가표
제4표　실용형 까표
제5표　완전형 가표
제6표　완전형 까표
제7표　실용형 하표
제8표　완전형 하표

이들 표 중에서 제5표를 중심으로 사용법을 소개하면 다음과 같다.[11]

제5표(완전형 가표)

자음기호		모음기호 ㅊ 다음에 붙을 경우는 제외		ㅊ에 붙는 모음기호	
ㄱ ㄲ	1	ㅏ	2	ㅏ(ㅐㅑㅒ)	2
ㄴ	19	ㅐ(ㅑㅒ)	3	ㅓ(ㅔㅕㅖ)	3
ㄷ ㄸ	2	ㅓ(ㅔㅕㅖ)	4	ㅗ(ㅘㅙㅚㅛ)	4
ㄹ	29	ㅗ(ㅘㅙㅚㅛ)	5	ㅜ(ㅝㅞㅟㅠㅡㅢ)	5
ㅁ	3	ㅜ(ㅝㅞㅟㅠ)	6	ㅣ	6
ㅂ ㅃ	4	ㅡ(ㅢ)	7		
ㅅ ㅆ	5	ㅣ	8		
ㅇ	6				
ㅈ ㅉ	7				
ㅊ	8				
ㅋ	87				
ㅌ	88				
ㅍ	89				
ㅎ	9				

① 한글순도서기호법을 채택키로 한 도서관은, 제일 먼저 제1표부터 제8표까지의 표 중에서 자기 도서관의 목록배열과 정리, 공정 등의 특성에 맞는 어느 한 표를 택일하여 자기 도서관용으로 확정지어야 한다.

② 저자기호의 기본기호는 문자기호와 숫자기호로 이룬다. 문자기호는 대상어의 첫 자(음절)를 그대로 따고, 숫자기호는 그 대상어의 둘째 자(음절)를 자음(초성)과 모음(중성)으로 분석하여 자기 표에 의하여 기호화 한 다음 이를 합성하여 기본기호로 삼는다.

    예) 김종길　　　⇒　김75
        한국도서관협회　⇒　한16
        조선일보　　　⇒　조54

---

11) 리재철, 『한글순도서기호법』, (서울: 아세아문화사, 1982), pp.27-38.
    최정태, 양재한, 도태현 공저, 앞의 책, pp.272-278.

된소리를 예사소리와 동일시해서 '가나다순'으로 배열하는 5표의 경우는 문자기호의 채기에 있어 된소리를 예사소리로 바꾸어 표시한다.

예) 까치보호회   ⇒   가86
    빨간장미회   ⇒   발12

③ 표상에 대표모음으로 나와 있지 않은 모음은 모음의 전체 순위를 ㅏ ㅐ ㅑ ㅒ ㅓ ㅔ ㅕ ㅖ ㅗ ㅘ ㅙ ㅚ ㅛ ㅜ ㅝ ㅞ ㅟ ㅠ ㅡ ㅢ ㅣ로 보아 그 위에 있는 대표모음에 대한 기호를 매긴다.

예) 김규식   ⇒   김16
    김용식   ⇒   김65

④ 표에 의해 기호를 매긴 결과, 다른 저자인데 동일한 기본기호를 같은 분류항목 내에서 갖게 될 경우에는 나중에 들어온 것에 대하여 임의의 숫자를 부가하여 개별화 시킨다. 이 임의의 숫자를 가급적 한 자리 숫자만의 추가로 자모순 개별화가 될 수 있게 우선 복판 숫자인 '5'부터 매기기 시작하여 나중에 들어온 것에 대하여 한 번호 이상의 번호를 건너뛰게 하여 기호 삽입의 여지를 남겨두어 가며 매기고 '1과 '9'의 숫자는 가급적 아껴 두었다가 막바지에 가서 사용하도록 한다.

예) 김도희 ⇒ 김25
    김동리 ⇒ 김255
    김동진 ⇒ 김257
    김도기 ⇒ 김248

⑤ 그 분류 항목이 담는 도서수가 그리 많지 않거나 문자기호로 채기한 글자가 기본기호를 이루면서 그 밀도가 그리 심하지 않으리라고 예상되는 것에 대하여는 대상어의 둘째 자(음절)의 자음만을 숫자 기호화하고 모음에 대한 기호화는 일단 보류하는 것이 좋다.

예) 추식   ⇒   추5
    정필모 ⇒   정89

⑥ 대상어의 기입요소가 외자(단음절)로 이루어진 것은 문자기호 다음에 콤마를 친 다음, 그 대상어의 부차적요소를 숫자 기호화하여 이에 합성한다. 이때 도서기호의 배열은 아래의 예에서와 같이 콤마 없이 결합된 것보다 앞세워 배열한다.

예) 맨, 마가레트　⇒　맨,3
　　맨, 헨리　　　⇒　맨,9
　　맨스필드, 칼　⇒　맨5

⑦ 동일 분류항목 내에서 같은 저자의 다른 저작이 두 개 이상 모여 그의 구분이 필요할 경우에는 기본기호 다음에 표제의 첫 자를 부차적 기호로 부기하여 이를 개별화한다.

예) 유주현. 바람　⇒　유76바
　　부계가족　　　⇒　유76부

⑧ 부차적 기호로서의 문자기호는 표제 등의 대상요소를 각기 한음절로 압축시켜 표상하되, 기본기호의 문자기호의 경우와 같이 대뜸 그 음절의 전체 자형을 따오지 말고, 우선 초성자음에 기본모음 ㅏㅑㅓㅕㅗㅛㅜㅠㅡㅣ만을 결합한 기본 음절만을 취하고, 다시 그것들이 중복될 경우에 가서 받침, 중모음(형태상의), 중모음+받침을 점차로 더 첨가하여 개별화한다.

예) ① 무정　→ 무　　② 마의태자 → 마
　　③ 선도자　→ 서　　④ 흙　　　→ 흐
　　⑤ 원효대사 → 우　　⑥ 세종대왕 → 세

⑨ 개인의 전기서 또는 비평서 등은 피전자명 또는 피비평자명을 기본기호의 대상어로 삼아 기호화하고, 한 피전자에 대해 두 사람 이상의 저작이 있을 경우에는 표제 대신 그 저작의 저자명의 첫 자(자서전 또는 이에 준하는 저작은 저자를 대상으로 한 부차적 기호보다 앞서 배열되도록 '가')를 부차적 기호로 삼아 개별화한다.

예) 장도빈. 이순신전　⇒　이56자

　　　　이순신. 난중일기 ⇒ 이56가
　　　　플랭클린 자서전 ⇒ 프293가

⑩ 번역서는 원저작을 대상으로 한 도서기호와 똑같이 매긴 다음, 필요에 따라 그 기본기호의 다음이나 혹은 다음 줄에 역자명의 부차적 문자기호를 기재한다.

　　예) 피터 드러거. 21세기 지식경영. 이재규 역. ⇒ 드294이
　　　　　　　　　　　　　　　　　　　　　　　　　이

⑪ 판차는 숫자화 하여 일반적으로 그 저작의 표제기호 다음에 매긴다.

　　예) 정보자료분류론 : 이론과 실제, 윤희윤 저　개정판 ⇒ 윤97저2

이때 앞서 들어온 판이 표제 등의 부차적 기호를 갖지 아니하였을 때는 그다음 들어온 새판에 대하여 기본기호 다음에 '가'란 문자기호를 삽입시켜 판차기호를 매긴다.

　　예) 우리말 큰사전, 개정증보판 ⇒ 우29가3

또한 판차 수보다 출판년도로 표시하는 것이 낫다고 믿어질 때는, 판차 대신 출판년도를 기본기호의 다음 칸에 기재한다.

　　예) 한국대학도서관연합회 간, 대학도서관연감, 2013 ⇒ 한16
　　　　　　　　　　　　　　　　　　　　　　　　　　　　2013

⑫ 권차는 숫자화 하여 기본기호의 다음 칸에 기재한다.

　　예) 한국인의 의식구조, 이규태 저, 제2권 ⇒ 이16하
　　　　　　　　　　　　　　　　　　　　　　　2

⑬ 복본은 그 두 번째 이하 들어온 것에 대하여 2부터의 숫자 앞에 같은표(=)를 관기(冠記)하여 기본기호의 다음 칸에 매긴다.

　　예) 한국인의 의식구조, 이규태 저, 제2권, 복본2권째 ⇒ 이16하
　　　　　　　　　　　　　　　　　　　　　　　　　　　　　2=2

4. 저자기호법 연습

1) 리재철, 한글순도서기호법, 제5표 연습

① 현대시사용어집. 제3판
② 이재철 지음. 한글순도서기호법
③ 김동인 저. 춘원 이광수의 생애
④ 조선일보사. 월간조선, 2014년 1월호
⑤ 이도원, 김창국 공저. 미분방정식, 수정판
⑥ 마가렛 영 지음. 김철 옮김. 종교간의 대화
⑦ 한국도서관협회 발행. 도서관문화, 제49권 제6호(2008. 11/12)
⑧ 손효원 저. 홀로떠나는 세계여행 - 3권 아시아 편
⑨ 서정수 저. 이승만 박사 전기
⑩ 한국시조학회. 고시조작가론
⑪ 송건호, 오익환, 백기완, 유인호 등. 해방전후사의 인식
⑫ 요안나 뷔크 저. 김찬규 역. 사이버스페이스
⑬ 윤희윤 저. 정보자료분류론. 완전개정4판. 복본임.
⑭ 조순 저. 개정증보 경제학원론
⑮ 양재한 지음. 공공도서관의 성립과정과 사회적 역할. 하권
⑯ 양재한, 한상길 공저, 문헌분류의 이해와 실제, 개정3판, 2번째 복본
⑰ 금성출판사 편. 국어대사전, 제2권
⑱ 윤은기 저. 1999년 12월 31일에 만납시다.
⑲ 홍종선 저. SAS와 통계자료분석
⑳ 김철수 저. 헌법학개론. 개정증보판

2) Cutter-Sanborn Three Figure Author Table 연습

① A Striving after wind, by Norma Johnston

② Digital economics, by Richard B. McKenzie

③ Of time and of seasons, by Mary Anderson. 2nd ed.

④ On the calligraphy and printing in the sixteenth century, by Margaret McNehill

⑤ The Dictionary of statistics and methodology, 3rd ed.

⑥ Abraham Lincoln: a biography, by Benjamin P. Thomas

⑦ The White rat's tale, by Barbare Schiller, translated by A. Adams

⑧ Princeton Encyclopedia of poetry and poetic. second edition.

⑨ Notes used on catalog card, by Olive Swain. 3rd ed.

⑩ Sample catalog card, by K. L. Ball [and others]

⑪ Introduction to library science, by J. Shera, copy 2.

⑫ Reappraisal of business taxation, Harold M. Groves, Volume 1

⑬ Encyclopedia of Social Sciences, 3rd ed.

⑭ Collection development, by William A. Katz. 4th ed. Volume 2. copy 2.

⑮ Statistical Report, by Public Library Association

⑯ American Novels and Stories of Henry James

⑰ Unesco Statistical Yearbook, 2009.

⑱ Love songs and other poems, by Mary Ainge De Vere

⑲ The Secret of childhood, by Maria Montessori, translated and edited by B. B. Carter

⑳ Camera techniques, by Henry James Walls, Vol. 3, 3rd ed.

8.3 별치기호

자료를 서가에 배가하는 기준은 주제별로 분류한 분류기호가 기본이 되는 청구기호이다. 청구기호를 구성하는 요소 중에는 분류기호와 도서기호 이외에 별치기호라는 것이 있다. 이 별치기호는 일반적으로 분류기호의 앞(동일한 행에 나타낼 경우)이나 위(행을 달리할 경우)에 부가하게 된다. 별치기호는 자료의 관리상이나 이용 상 또는 형태적인 특수성 등으로 별도로 비치하여 이용하는 것이 편리한 경우에 주어진다.

별치기호는 일반적으로 자료의 소재위치를 알려주거나 자료의 종류를 식별해 주는 기능을 주로하고 있으나, 별도의 분류를 하지 않고 자료의 유형만을 간략기호로 구분한 후 수입순으로 청구기호를 구성하는 비도서자료의 경우에는 분류기호의 기능을 동시에 수행한다고 볼 수도 있다.

1. 소재기호의 기능을 하는 경우

1) 참고자료

사전, 서목, 색인, 초록, 편람, 명감, 연감 등의 참고자료는 일반도서와 별도로 비치하여 두고 활용하는 것이 일반적이다. 별치기호로는 R(Reference materials) 또는 참(참고자료)을 사용한다.

2) 연속간행물

연속간행물은 십진식분류표를 사용하여 분류할 경우 표준구분인 -05를 조합하여 분류기호로 기호화하지 않고 별치기호를 사용하여 식별할 수 있다. 이 경우에 기호로는 S(Serials) 또는 연(연속간행물)을 사용하여 연속간행물실에 비치되어 있음을 안내한다. 연속간행물을 정기간행물과 동일시하여 관행적으로 P(Periodicals) 또는 정(정기간행물)으로 사용하는 경우가 많은 실정이다.

3) 고문헌

고문헌에 대한 기준은 도서관에 따라 다양하게 제시되어 있으나 일반적으로 우리나라의 경우는 1910년 이전의 책이나 동장본으로 된 책을 대상으로 하고 있다.

고문헌에 대한 별치기호는 O(Old materials) 또는 고(고문헌)를 사용하여 고문헌실에 별치되어 있음을 안내한다. 귀중도서의 경우는 R(Rare books) 또는 귀(귀중서)를 사용한다.

4) 학위논문

학위논문은 일반적으로 별치하여 관리하는데 그 기호는 T(Thesis) 또는 학(학위논문)을 사용하거나, 학위 종별로 박사학위논문은 '박', 석사학위논문은 '석'으로 세분하기도 한다.

5) 아동도서

공공도서관에서는 아동도서를 별도로 비치하여 관리하고 있다. 아동도서에 대한 별치기호는 C(Children's books) 또는 아(아동도서)를 사용하고, 유아용도서는 별도로 E(Easy books) 혹은 유(유아도서)를 주어 구별하기도 한다. 도서관에 따라서는 ju(juvenile)을 사용하는 곳도 있다.

6) 향토자료

공공도서관 같은 곳에서 향토자료를 별치할 경우에 사용한다. 향토자료에는 직접 향토에 대해서 쓴 책이나, 향토인의 전기자료 및 지역 내의 공공, 사립기관 및 그 시설에 관한 도서, 기록류, 향토인의 저작, 향토에서 간행된 도서, 신문, 잡지 등이 포함될 수 있다.

향토자료를 위한 별치기호로는 L(Local collections) 또는 향(향토자료)을 적용한다.

7) 기타의 별치기호

이외에도 도서관의 사정에 따라 자료의 소재위치나 자료의 형태를 나타내기 위하여 여러 가지 별치기호가 사용될 수 있다.

예를 들면 대형본(A3 이상)은 L(Large books) 또는 대(대형본)로 표시하고 소형본은 M(Miniature) 또는 소(소형본) 등으로 나타낸다. 기념문고의 경우 기증자명을 기호화하거나, 이동문고나 정부간행물에 대한 별치기호 등을 줄 수 있다.

2. 분류기호의 기능을 겸하는 경우

1) 소설, 전기(傳記)

소설이나 전기는 별도의 분류번호 없이 별치기호와 분류기호를 겸하여 F(Fiction)나 B(Biography)를 사용하고 저자명이나 피전자명의 자모순으로 배열할 수 있다.

2) 비도서자료

연속간행물을 제외한 비도서자료는 형태적인 특성상 분류는 하지 않고 해당 자료를 나타내는 간략기호를 주고 자료별로 수입 순으로 배열하는 경우가 대부분이다. 예를 들면 비디오자료의 경우 비디오릴(VR), 비디오카세트(VC), 비디오카트리지(VK), 비디오디스크(VD), 레이저디스크(LD), 비디오컴팩트디스크(VCD) 등으로 간략화하여 별치기호를 주고 자료형태별로 수입순으로 배열하는 것이다.

제9장

분류정책과 분류의 미래

9.1 분류정책과 도서관행정
9.2 분류교육과 훈련
9.3 분류의 한계
9.4 분류의 미래

제9장 분류정책과 분류의 미래

9.1 분류정책과 도서관 행정[1]

1. 분류정책과 도서관관리

 도서관의 분류정책은 도서관봉사 전반에 관한 정책과 합치해야 한다. 그래서 특정 환경에서 분류가 수행하는 역할은 이 봉사의 성격에 따라 달라질 수가 있으며 분류정책에는 많은 요인들이 영향을 미치고 있다. 만일 장서가 폐가식이기 때문에 이용자가 자료에 접근할 수 없다면 분류순으로 자료를 배열할 필요는 없다고 생각할 수가 있다. 주제접근은 주제명목록이나 색인을 통해서 가능하기 때문이다.
 도서관 이용자집단의 성격, 예컨대 연령, 주제전문지식의 수준, 이용 빈도 등은 분류정책 결정에 영향을 미친다. 정보요구의 유형에 따라 세밀분류를 할 것인가 간략분류를 할 것인가의 결정에 영향을 미친다. 도서관봉사가 지향하는 역할은 매우 중요한 것으로 즉답형 질문(quick reference), 여가활용을 위한 관심, 지방사업의 장려, 문헌의 저장과 접근 등 어디에 봉사의 우선순위 또는 목적을 두느냐에 따라 분류의 형태가 달라질 수 있다.

---

[1] Rita Marcella & Robert Newton, *A manual of classification,* (Aldershot, Hampshire: Gower, c1994), ch.7. 최달현, 이창수, 『정보자료의 분류』, pp.164-178.에서 재인용.

이외에도 도서관봉사의 구조와 행정, 예컨대 직원의 수준, 재정, 관리자층의 분류에 대한 태도, 이용자의 봉사에 대한 반응 등에 의해서 분류정책은 실제적 제한을 받기도 한다.

2. 분류표의 수정

분류표는 개개 도서관의 필요에 따라 수정 변경하여 사용하는 것이 보통이다. 이때 문제가 되는 것은 분류표에서 인정하는 양자택일의 부분만 선택하는 것이 아니고 분류자가 임의로 분류표를 수정 변경하여 사용하는 경우이다. 물론 도서관의 필요에 따라 부분적인 수정을 함으로써 더욱더 장서의 효과를 제고시킬 수도 있겠지만 한번 수정된 부분의 계속된 연구와 발전은 전적으로 당해 도서관의 과제로 남을 뿐 아니라 표준분류표가 갖는 여러 가지 이점을 포기하거나 부득이 재분류를 해야 할 경우에는 막대한 부담을 감수해야 할 위험이 따른다. 그렇기 때문에 분류표의 수정 변경은 신중히 처리해야 하며 수정한 부분은 장래 분류표의 운용을 위해서 면밀하게 기록해 두어야 한다.

한편 도서관은 사용 중인 분류표가 개정될 때를 생각해서 그 변화에 대한 대책을 미리 세워 두어야 한다. 도서관에 따라서는 여러 가지 이유로 이 변화에 보조를 맞추지 못하는 경우가 가끔 있다. 그러나 최신의 변화를 무시한다는 것은 장래의 골칫거리를 만들어 내는 것이며 다른 도서관과의 제휴를 도모하는 경우에도 큰 문제가 야기될 것이다.

〈수정의 특수한 경우〉

단일주제의 장서나 향토자료 또는 수명이 짧은 자료에 대하여는 분류표를 수정 적용하여 사용하도록 권장하고 있다. 그리고 소설, 비도서자료의 분류에 있어서도 많은 도서관에서 분류표를 수정 적용하고 있다.

① 소설류

전기류나 소설은 흔히 분류를 하지 않거나 분류표를 수정하여 사용하며 이는 공공도서관에서 많이 볼 수가 있다. 이들 도서관에서는 저자 이름을 자모순으로 배열하거나 또는 과학소설, 스릴소설, 서부소설, 낭만소설 등과 같은 특별한 범주에 따라서 배열하기도 한다. Jenning과 Sear[2]의 조사에 의하면 독자들은 도서가 저자별로 배열되어 있을 때 가장 만족한 것으로 나타나고 있다. 한편 사서들은 전통적으로 소설 이용자들을 위해서 도서전시, 저자 간 상호연결 리스트 작성, Fiction Index와 같은 서지안내, 특수 장르별 안내와 같은 봉사를 통하여 분류 대신에 이용자들을 도와 왔다.

② 비도서자료

비도서자료는 그 물리적 형태 때문에 분류자에게 문제를 야기한다. 일반적으로 도서관에서 다루는 비도서자료의 유형에는 다음의 것들을 포함하고 있다.

필름스트립
트랜스패어런시
슬라이드
오디오 CD
마이크로자료
CD-ROM
녹음테이프 - 릴, 카세트
비디오 CD
비디오테이프
CD-I
자기디스크
멀티미디어 - 킷트 또는 복합자료
오디오디스크

---

[2] B. Jenning and L. Sear, "How reader select fiction-a survey in Kent." *Public Library Journal*, vol.1, no.4(1986), pp.43-47.

전통적으로 비도서 자료는 도서와는 다른 방법으로 배열되고 있는데 분류순으로 하기도 하고 수입순과 같은 비분류순으로도 한다.

수입순으로 할 때는 주제로 접근하는 이용자를 위해서 주제색인을 마련하거나 주제색인을 붙인 분류목록 속에 비도서 자료를 다른 자료와 통합시켜야 한다. 통합된 목록을 만들 때는 색카드를 사용하거나 별도의 문자나 숫자를 할당하여 매체를 나타내 주기도 한다. 여러 가지 형태에 대한 표준화된 자료식별표시는 AACR2에 나타나 있다.

3. 재분류

분류표가 개정되면 얼마간의 재분류가 필요하기 때문에 도서관에서는 이에 대비하여야 한다. 보통은 분류표가 개정되기 전에 충분한 기간을 두고 변경을 예고하기 때문에 도서관에서는 재분류를 언제 어떻게 재분류 할 것인가에 대한 계획을 미리 미리 세울 수가 있다.

대개 분류표의 개정은 광범하게 이루어지지는 않기 때문에 부분적인 재분류작업은 크게 문제가 되지는 않는다. 이때 도서관에서는 반드시 이용자가 새로운 변화에 익숙할 때까지 안내를 지속적으로 해주어야 한다. 문제는 새 분류표에 따라 장서 전체를 재분류할 경우 더 발생한다. 판단의 기준은 현재의 분류시스템이 심각한 결점을 노출하고 있는지 또는 새로운 분류시스템의 채택이 커다란 이익을 가져다 줄 수 있는지에 있다.

재분류작업을 위해서 도서관 전체를 닫을 수는 없기 때문에 유별로 차례차례 작업이 가능하거나 도서관 정상 서비스의 일시 중단 또는 제한이 가능한 도서관에서는 비교적 쉽게 프로그램을 수행할 수가 있다.

랑가나단(Ranganathan)은 새로이 수입되는 자료에만 신분류표를 적용하고 기존자료는 종전 분류법대로 존속 시킨다는 삼투적방식(osmosis method)을 권하고 있다. 일정한 시간이 지나서 신분류법에 의한 자료가 많아지고 종전의 자료가 제적 등으로 적어지면 재분류가 쉬워지기 때문이다.

어떤 방법을 택하든 재분류작업 과정에는 세 가지 요소가 고려되어야 한다. 첫째, 종전의 분류번호나 주제를 새 번호나 주제에 연결해 주어야 한다. 둘째, 목록기록을 수정해야 한다. 셋째, 책의 라벨을 새로이 고치고 배가를 새로이 해야 한다.

한편 대출된 자료는 반납 즉시 재분류하여 배가해야 할 것이며 또한 이용자가 헛되이 탐색하는데 시간을 낭비하는 것을 방지하기 위하여 언제나 재분류 작업 상황을 알려 주어야 한다. 재분류는 장서의 배열을 전체적으로 검사하고 종전의 주제분석을 평가하고 수정할 기회를 제공해 준다고 할 수가 있다.

4. 간략분류와 세밀분류

자료의 분류순 배열 효과에 영향을 미치는 분류적 기능의 조직에는 여러 가지 단면들이 있다. 한 분류표가 선정되면 도서관은 그 분류표를 세밀하게 적용할 것인가 아닌가를 먼저 결정해야 한다. 여기서 먼저 고려되는 점은 장래 최종적으로 수집될 장서의 크기이다. 어린이 도서관이나 학교도서관은 소장 자료의 주제도 그렇게 많지 않고 또 이용자의 요구도 알기 쉽게 군집한 자료에 있기 때문에 분류표에서 정하고 있는 세목까지 완전하게 전개하지 않는 경우가 많다.

어떤 분류표는 이들을 위해서 별도로 장치를 마련한 것도 있는데 DDC는 1990년까지 MARC 레코드 상에 절단기호(segments)를 사용하여 분류기호를 여러 개의 레벨에서 사용할 수 있도록 하고 있다. 또한 DDC는 소규모 도서관을 위하여 간략판을 간행하고 있으며 2004년 14판에 이르고 있다. 간략분류를 할 때 기호의 절단은 대단히 조심해야 하며 특히 분류표의 골격을 손상시키지 않도록 하여야 한다.

5. 도서관시설과 안내

도서관은 흔히 이용의 편의와는 거리가 먼 건물 구조를 가지는 경우가 있으며 같은 구조라도 서가의 높이라든가 서가의 배치 등 내부적 요인에 따라 이용률이 좌우되는 수가 있다. 또한 이용자는 도서의 서가상 배열수단인 분류체계에 대한 지식이 없거나 부족하기 때문에 이러한 제반 사정을 극복하고 이용을 쉽게 하도록 하기 위해서는 적절한 안내봉사가 필요하다. 그리고 이러한 안내는 새로운 직원이나 이용자를 교육하기 위한 프로그램에도 반드시 반영되어야 한다.

목록은 도서관 소장 자료에 대한 접근수단이다. 따라서 저록의 배열순서와 자료의 유형 및 별치자료에 대한 안내를 해주어야 하고 주문 중 또는 정리 중 자료에 대한 정보도 제공해 주어야 한다. 또한 대출금지도서나 일반적 접근이 안 되는 자료에 대한 안내도 해주어야 한다.

도서관시설의 배치도는 이용자에게 대단히 유익한 정보이다. 이러한 배치도는 도서관 입구나 안내데스크에 두어야 함은 물론이고 서고나 도서관 요소요소에 두어야 하며 온라인으로도 이용할 수 있게 해야 한다.

규모가 큰 도서관에서는 특정의 유 또는 학문분야의 세부적인 전개 내용과 배열위치에 대한 안내가 필요하다. 특수 자료와 이용자를 가진 전문도서관에서는 특정 전문분야에 대한 자료가 많으므로 더욱 더 세밀한 안내가 필요하게 된다.

각 실과 서가에 배열되어 있는 자료의 안내도 이용자에게는 필요하며 도서관장서가 증가함에 따라서 자주 바꿔야 하므로 안내는 플라스틱 문자 또는 인쇄된 문자로 교환할 수 있도록 하는 것이 바람직하다.

아무리 도서관 안내 시스템이 잘 되어 있어도 직원의 도움을 필요로 하는 이용자가 있기 마련이기 때문에 모든 직원은 도서관의 분류시스템을 숙지하고 또 이용자의 자료검색을 도울 수가 있어야 한다. 직원의 도움이 될 수 있는 대로 줄이기 위해서 도서관 오리엔테이션, 이용자교육 또는 강좌 등의 프로그램이 자주 사용된다.

9.2 분류교육과 훈련

오늘날 인터넷을 통한 국제적 정보접근이 많이 강조되고 있지만 그래도 분류는 여전히 문헌정보학의 교과과정 가운데 핵심적인 위치를 차지하고 있다. Michael Gorman은 "학문이라는 것은 대부분 생활 속에 나타나는 데이터, 정보, 지식을 분석하고 조직하는 마음을 훈련하는 일이다. 이러한 훈련을 위한 전달수단은 엄격하고 지적으로 만족스러워야 하고 그 기준에 의해서 분류와 목록은 문헌정보학 교육의 중심이 될 유일한 후보라고 말하고 싶다"[3]라고 하고 있다.

분명히 주제분석과 검색원리는 서지시스템을 만들고 유지하든, 단순히 그 시스템을 사용하든 모든 사서에게 필수적이다. 서지적 자원을 최대한 이용하기 위해서는 이것이 어떤 것이며 어떻게 이용하며 어떤 방법으로 구축하고 기본으로 하고 있는 원리는 무엇인가 등에 대하여 전문직들은 이해하고 있어야 한다. 이렇게 함으로써 비로소 효과적인 탐색전략을 개발할 수가 있고 분류의 한계도 극복할 수가 있게 된다.

분류교육에서 다루어야 할 내용은 주제분류의 원리, 광범위하게 존재하는 여러 가지 분류시스템, 분류가 정보봉사에서 사용되는 방식과 서지도구 생산에 있어서의 역할, 분류작업과정 등이며 이 밖에 분류연습이 매우 중요하다. 문헌정보학과에서는 졸업생이 전문직업에 종사하게 될 시초부터 폭 넓은 지식을 갖도록 하고 주제배열을 평가하기 위해서 이상과 현실에 대하여 정통하도록 교육하는 책임을 가지고 있다고 하겠다.

9.3 분류의 한계

첫째, 분류가 수행하는 역할에는 일정한 한계가 있는데 가장 큰 것으로는 어떠한 자료라도 공간적으로 한 곳에 밖에 위치할 수 없다는 것이다. 두 개 이상의 복수주제 또는 관련 주제를 가진 자료라도 그 주된 주제에 분류할 수밖에 없고 검색효과를 높이기 위한 보조적인 수단으로 목록이나 서지 또는 색인이 사용되기도 하지만 많은 이용자들은 이들을 이용하지 않기 때문에 문제는 여전히 남게 된다.

둘째, 자료를 일직선상에 배열하는 서가배열에도 문제가 있다. 장서량이 많은 도서관에서는 자료의 분산도가 크고 한 주제의 구분지가 널리 확산되는 까닭으로 유사주제의 근접성이란 원리가 약화되기도 한다. 여기에 분류시스템, 서가배열, 시설물배치 등

---

[3] Michael Gorman. "How cataloging and classification should be taught." *American Libraries*, vol. 23, no. 8(1992), pp. 694, 696-697.

에 관한 친절하고 명확한 안내의 중요성이 부각된다.

셋째, 사용하는 분류시스템의 복잡함이 또한 문제가 되고 있다 세밀분류와 간략분류의 문제에 있어서도 이용자들은 주제를 세부까지 분석하여 주기를 바라겠지만 이는 자연히 분류기호의 길이를 길게 하여 이용자에게 오히려 혼란을 초래할 수도 있다. 그래서 이 문제는 아직도 분명하게 해결되지 않은 채 남아 있다.

넷째, 분류자는 항상 고독하고 쓸쓸한 존재이기 때문에 자칫 분류 본래의 목적을 망각하거나 일탈하기도 하고 사소한 일까지 분류표에 집착한 나머지 오히려 이용자를 불편하게 만들 수가 있다. 분류는 어디까지나 분류의 최종 목적에 중점을 두고 이용자의 정보검색을 도와야 하며 분류자는 문헌의 이용자에 대한 폭 넓은 지식을 가져야 한다.

다섯째, 문헌의 성격에도 문제가 있고 또 문헌은 끊임없이 변하고 있다. 문헌에의 접근도 이 문헌의 성격에 따라서 다양하다. 분류는 주제 특성적인데 문헌은 그렇지 못하다. 이용자의 질문과 이를 해결하기 위한 해답자료 사이를 연결해 주는 참고봉사와 독자지원봉사는 언제나 남게 된다.

여섯째, 주제별 자료의 배열은 많은 여유 공간을 차지해야 할 것이며 한 주제에 관한 모든 자료를 철저하게 분류순대로 한 곳에 모을 수 있는 도서관은 거의 없는 것이 사실이다.

일곱째, 분류는 성질상 전조합시스템이므로 서가에 자료가 놓이기 전에 주제의 열거순서가 고정되어 있다. 따라서 어떤 주제에 대한 모든 자료가 검색시 재현되려면 후조합이라는 방법으로 지원 받아야 한다. 시스템은 사용하기가 복잡하고 문헌의 성격은 분류자에게 많은 문제를 가져다주고 있다.

여덟째, 지식은 끊임없이 변하고 있고 새로운 주제와 학문이 탄생하고 있을 뿐 아니라 학제적 경향이 점점 농후하게 나타나고 있다. 더욱 이러한 변화가 점차 급속도로 급격하게 이루어지고 있는데 분류표는 이에 따라가지 못하고 있다는데 문제의 심각성은 크다.

결론적으로 분류는 결코 주제검색의 모든 문제를 해결하는 진통제가 아니고 단지 하나의 유용한 도구로서 다른 수단에 의해서 보완되어야 한다는 것을 인정해야 한다.

9.4 분류의 미래

새로운 정보기술의 출현과 접근을 강조하는 도서관의 패러다임의 변화는 현대 도서관에 많은 영향력을 행사하며 다양한 변화를 이끌고 있다. 특히 웹 환경에서는 도서관에서 외부의 온라인 검색시스템으로 접속이 용이하게 되고, 자료조직 업무가 자동화됨으로 분류 목록의 무용론까지 대두되고 있는 실정이다.

그러나 어떠한 상황에서도 정보자원을 분류하고 조직할 필요성은 존재한다. 특히 실물 인쇄자료가 존재하는 한 전통적인 분류는 필요할 것이며, 웹자원과 디지털자원의 조직과 주제검색시스템을 구현하기 위해서도 현재의 분류체제는 충분한 역할을 수행할 것이다.

1. MARC와 OPAC의 분류

정보환경의 변화는 도서관의 자료조직 업무에도 영향을 미쳐 표준 MARC 포맷의 도입과 OPAC의 발달을 가져왔다. MARC는 분류기호 기입을 위한 표준 필드를 제공하고 있는데 카피목록의 성행으로 인해 분류기호 마저도 고스란히 입수할 수 있게 되면서 도서관이 자체적으로 분류를 할 필요가 없다는 인식을 가져오게 되었다. 그러나 아무리 카피목록을 이용한다하더라도 MARC레코드 내의 분류기호는 자관에 맞게 수정될 필요가 있다. OPAC의 발달은 도서관 영역에서 분류의 기능을 다시 생각해 볼 수 있는 계기를 마련하였다. 분류의 전통적 기능은 서가 상에 자료를 브라우징하기 쉽게 배열하는데 있었지만 OPAC의 발달은 검색도구로서의 분류의 기능을 부각 시켰다. 즉 분류표를 기계가독형의 형태로 제공함으로서 주제 검색의 폭을 넓히게 된 것이다.[4]

Svenonius는 온라인 환경에서 분류체계의 정보검색 언어로서의 실제적 적용이 필요함을 주장하고, 분류체계를 이용하는 것이 재현율과 적합률을 향상시키고 탐색어에 대

---

[4] 이창수, 『자료분류론』, (서울: 한국도서협회, 2014), p.264.

한 문맥 및 브라우징 기능을 제공하며, 다른 언어 간의 변환을 위한 메커니즘을 제공하고, 용어간의 상관관계를 계층적으로 보여주며, 의미적인 브라우징에 도움이 된다고 제시하고 있다.[5]

2. 인터넷과 웹의 분류

인터넷과 웹이 새로운 정보환경으로 도래하면서 도서관은 학술적 가치를 지닌 다양한 웹 문서와 웹사이트를 조직하고 정리해야 할 시점이 이르렀다. 현재 검색엔진에서 제공하는 분류체계는 문헌정보학적 개념의 분류체계와는 거리가 있으며, 그 생성 속도를 분류체계가 맞추기 어려운 것도 현실이다. 그러나 Koch는 분류체계에 의한 인터넷 정보자원 조직의 장점을 다음과 같이 요약하고 있다.[6]

① 브라우징(browsing) 기회부여 : 분류표를 통해 주제의 구조와 용어에 친숙하지 않은 이용자에게 쉽게 브라우징할 수 있게 한다. 온라인 환경에서 항해 보조 수단으로 분류표를 사용할 수 있다.

② 탐색의 확대와 축소 : 분류표는 계층구조로 이루어져 있기 때문에 탐색의 확대와 축소가 용이하다.

③ 문맥(context)의 제공 : 분류표는 검색에 이용될 문맥을 제공한다. 동형이의어 문제를 부분적으로 해결해 준다.

④ 다국어 접근의 가능성 : 분류표에서는 대개 숫자 기호를 사용하므로 다국어 자료의 접근이 용이하다.

⑤ 데이터베이스 분할 및 조작 : 분류표의 큰 주제항목은 필요시 논리적으로 작은 주제로 분화될 수 있다.

⑥ 합의된 분류표의 사용은 데이터베이스에 대한 향상된 브라우징과 주제탐색을 가

---

[5] Elaine Svenonius, "Use of Classification in Online Retrieval," *Library Resources & Technical Services*, Vol.27, No.1(1983), pp.76-80.

[6] Traugott Koch, *The Role of Classification Schemes in Internet Resource Description and Discovery*, 1997.(이창수, pp.319-320에서 재인용).

능하게 할 수 있다.
⑦ 확립된 분류시스템은 일반적으로 퇴화의 위험이 없다. 계속 개정되고 있다.
⑧ 이용자들에게 친밀감 : 많은 도서관 이용자들은 분류체계에 익숙해져 있으며, 자신의 관심 주제분야의 분류 전개에 익숙해져 있을 가능성이 크다.
⑨ 많은 분류표가 기계가독형식에서 이용할 수 있다.

그러나 웹 검색엔진의 분류체계는 초기에는 대부분의 검색엔진이 디렉터리 방식의 분류체계를 채용했으나 지금은 이조차도 이루어지지 않고 기계에 의한 자연어 추출방식이 전부이다. 그러므로 기계에 의한 용어색인보다는 개념색인이 필요하며, 논리적이고 체계적인 웹 문서 분류체계의 확보가 필요하다.

3. 전자판 분류표와 분류자동화

정보기술의 발전에 따라 기존의 인쇄판 분류표를 대신할 전자매체 분류표들을 생산하고 있다. 1993년 DDC전자판(Electronic Dewey)이 CD-ROM으로 발행되었고, 1996년에는 윈도우 버전(DDC for Window)이, 최근에는 웹 버전인 Web Dewey가 개발되었다. 이러한 전자판 분류표는 브라우징 및 불리언 탐색 가능성, DDC와 연결된 LCSH, 전문색인 등을 제공하여 인쇄판 분류표를 이용할 때보다 분류가 쉬워졌다.

또한 미국 의회도서관에서는 'Classification Web'을 통하여 유로로 LCC와 LCSH를 웹으로 접근 가능하도록 함으로서 LCC분류표의 전문을 볼 수 있고, 웹으로 연결된 보든 자료에 접근이 가능할 뿐만 아니라 LC 분류기호와 주제명 표목간의 상호연계가 가능하다.

이러한 웹 분류표는 분류자가 실제로 분류작업을 할 때 많은 도움을 주는 도구이지만, 한국십진분류법은 아직 마련되어 있지 않다.

오늘날 컴퓨터를 이용한 자동분류에도 많은 관심을 갖게 되었다. 특히 1980년대 이후 인공지능분야의 하나인 전문가시스템(expert system)이 각종 전문분야에 응용되기 시작하면서 분류업무에도 새로운 가능성이 나타났다. 그러나 분류 전문가시스템의 설계에 있어서 가장 핵심이 되고 있는 지식베이스의 구축과 규칙생성을 위한 전문가의 지식과 경험을 종합하여 이를 규칙화하는 문제는 자료분류 업무를 시스템화하는 데 있어 아직 정형화되지 못하고 있는 부분이다. 지금까지 연구된 분류 전문가 시스템들은 자료분류를 할 때 해당번호를 찾기 위해 분류표를 찾는 단순작업의 측면을 줄여주는 정도의 것이 대부분이다.[7]

그러나 보다 정확한 자동분류가 되기 위해서는 잘 구축된 시소러스나 주제명표목표와 같은 통제어휘집을 지식베이스로 하고, 이를 토대로 인공지능 방식의 추론 기법을 이용한 자동분류 기법의 개발이 필요할 것이다.

또한 인공지능과 빅데이터를 이용한 자동분류 기술이 등장하여 이용자에게 제공할 수 있게 된다면 지금까지의 분류방식을 벗어난 새로운 도서관 자료조직과 정보서비스가 이루어지게 될 것이다.

---

7) 이창수, 앞의 책, pp.323-324.

참고문헌

高在昶 編. 『韓銀圖書分類法』. 서울: 韓國銀行 調査部, [1954].

곽철완. "Cutter의 전개분류법에 대한 연구," 『한국문헌정보학회지』, 제50권, 제3호(2016. 9), pp.249-265.

國防研究院. 『國研十進分類表』. 서울: 동원, 1958.

국회도서관 사서국 편. 『도서분류법의 비교와 분류의 실제』. 서울: 국회도서관, 1969.

金世翊. 『圖書館과 社會』. 서울: 한국도서관협회, 1981.

今まど子 外 著. 『資料分類法及び演習』. 東京: 樹村房, 昭和59(1984).

김남두. 「서양학문의 형성과 학문분류의 기본원칙」. 소광희 외 지음. 『현대학문의 체계』. 서울: 민음사, 1994, pp.39-73.

김남석. 『圖書記號』. 改訂增補版. 대구: 계명대학교 출판부, 1991.

김명옥. 『자료분류법』. 서울: 구미무역, 1986.

김성원. 「DDC 기호의 조기성에 대한 연구」. 석사학위논문(연세대학교 대학원), 1989.

김정소. 『자료분류론』. 대구: 계명대학교 출판부, 1983.

김정현. 『문헌분류의 실제』. 개정판. 대구: 태일사, 2009.

김정현. 『문헌분류의 실제』. 제3판. 대구: 태일사, 2014.

김태수. 『분류의 이해』. 서울: 문헌정보처리연구회, 2000.

꾸랑. 모리스 原著. 李姬載 飜譯. 『韓國書誌』. 修訂飜譯版. 서울: 一朝閣, 1994.

柳鐸一. 『韓國文獻學研究』. 서울: 아세아문화사, 1987.

리재철. "구조론에 입각한 한국 저자기호표에 관한 연구: 한글의 구조상의 특색. 기입의 형식. 배열, 표기법 문제 등과 관련한 고찰". 『도서관학』, 제1집(1970), pp.1-58.

리재철. "새 연대순 도서기호법의 연구". 『도서관학』, 제12집(1985), pp.7-38.

리재철. 『동서저자기호표』. 서울: 이화여자대학교 도서관학 연구실, 1958.

리재철. 『동서저자기호표』. 제2판 개정판. 서울: 아세아문화사, 1973.

리재철. 『한글순도서기호법』. 서울: 아세아문화사, 1982.

朴奉石.『東書編目規則』. 서울: 국립도서관, 1948.
박준식.『영미 저자기호표 연구』. 대구: 계명대학교 출판부, 1997.
白　麟.『韓國圖書館史硏究』. 서울: 韓國圖書館協會, 1969.
사공철 등편.『도서관학 정보학 용어사전』. 서울: 한국도서관협회, 1986.
『세계철학대사전』. 서울: 성균서관, 1980.
오동근.『도서관인 박봉석의 생애와 사상』. 대구: 태일사, 2000.
오동근.『DDC 22의 이해』. 대구: 태일사, 2007.
오동근, 여지숙, 배영활. "DDC 제22판의 개정과정과 새로운 특징(1)".『도서관문화』, 제45권, 제1호(2004. 1), pp.26-35.
오동근, 배영활, 여지숙. "DDC 제23판의 특성과 KDC 제5판 개정을 위한 함의".『한국도서관정보학회지』, 제42권, 제3호(2011. 9), pp.209-227.
오동근.『KDC 5의 이해』. 대구: 태일사, 2009.
오동근.『최신분류론』. 대구: 태일사. 2015.
윤희윤.『정보자료분류론: 이론과 실제』. 대구: 태일출판사, 1998.
윤희윤.『정보자료분류론』. 수정증보판. 대구: 태일사, 2005.
윤희윤.『정보자료분류론』. 완전개정4판. 대구: 태일사, 2013.
윤희윤.『정보자료분류론』. 완전개정증보 제6판. 대구: 태일사, 2020.
李丙洙.『韓國十進分類法解說』. 서울: 韓國圖書館協會, 1981.
이성규. "동양의 학문체계와 그 이념". 소광희 외 지음.『현대학문의 체계』. 서울: 민음사, 1994, pp.9-38.
이창수.『자료분류론』. 서울: 한국도서관협회, 2014.
정필모.『國際百進分類法硏究: 人文學分野編』. 서울: 중앙대학교 출판부, 1996.
鄭駜謨.『文獻分類論』. 서울: 九美貿易, 1991.
鄭駜謀.『韓國文獻記號表』. 서울: 중앙대학교 도서관학과, 1982.
정필모. 오동근 공역.『문헌분류이론』. 서울: 구미무역, 1989.
최달현. 이창수.『정보자료의 분류』. 서울: 한국도서관협회, 1998.
최달현, 이창수.『정보자료의 분류와 주제명』. 서울: 한국도서관협회, 2005.
최성진.『도서관학 통론』. 서울: 아세아문화사, 1987.
최정태, 양재한, 도태현 공저.『문헌분류의 이론과 실제』. 개정판. 부산: 부산대학교 출판부, 1999.

한국도서관협회. 『한국십진분류법 제4판 활용을 위한 워크샵 자료집』. 서울: 동 협회, 1997.
韓國圖書館協會. 『韓國十進分類法』. 제3판. 서울: 동 협회, 1980.
韓國圖書館協會. 『韓國十進分類法』. 제4판. 서울: 동 협회, 1996.
한국도서관협회. 『한국십진분류법』. 제5판. 서울: 동 협회, 2009.
한국도서관협회 분류분과위원회 편. 『한국십진분류법』. 제6판. 서울: 동 협회, 2013.
韓國銀行 調査部. 『韓銀圖書分類法』. 서울: 한국은행, 1954.
한국철학사상연구회편. 『철학대사전』. 서울: 동녘, 1990.
헷셀, A. 著, 페이스, R. 增補, 李春熙 譯. 『西洋圖書館史』. 서울: 韓國圖書館協會, 1968.

Biscoe, Walter. "Chronological Arrangement on Shelves," *Library Journal,* vol.10(Sept. - Oct. 1855), pp.246-247.

Bloomberg, Marty and Weber, Hans., *An Introduction to Classification and Number Building in Dewey.* Littleton: Libraries Unlimited, 1976.

Chan, Lois Mai. *Cataloging and Classification An Introduction.* New York: McGraw-Hill, 1981.

Chan, Lois Mai, et.al. *Dewey Decimal Classification : A practical guide.* 2nd ed. New York: Forest Press, 1996.

Dewey, Melvil. *Dewey Decimal Classification and relative index.* 21st ed. New York: Forest Press, 1996.

Dewey, Melvil. *Dewey Decimal Classification and relative index.* 22nd ed. New York: Forest Press, 2003.

Dewey, Melvil. *Dewey Decimal Classification. 20th edition ; A study manual.* Colorado: Libraries Unlimited, Inc., 1991.

Elrod, J. McRee 저, 홍순영 편역. 『분류연습』. 서울: 아세아문화사, 1986.

Encyclopedia of Library and Information Science. New York: Marcel Dekker, c1969-.

Gates, Jean Key. *Guide to the Use of Books and Libraries.* 4th ed. New York: McGraw-Hill, c1979.

Gorman, Michael. "How cataloging and classification should be taught." *American Libraries.* vol.23, no.8(1992), pp.694-697.

Jenning B. and L. Sear. "How reader select fiction-a survey in Kent." *Public Library Journal,* vol.1, no.4(1986), pp.43-47.

Kumar, Krishan. *Theory of Classification*. 2nd, rev. ed., New Delhi: Vikas Publishing House PVT Ltd., 1981.

Maltby, Arthur. *Sayers' Manual of Classification for Librarians*. 5th ed., London: Andre Deutsch, 1975.

Mann, Margaret. *Introduction to Cataloging and the Classification of Book*. Chicago: ALA, 1943.

Mills, J. and Broughton, V., *Bliss Bibliographic Classification: introduction and auxiliary schedules*. 2nd ed. London: Butterworths, 1977.

Mitchell, Joan S. et al. ed. devised by Melvil Dewey. *Dewey Decimal Classification and Relative Index*. 21st ed., v.1: Introduction, Tables, v.2-3: Schedules, v.4: Index & Manual, Albany: Forest pr. 1996.

Ranganathan, S. R., *Colon Classification,* ed. 7 / rev. and ed. by M. A. Gopinath, Bangalore : Sandra Ranganathan Endowment for Library Science, 1987.

Sayers, W. C. B., *A Manual of Classfication for Librarians*. 4th. ed., London: Andre Deutsch, 1987.

Vickery, B. C., *Classification and Indexing in Science*. 3rd ed., London: Butter Worths, 1975.

Wynar, Bodhan S., *Introduction to Cataloging and Classification*. 6th ed. Littleton: Libraries Unlimited, 1980.

Wynar, Bodhan. *Introduction to Cataloging and Classification*. 6th ed. Littleton: Libraries Unlimited, 1980.

Young, Heartsill ed. *The ALA Glossary of Library and Information Science*. Chicago: ALA, 1983.

부록 1 한국십진분류법 제6판(주류표, 강목표, 요목표)

주류표

000	총	류
100	철	학
200	종	교
300	사회과학	
400	자연과학	
500	기술과학	
600	예	술
700	언	어
800	문	학
900	역	사

강 목 표

000	**총 류**		**500**	**기술과학**
010	도서학, 서지학		510	의 학
020	문헌정보학		520	농업, 농학
030	백과사전		530	공학, 공업일반, 토목공학, 환경공학
040	강연집, 수필집, 연설문집		540	건축, 건축학
050	일반연속간행물		550	기계공학
060	일반 학회, 단체, 협회, 기관, 연구기관		560	전기공학, 통신공학, 전자공학
070	신문, 저널리즘		570	화학공학
080	일반 전집, 총서		580	제 조 업
090	향토자료		590	생활과학
100	**철 학**		**600**	**예 술**
110	형이상학		610	[미사용]
120	인식론, 인과론, 인간학		620	조각 및 조형예술
130	철학의 체계		630	공 예
140	경 학		640	서 예
150	동양철학, 동양사상		650	회화, 도화, 디자인
160	서양철학		660	사진예술
170	논 리 학		670	음 악
180	심 리 학		680	공연예술, 매체예술
190	윤리학, 도덕철학		690	오락, 스포츠
200	**종 교**		**700**	**언 어**
210	비교종교		710	한 국 어
220	불 교		720	중 국 어
230	기 독 교		730	일본어 및 기타 아시아제어
240	도 교		740	영 어
250	천 도 교		750	독 일 어
260	[미사용]		760	프랑스어
270	힌두교, 브라만교		770	스페인어 및 포르투갈어
280	이슬람교(회교)		780	이탈리아어
290	기타 제종교		790	기타 제어
300	**사회과학**		**800**	**문 학**
310	통 계 학		810	한국문학
320	경 제 학		820	중국문학
330	사회학, 사회문제		830	일본문학 및 기타 아시아문학
340	정 치 학		840	영미문학
350	행 정 학		850	독일문학
360	법률, 법학		860	프랑스문학
370	교 육 학		870	스페인 및 포르투갈문학
380	풍습, 예절, 민속학		880	이탈리아문학
390	국방, 군사학		890	기타 제문학
400	**자연과학**		**900**	**역 사**
410	수 학		910	아 시 아
420	물 리 학		920	유 럽
430	화 학		930	아프리카
440	천 문 학		940	북아메리카
450	지 학		950	남아메리카
460	광 물 학		960	오세아니아, 양극지방
470	생명과학		970	[미사용]
480	식 물 학		980	지 리
490	동 물 학		990	전 기

요 목 표
총 류

000	**총 류**	**050**	**일반연속간행물**
001	지식 및 학문일반	051	한 국 어
002	[미사용]	052	중 국 어
003	이론체계 및 시스템	053	일 본 어
004	컴퓨터과학	054	영 어
005	프로그래밍, 프로그램, 데이터	055	독 일 어
006	[미사용]	056	프랑스어
007	[미사용]	057	스페인어
008	[미사용]	058	기타 제언어
009	[미사용]	059	연 감
010	**도서학, 서지학**	**060**	**일반 학회, 단체, 협회, 기관, 연구기관**
011	저작	061	아시아
012	필사본, 판본, 제본	062	유럽
013	출판 및 판매	063	아프리카
014	개인서지 및 목록	064	북아메리카
015	국가별서지 및 목록	065	남아메리카
016	주제별서지 및 목록	066	오세아니아, 양극지방
017	특수서지 및 목록	067	일반지역
018	일반서지 및 목록	068	해양
019	장서목록	069	박물관학
020	**문헌정보학**	**070**	**신문, 저널리즘**
021	도서관행정 및 재정	071	아시아
022	도서관건축 및 설비	072	유럽
023	도서관 경영, 관리	073	아프리카
024	수서, 정리 및 보존	074	북아메리카
025	도서관봉사 및 활동	075	남아메리카
026	일반 도서관	076	오세아니아, 양극지방
027	학교 및 대학도서관	077	일반지역
(028)	기록관리	078	특정주제의 신문
029	독서 및 정보매체의 이용	079	[미사용]
030	**백과사전**	**080**	**일반 전집, 총서**
031	한 국 어	081	개인의 일반전집
032	중 국 어	082	2인 이상의 일반전집, 총서
033	일 본 어	083	[미사용]
034	영 어	084	[미사용]
035	독 일 어	085	[미사용]
036	프랑스어	086	[미사용]
037	스페인어	087	[미사용]
038	이탈리아어	088	[미사용]
039	기타 제언어	089	[미사용]
040	**강연집, 수필집, 연설문집**	**090**	**향토자료**
041	한 국 어	091	[미사용]
042	중 국 어	092	[미사용]
043	일 본 어	093	[미사용]
044	영 어	094	[미사용]
045	독 일 어	095	[미사용]
046	프랑스어	096	[미사용]
047	스페인어	097	[미사용]
048	이탈리아어	098	[미사용]
049	기타 제언어	099	[미사용]

철 학

100 철 학	**150 동양철학, 동양사상**
101　　철학 및 이론의 효용	151　　한국철학, 사상
102　　잡　　　저	152　　중국철학, 사상
103　　사전, 사전, 용어사전	153　　일본철학, 사상
104　　강연집, 수필집	154　　동남 아시아 제국철학, 사상
105　　연속간행물	155　　인도철학, 사상
106　　학회, 단체, 협회, 기관, 회의	156　　중앙아시아 제국철학, 사상
107　　지도법, 연구법 및 교육, 교육자료	157　　시베리아 철학, 사상
108　　총서, 전집, 선집	158　　서남아시아 제국철학, 사상
109　　철 학 사	159　　아랍제국 철학, 사상
110 형이상학	**160 서양철학**
111　　방 법 론	161　　[미사용]
112　　존 재 론	162　　미국철학
113　　우주론 및 자연철학	163　　북구철학
114　　공　　　간	164　　영국철학
115　　시　　　간	165　　독일, 오스트리아철학
116　　운동과 변화	166　　프랑스, 네덜란드철학
117　　구　　　조	167　　스페인철학
118　　힘과 에너지	168　　이탈리아철학
119　　물량과 질량	169　　러시아철학
120 인식론, 인과론, 인간학	**170 논 리 학**
121　　인식론	171　　연 역 법
122　　인과론	172　　귀 납 법
123　　자유 및 필연	173　　변증법적 논리학
124　　목적론	174　　기호, 수리논리학
125　　가치론	175　　오　　　류
126　　철학적 인간학	176　　삼단논법
127　　[미사용]	177　　가설, 가정
128　　[미사용]	178　　유　　　추
129　　[미사용]	179　　논증, 설득
130 철학의 체계	**180 심 리 학**
131　　관념론 및 연관철학	181　　심리학각론
132　　비판철학	182　　차이심리학
133　　합 리 론	183　　발달심리학
134　　인문주의	184　　이상심리학
135　　경 험 론	185　　생리심리학
136　　자연주의	186　　임상심리학
137　　유 물 론	187　　심령연구 및 비학, 초심리학
138　　과학주의	188　　상법, 운명판단
139　　기　　　타	189　　응용심리학 일반
140 경　학	**190 윤리학, 도덕철학**
141　　역류(한 역)	191　　일반윤리학 각론
142　　서　　　류	192　　가정윤리
143　　시　　　류	193　　국가 및 정치윤리
144　　예　　　류	194　　사회윤리
145　　악　　　류	195　　직업윤리 일반
146　　춘 추 류	196　　오락 및 경기윤리
147　　효　　　경	197　　성윤리 및 생식윤리
148　　사　　　서	198　　소비윤리
149　　[미사용]	199　　도덕훈, 교훈

종 교

200	**종 교**	**250**	**천 도 교**
201	종교철학 및 종교사상	251	교 의
202	잡 저	252	창시자(교주) 및 제자
203	사전, 사전	253	경전, 성전
204	자연종교, 자연신학	254	신앙록, 신앙생활
205	연속간행물	255	포교, 전도, 교육, 교화활동
206	학회, 단체, 협회, 기관, 회의	256	종단, 교단
207	지도법, 연구법 및 교육, 교육자료	257	예배형식, 의식, 의례
208	총서, 전집, 선집	258	동학교분파
209	종 교 사	259	단군교, 대종교
210	**비교종교**	**260**	**[미사용]**
211	교 리	261	[미사용]
212	종교창시자(교주) 및 제자	262	[미사용]
213	경전, 성전	263	[미사용]
214	종교신앙, 신앙록, 신앙생활	264	[미사용]
215	선교, 포교, 전도, 교육활동	265	[미사용]
216	종단, 교단(교당론)	266	[미사용]
217	예배형식, 의식, 의례	267	[미사용]
218	종파, 교파	268	[미사용]
219	신화, 신화학	269	[미사용]
220	**불 교**	**270**	**힌두교, 브라만교**
221	불교교리	271	교리, 교의
222	제불, 보살, 불제자	272	창시자(교주) 및 제자
223	경전(불전, 불경, 대장경)	273	경전, 성전
224	종교신앙, 신앙록, 신앙생활	274	신앙록, 신앙생활
225	포교, 교육, 교화활동	275	포교, 전도, 교육, 교화활동
226	사원론	276	종단, 교단
227	법회, 의식, 행사(의궤)	277	예배형식, 의식, 의례
228	종 파	278	종파, 교파
229	라 마 교	279	자이나교
230	**기 독 교**	**280**	**이슬람교(회교)**
231	기독교신학, 교의학(조직신학)	281	교리, 교의
232	예수 그리스도, 사도	282	창시자(교주) 및 제자
233	성서(성경)	283	경전, 성전
234	종교신앙, 신앙록, 신앙생활	284	신앙록, 신앙생활, 수도생활
235	전도, 교육, 교화활동, 목회학	285	선교, 포교, 전도, 교화활동
236	교 회 론	286	종단, 교단
237	예배, 의식, 성례	287	예배형식, 의식, 의례
238	교 파	288	종파, 교파
239	유대교(유태교)	289	조로아스터교(요교, 배화교)
240	**도 교**	**290**	**기타 제종교**
241	교의, 신선사상	291	아 시 아
242	교주, 개조(정도릉)	292	유 럽
243	도 장	293	아프리카
244	신앙록, 신앙생활	294	북아메리카
245	포교, 전도, 교육, 교육활동	295	남아메리카
246	사원론(도관)	296	오세아니아, 양극지방
247	행사, 법술	297	[미사용]
248	교 파	298	[미사용]
249	[미사용]	299	기타 다른 기원의 종교

사회과학

300	사회과학		350	행정학
301	사회사상		351	아시아
302	잡저		352	유럽
303	사전, 사전		353	아프리카
304	강연집, 수필집, 연설문집		354	북아메리카
305	연속간행물		355	남아메리카
306	학회, 단체, 협회, 기관, 회의		356	오세아니아, 양극지방
307	연구법, 연구방법 및 교육, 교육자료		357	일반지역
308	총서, 전집, 선집		358	[미사용]
309	사회, 문화사정		359	지방자치 및 지방행정
310	통계자료		360	법 학
311	아시아		361	국제법
312	유럽		362	헌법
313	아프리카		363	행정법
314	북아메리카		364	형법
315	남아메리카		365	민법
316	오세아니아, 양극지방		366	상법
317	일반지역		367	사법제도 및 소송법
318	[미사용]		368	기타 제법
319	인구통계		369	각국 법 및 예규
320	경제학		370	교육학
321	경제각론		371	교육정책 및 행정
322	경제정책		372	학교행정 및 경영, 보건 및 교육지도
323	산업경제 일반		373	학습지도, 교육방법
324	기업경제		374	교육과정
325	경영		375	유아 및 초등교육
326	상업, 교통, 통신		376	중등교육
327	금융		377	대학, 전문, 고등교육
328	보험		378	사회교육
329	재정		379	특수교육
330	사회학, 사회문제		380	풍습, 예절, 민속학
331	사회학		381	의식주의 풍습
332	사회조직 및 제도		382	연령별, 성별, 신분별 풍습
333	[미사용]		383	사회생활의 풍습
334	사회문제		384	관혼상제
335	생활문제		385	예절
336	[미사용]		386	축제, 세시풍속
337	여성문제		387	[미사용]
338	사회복지		388	민속학
339	사회단체		389	문화인류학
340	정치학		390	국방, 군사학
341	국가형태		391	군사행정
342	국가와 개인 및 집단		392	전략, 전술
343	[미사용]		393	군사교육 및 훈련
344	선거		394	군사시설 및 장비
345	입법		395	군특수기술근무
346	정당		396	육군
347	[미사용]		397	해군
348	[미사용]		398	공군
349	외교, 국제관계		399	고대병법

자연과학

400	**자연과학**		**450**	**지 학**
401	과학철학, 과학이론		451	지구물리학
402	잡 저		452	지 형 학
403	사전, 사전		453	기상학, 기후학
404	강연집, 수필집, 연설문집		454	해 양 학
405	연속간행물		455	구조지질학
406	학회, 단체, 기관, 회의		456	지 사 학
407	지도법, 연구법 및 교육, 교육자료		457	고생물학(화석학)
408	전집, 총서		458	응용지질학 일반 및 광상학
409	과학사		459	암 석 학
410	**수 학**		**460**	**광 물 학**
411	산 수		461	원소광물
412	대 수 학		462	황화광물
413	통 계 학		463	할로겐화광물
414	해 석 학		464	산화광물
415	기 하 학		465	규산 및 규산염광물
416	위상수학		466	기타 산화물을 포함한 광물
417	삼 각 법		467	유기광물
418	해석기하학		468	[미사용]
419	기타 산법		469	결 정 학
420	**물 리 학**		**470**	**생명과학**
421	고체역학		471	인류학
422	유체역학		472	생 물 학
423	기체역학		473	생명론, 생물철학
424	음향학, 진동학		474	세포학(세포생물학)
425	광 학		475	미생물학
426	열 학		476	생물진화
427	전기학 및 전자학		477	생물지리학
428	자 기		478	현미경 및 현미경검사법 일반
429	현대물리학		479	생물채집 및 보존
430	**화 학**		**480**	**식 물 학**
431	이론화학과 물리화학		481	일반 식물학
432	화학실험실, 기기, 시설		482	은화식물
433	분석화학		483	엽상식물
434	합성화학일반		484	조균류
435	무기화학		485	현화식물, 종자식물
436	금속원소와 그 화합물		486	나자식물
437	유기화학		487	피자식물
438	고리형화합물		488	단자엽식물
439	고분자화합물과 기타 유기물		489	쌍자엽식물
440	**천 문 학**		**490**	**동 물 학**
441	이론천문학		491	일반 동물학
442	실지 천문학		492	무척추동물
443	기술천문학		493	원생동물, 해면동물, 자포동물
444	[미사용]		494	연체동물, 의연체동물
445	지 구		495	절지동물, 곤충류
446	측 지 학		496	척색동물
447	항해천문학		497	어류, 양서류, 파충류
448	역법, 측시법		498	조 류
449	각국의 역		499	포 유 류

기술과학

500	**기술과학**	**550**	**기계공학**
501	기술철학 및 이론	551	기계역학, 요소 및 설계
502	잡 저	552	공구와 가공장비
503	사전, 사전, 용어사전	553	열공학과 원동기
504	강연집, 수필집, 연설문집	554	유체역학, 공기역학, 진동학
505	연속간행물	555	정밀기계
506	학회, 단체, 기관, 회의	556	자동차공학
507	연구법 및 교육지도법	557	철도차량, 기관차
508	전집, 총서	558	항공우주공학, 우주항법학
509	기 술 사	559	기타 공학
510	**의 학**	**560**	**전기공학, 통신공학, 전자공학**
511	기초의학	561	전기회로, 계측, 재료
512	임상의학 일반	562	전기기계 및 기구
513	내과학	563	발 전
514	외 과	564	송전, 배전
515	치과의학, 이비인후과학, 안과학	565	전등, 조명, 전열
516	산부인과, 소아과학	566	[미사용]
517	건강증진, 공중보건 및 예방의학	567	통신공학
518	약 학	568	무선공학
519	한 의 학	569	전자공학
520	**농업, 농학**	**570**	**화학공학**
521	농업기초학	571	공업화학약품
522	농업경제	572	폭발물, 연료공업
523	재배 및 보호	573	음료기술
524	작 물 학	574	식품공학
525	원 예	575	납, 유지, 석유, 가스공업
526	임학, 임업	576	요업 및 관련공업
527	축 산 학	577	세탁, 염색 및 관련공업
528	수 의 학	578	고분자화학공업
529	수산업, 생물자원의 보호, 수렵업	579	기타 유기화학공업
530	**공학, 공업일반, 토목공학, 환경공학**	**580**	**제 조 업**
531	토목공학	581	금속제조 및 가공업
532	토목역학, 토목재료	582	철 및 강철제품
533	측 량	583	철기류 및 소규모철공
534	도로공학	584	제재업, 목공업, 목제품
535	철도공학	585	피혁 및 모피공업
536	교량공학	586	펄프, 종이 및 동계공업
537	수리공학	587	직물 및 섬유공업
538	항만공학	588	의류제조
539	위생, 도시, 환경공학	589	소형상품제조
540	**건축, 건축학**	**590**	**생활과학**
541	건축재료	591	가정관리 및 가정생활
542	건축시공 및 적산	592	의 복
543	건축구조 및 건축일반구조	593	몸치장(몸단장), 화장
544	친환경건축 및 특정목적건축	594	식품과 음료
545	건물 세부구조	595	주택관리 및 가정설비
546	건축설비, 배관 및 파이프의 부설	596	공동주거용 주택 시설관리
547	난방, 환기 및 공기조화공학	597	가정위생
548	건축마감 및 인테리어	598	육 아
549	각종 건물	599	[미사용]

예 술

600	**예 술**	**650**	**회화, 도화, 디자인**	
601	미술이론, 미학	651	채색이론 및 실제	
602	미술의 재료 및 기법	652	회화의 재료 및 기법	
603	미술용어사전, 백과사전	653	시대별 및 국별 회화	
604	미술의 주제	654	주제별 회화	
605	미술연속간행물	655	[미사용]	
606	미술분야의 학회, 단체, 기관, 회의	656	소묘, 도화	
607	미술의 지도법, 연구법 및 교육	657	만화, 삽화	
608	미술전집, 총서	658	디자인	
609	미 술 사	659	판 화	
610	**[미사용]**	**660**	**사진예술**	
611	[미사용]	661	사진기계, 재료	
612	[미사용]	662	사진촬영기술	
613	[미사용]	663	음화처리	
614	[미사용]	664	양화처리(인화)	
615	[미사용]	665	[미사용]	
616	[미사용]	666	특수사진술	
617	[미사용]	667	사진응용	
618	[미사용]	668	사 진 집	
619	[미사용]	669	[미사용]	
620	**조각, 조형미술**	**670**	**음 악**	
621	[미사용]	671	음악이론 및 기법	
622	조소재료 및 기법	672	종교음악	
623	목 조	673	성 악	
624	석 조	674	극음악, 오페라	
625	금 동 조	675	기악합주	
626	점토조소, 소조	676	건반악기 및 타악기	
627	기타 재료	677	현 악 기	
628	전각, 인장	678	관악기(취주악기)	
629	제 상	679	한국음악 및 동양전통음악	
630	**공 예**	**680**	**공연예술 및 매체예술**	
631	도자공예, 유리공예	681	극장, 제작, 연출, 연기	
632	금속공예	682	연 희	
633	보석, 갑각, 패류공예	683	[미사용]	
634	목, 죽, 화훼, 왕골공예	684	각종 연극	
635	칠 공 예	685	무용, 발레	
636	염직물공예, 섬유공예	686	라디오극 및 음성매체 예술	
637	고무, 플라스틱공예	687	텔레비전극 및 시청각매체 방송 예술	
638	미술가구	688	영 화	
639	[미사용]	689	대중연예	
640	**서 예**	**690**	**오락, 스포츠**	
641	한자서체	691	오 락	
642	한자서법	692	체육학, 스포츠	
643	한글서법	693	체조, 놀이	
644	기타 서법	694	육상경기	
645	[미사용]	695	구 기	
646	펜 습 자	696	수상경기, 공중경기	
647	낙관, 수결(서명)	697	동계스포츠	
648	서보, 서첩, 법첩	698	무예 및 기타 경기	
649	문 방 구	699	기타 오락 및 레저스포츠	

언 어

700	**언 어**		**750**	**독일어**
701	언 어 학		751	음운, 음성, 문자
702	잡 저		752	어원, 어의
703	사 전		753	사 전
704	강 연 집		754	어 휘
705	연속간행물		755	문 법
706	학회, 단체, 기관, 회의		756	작 문
707	지도법, 연구법 및 교육, 교육자료		757	독본, 해석, 회화
708	전집, 총서		758	방언(사투리)
709	언어사, 언어정책, 언어행정		759	기타 게르만어
710	**한국어**		**760**	**프랑스어**
711	음운, 음성, 문자		761	음운, 음성, 문자
712	어원, 어의		762	어원, 어의
713	사 전		763	사 전
714	어 휘		764	어 휘
715	문 법		765	문 법
716	작 문		766	작 문
717	독본, 해석, 회화		767	독본, 해석, 회화
718	방언(사투리)		768	방언(사투리)
719	[미사용]		769	프로방스어
720	**중국어**		**770**	**스페인어 및 포르투갈어**
721	음운, 음성, 문자		771	음운, 음성, 문자
722	어원, 어의		772	어원, 어의
723	사 전		773	사 전
724	어 휘		774	어 휘
725	문법, 어법		775	문 법
726	작 문		776	작 문
727	독본, 해석, 회화		777	독본, 해석, 회화
728	방언(사투리)		778	방언(사투리)
729	[미사용]		779	포르투갈어
730	**일본어 및 기타 아시아제어**		**780**	**이탈리아어**
731	음운, 음성, 문자		781	음운, 음성, 문자
732	어원, 어의		782	어원, 어의
733	사 전		783	사 전
734	어 휘		784	어 휘
735	문법, 어법		785	문 법
736	작 문		786	작 문
737	독본, 해석, 회화		787	독본, 해석, 회화
738	방언(사투리)		788	방언(사투리)
739	기타 아시아 제어		789	루마니아어
740	**영 어**		**790**	**기타 제어**
741	음운, 음성, 문자		791	[미사용]
742	어원, 어의		792	인도-유럽어족
743	사 전		793	아프리카 제어
744	어 휘		794	북아메리카 인디언어
745	문 법		795	남아메리카 인디언어
746	작 문		796	오스트로네시아어족
747	독본, 해석, 회화		797	셈어족(셈어파)
748	방언(사투리)		798	함어족(람어파)
749	앵글로색슨어		799	국제어(인공어) 및 기타 언어

문 학

800	**문 학**		**850**	**독일문학**
801	문학이론		851	시
802	문장작법, 수사학		852	희 곡
803	사전, 사전		853	소 설
804	수필집, 강연집		854	수 필
805	연속간행물		855	연설, 웅변
806	학회, 단체, 기관, 회의		856	일기, 서간, 기행
807	지도법 및 연구법, 교육, 교육자료		857	풍자 및 유머
808	전집, 총서		858	르포르타주 및 기타
809	문학사, 평론		859	기타 게르만문학
810	**한국문학**		**860**	**프랑스문학**
811	시		861	시
812	희 곡		862	희 곡
813	소 설		863	소 설
814	수 필		864	수 필
815	연설, 웅변		865	연설, 웅변
816	일기, 서간, 기행		866	일기, 서간, 기행
817	풍자 및 유머		867	풍자 및 유머
818	르포르타주 및 기타		868	르포르타주 및 기타
819	[미사용]		869	프로방스문학
820	**중국문학**		**870**	**스페인 및 포르투갈문학**
821	시		871	시
822	희 곡		872	희 곡
823	소 설		873	소 설
824	수 필		874	수 필
825	연설, 웅변		875	연설, 웅변
826	일기, 서간, 기행		876	일기, 서간, 기행
827	풍자 및 유머		877	풍자 및 유머
828	르포르타주 및 기타		878	르포르타주 및 기타
829	[미사용]		879	포르투갈문학
830	**일본문학 및 기타 아시아문학**		**880**	**이탈리아문학**
831	시		881	시
832	희 곡		882	희 곡
833	소 설		883	소 설
834	수 필		884	수 필
835	연설, 웅변		885	연설, 웅변
836	일기, 서간, 기행		886	일기, 서간, 기행
837	풍자 및 유머		887	풍자 및 유머
838	르포르타주 및 기타		888	르포르타주 및 기타
839	기타 아시아 제문학		889	루마니아문학
840	**영미문학**		**890**	**기타 제문학**
841	시		891	[미사용]
842	희 곡		892	인도-유럽계문학
843	소 설		893	아프리카제문학
844	수 필		894	북아메리카 인디언문학
845	연설, 웅변		895	남아메리카 인디언문학
846	일기, 서간, 기행		896	오스트로네시아문학
847	풍자 및 유머		897	셈족문학
848	르포르타주 및 기타		898	함족문학
(849)	미국문학		899	기타 문학

역 사

900	**역 사**		**950**	**남아메리카**
901	역사철학 및 이론		951	콜롬비아
902	역사보조학		952	베네수엘라, 기아나지역
903	사전, 사전		953	브 라 질
904	강연집, 사평		954	에콰도르
905	연속간행물		955	페 루
906	학회, 단체, 기관, 회의		956	볼리비아
907	지도법, 연구법 및 교육, 교육자료		957	파라과이, 우루과이
908	전집, 총서		958	아르헨티나
909	세계사, 세계문화사		959	칠 레
910	**아 시 아**		**960**	**오세아니아, 양극지방**
911	한 국		961	[미사용]
912	중 국		962	오스트레일리아(호주)
913	일 본		963	뉴질랜드
914	동남아시아		964	파푸아뉴기니
915	인디아와 남부아시아		965	멜라네시아
916	중앙아시아		966	미크로네시아와 인접국가
917	시베리아		967	폴리네시아와 하와이
918	서남아시아, 중동		968	대서양제도
919	아라비아반도와 인접지역		969	양극지방
920	**유 럽**		**970**	**[미사용]**
921	고대그리스(희랍고대사)		971	[미사용]
922	고대로마		972	[미사용]
923	스칸디나비아		973	[미사용]
924	영국, 아일랜드		974	[미사용]
925	독일과 중앙유럽		975	[미사용]
926	프랑스와 인접국가		976	[미사용]
927	스페인 및 인접국가		977	[미사용]
928	이탈리아 및 인접국가		978	[미사용]
929	러시아와 동부유럽		979	[미사용]
930	**아프리카**		**980**	**지 리**
931	북아프리카		981	아시아지리
932	[미사용]		982	유럽지리
933	[미사용]		983	아프리카지리
934	서아프리카		984	북아메리카지리
935	[미사용]		985	남아메리카지리
936	중아프리카		986	오세아니아와 양극지리
937	동아프리카		987	지역구분 일반지리
938	남아프리카		988	해 양
939	남인도양제도		989	지도 및 지도책
940	**북아메리카**		**990**	**전 기**
941	캐나다		991	아시아전기
942	미국(미합중국)		992	유럽전기
943	멕시코		993	아프리카전기
944	중앙아메리카(중미제국)		994	북아메리카전기
945	과테말라, 벨리즈, 엘살바도르		995	남아메리카전기
946	온두라스		996	오세아니아와 양극전기
947	니카라과		997	[미사용]
948	코스타리카, 파나마		998	주제별전기
949	서인도제도		999	계보, 족보

부록 2 Dewey Decimal Classification 제23판(주류표, 요목표)

주 류 표

000   컴퓨터과학 · 정보 · 일반저작
       (Computer science, information & general works)
100   철학 및 심리학(Philosophy & Psychology)
200   종교(Religion)
300   사회과학(Social sciences)
400   언어(Language)
500   과학(Science)
600   기술(Technology)
700   예술 및 레크리에이션(Arts & recreation)
800   문학(Literature)
900   역사 및 지리(History & geography)

Third Summary
The Thousand Sections

000 Computer science, information & general works
001 Knowledge
002 The book
003 Systems
004 Computer science
005 Computer programming, programs & data
006 Special computer methods
007 [Unassigned]
008 [Unassigned]
009 [Unassigned]

010 Bibliography
011 Bibliographies & catalogs
012 Bibliographies & catalogs of individuals
013 [Unassigned]
014 Of anonymous & pseudonymous works
015 Of works from specific places
016 Of works on specific subjects
017 General subject catalogs
018 [Unassigned]
019 [Unassigned]

020 Library & information sciences
021 Library relationships
022 Administration of physical plant
023 Personnel management
024 [Unassigned]
025 Library operations
026 Libraries for specific subjects
027 General libraries
028 Reading & use of other information media
029 [Unassigned]

030 General encyclopedic works
031 Encyclopedias in American English
032 Encyclopedias in English
033 In other Germanic languages
034 Encyclopedias in French, Occitan & Catalan
035 In Italian, Romanian & related languages
036 Encyclopedias in Spanish, Portuguese & Galician
037 Encyclopedias in Slavic languages
038 Encyclopedias in Scandinavian languages
039 Encyclopedias in other languages

040 [Unassigned]
041 [Unassigned]
042 [Unassigned]
043 [Unassigned]
044 [Unassigned]
045 [Unassigned]
046 [Unassigned]
047 [Unassigned]
048 [Unassigned]
049 [Unassigned]

050 General serial publications
051 Serials in American English
052 Serials in English
053 Serials in other Germanic languages
054 Serials in French, Occitan & Catalan
055 In Italian, Romanian & related languages
056 Serials in Spanish, Portuguese & Galician
057 Serials in Slavic languages
058 Serials in Scandinavian languages
059 Serials in other languages

060 General organizations & museum science
061 Organizations in North America
062 Organizations in British Isles
063 Organizations in Germany; in central Europe
064 Organizations in France & Monaco
065 In Italy, San Marino, Vatican City, Malta
066 In Spain, Andorra, Gibraltar, Portugal
067 Organizations in Russia; in eastern Europe
068 Organizations in other geographic areas
069 Museum science

070 News media, journalism & publishing
071 Newspapers in North America
072 Newspapers in British Isles
073 Newspapers in Germany; in central Europe
074 Newspapers in France & Monaco
075 In Italy, San Marino, Vatican City, Malta
076 In Spain, Andorra, Gibraltar, Portugal
077 Newspapers in Russia; in eastern Europe
078 Newspapers in Scandinavia
079 Newspapers in other geographic areas

080 General collections
081 Collections in American English
082 Collections in English
083 Collections in other Germanic languages
084 Collections in French, Occitan & Catalan
085 In Italian, Romanian & related languages
086 Collections in Spanish, Portuguese & Galician
087 Collections in Slavic languages
088 Collections in Scandinavian languages
089 Collections in other languages

090 Manuscripts & rare books
091 Manuscripts
092 Block books
093 Incunabula
094 Printed books
095 Books notable for bindings
096 Books notable for illustrations
097 Books notable for ownership or origin
098 Prohibited works, forgeries & hoaxes
099 Books notable for format

Philosophy & psychology

100 Philosophy & psychology
101 Theory of philosophy
102 Miscellany
103 Dictionaries & encyclopedias
104 [Unassigned]
105 Serial publications
106 Organizations & management
107 Education, research & related topics
108 Groups of people
109 Historical & collected biography

110 Metaphysics
111 Ontology
112 [Unassigned]
113 Cosmology
114 Space
115 Time
116 Change
117 Structure
118 Force & energy
119 Number & quantity

120 Epistemology, causation & humankind
121 Epistemology
122 Causation
123 Determinism & indeterminism
124 Teleology
125 [Unassigned]
126 The self
127 The unconscious & the subconscious
128 Humankind
129 Origin & destiny of individual souls

130 Parapsychology & occultism
131 Parapsychological & occult methods
132 [Unassigned]
133 Specific topics in parapsychology & occultism
134 [Unassigned]
135 Dreams & mysteries
136 [Unassigned]
137 Divinatory graphology
138 Physiognomy
139 Phrenology

140 Specific philosophical schools
141 Idealism & related systems
142 Critical philosophy
143 Bergsonism & intuitionism
144 Humanism & related systems
145 Sensationalism
146 Naturalism & related systems
147 Pantheism & related systems
148 Eclecticism, liberalism & traditionalism
149 Other philosophical systems

150 Psychology
151 [Unassigned]
152 Perception, movement, emotions & drives
153 Mental processes & intelligence
154 Subconscious & altered states
155 Differential & developmental psychology
156 Comparative psychology
157 [Unassigned]
158 Applied psychology
159 [Unassigned]

160 Philosophical logic
161 Induction
162 Deduction
163 [Unassigned]
164 [Unassigned]
165 Fallacies & sources of error
166 Syllogisms
167 Hypotheses
168 Argument & persuasion
169 Analogy

170 Ethics
171 Ethical systems
172 Political ethics
173 Ethics of family relationships
174 Occupational ethics
175 Ethics of recreation & leisure
176 Ethics of sex & reproduction
177 Ethics of social relations
178 Ethics of consumption
179 Other ethical norms

180 Ancient, medieval & eastern philosophy
181 Eastern philosophy
182 Pre-Socratic Greek philosophies
183 Socratic & related philosophies
184 Platonic philosophy
185 Aristotelian philosophy
186 Skeptic & Neoplatonic philosophies
187 Epicurean philosophy
188 Stoic philosophy
189 Medieval western philosophy

190 Modern western philosophy
191 Philosophy of United States & Canada
192 Philosophy of British Isles
193 Philosophy of Germany & Austria
194 Philosophy of France
195 Philosophy of Italy
196 Philosophy of Spain & Portugal
197 Philosophy of Russia
198 Philosophy of Scandinavia
199 Philosophy in other geographic areas

Religion

200 Religion
201 Religious mythology & social theology
202 Doctrines
203 Public worship & other practices
204 Religious experience, life & practice
205 Religious ethics
206 Leaders & organization
207 Missions & religious education
208 Sources
209 Sects & reform movements

210 Philosophy & theory of religion
211 Concepts of God
212 Existence, knowability & attributes of God
213 Creation
214 Theodicy
215 Science & religion
216 [Unassigned]
217 [Unassigned]
218 Humankind
219 [Unassigned]

220 Bible
221 Old Testament (Tanakh)
222 Historical books of Old Testament
223 Poetic books of Old Testament
224 Prophetic books of Old Testament
225 New Testament
226 Gospels & Acts
227 Epistles
228 Revelation (Apocalypse)
229 Apocrypha & pseudepigrapha

230 Christianity
231 God
232 Jesus Christ & his family
233 Humankind
234 Salvation & grace
235 Spiritual beings
236 Eschatology
237 [Unassigned]
238 Creeds & catechisms
239 Apologetics & polemics

240 Christian moral & devotional theology
241 Christian ethics
242 Devotional literature
243 Evangelistic writings for individuals
244 [Unassigned]
245 [Unassigned]
246 Use of art in Christianity
247 Church furnishings & articles
248 Christian experience, practice & life
249 Christian observances in family life

250 Christian orders & local church
251 Preaching
252 Texts of sermons
253 Pastoral office & work
254 Parish administration
255 Religious congregations & orders
256 [Unassigned]
257 [Unassigned]
258 [Unassigned]
259 Pastoral care of families & groups of people

260 Social & ecclesiastical theology
261 Social theology
262 Ecclesiology
263 Days, times & places of observance
264 Public worship
265 Sacraments, other rites & acts
266 Missions
267 Associations for religious work
268 Religious education
269 Spiritual renewal

270 History, geography, biography of Christianity
271 Religious orders in church history
272 Persecutions in church history
273 Doctrinal controversies & heresies
274 History of Christianity in Europe
275 History of Christianity in Asia
276 History of Christianity in Africa
277 History of Christianity in North America
278 History of Christianity in South America
279 History of Christianity in other areas

280 Christian denominations & sects
281 Early church & Eastern churches
282 Roman Catholic Church
283 Anglican churches
284 Protestants of Continental origin
285 Presbyterian, Reformed & Congregational
286 Baptist, Disciples of Christ & Adventist
287 Methodist & related churches
288 [Unassigned]
289 Other denominations & sects

290 Other religions
291 [Unassigned]
292 Greek & Roman religion
293 Germanic religion
294 Religions of Indic origin
295 Zoroastrianism
296 Judaism
297 Islam, Babism & Bahai Faith
298 (Optional number)
299 Religions not provided for elsewhere

Social sciences

- 300 **Social sciences**
- 301 Sociology & anthropology
- 302 Social interaction
- 303 Social processes
- 304 Factors affecting social behavior
- 305 Groups of people
- 306 Culture & institutions
- 307 Communities
- 308 [Unassigned]
- 309 [Unassigned]

- 310 **Collections of general statistics**
- 311 [Unassigned]
- 312 [Unassigned]
- 313 [Unassigned]
- 314 General statistics of Europe
- 315 General statistics of Asia
- 316 General statistics of Africa
- 317 General statistics of North America
- 318 General statistics of South America
- 319 General statistics of other areas

- 320 **Political science**
- 321 Systems of governments & states
- 322 Relation of state to organized groups
- 323 Civil & political rights
- 324 The political process
- 325 International migration & colonization
- 326 Slavery & emancipation
- 327 International relations
- 328 The legislative process
- 329 [Unassigned]

- 330 **Economics**
- 331 Labor economics
- 332 Financial economics
- 333 Economics of land & energy
- 334 Cooperatives
- 335 Socialism & related systems
- 336 Public finance
- 337 International economics
- 338 Production
- 339 Macroeconomics & related topics

- 340 **Law**
- 341 Law of nations
- 342 Constitutional & administrative law
- 343 Military, tax, trade & industrial law
- 344 Labor, social, education & cultural law
- 345 Criminal law
- 346 Private law
- 347 Procedure & courts
- 348 Laws, regulations & cases
- 349 Law of specific jurisdictions & areas

- 350 **Public administration & military science**
- 351 Public administration
- 352 General considerations of public administration
- 353 Specific fields of public administration
- 354 Administration of economy & environment
- 355 Military science
- 356 Infantry forces & warfare
- 357 Mounted forces & warfare
- 358 Air & other specialized forces
- 359 Sea forces & warfare

- 360 **Social problems & services; associations**
- 361 Social problems & services
- 362 Social problems of groups of people
- 363 Other social problems & services
- 364 Criminology
- 365 Penal & related institutions
- 366 Secret associations & societies
- 367 General clubs
- 368 Insurance
- 369 Associations

- 370 **Education**
- 371 Schools & their activities; special education
- 372 Primary education
- 373 Secondary education
- 374 Adult education
- 375 Curricula
- 376 [Unassigned]
- 377 [Unassigned]
- 378 Higher education
- 379 Public policy issues in education

- 380 **Commerce, communications & transportation**
- 381 Commerce
- 382 International commerce
- 383 Postal communication
- 384 Communications
- 385 Railroad transportation
- 386 Inland waterway & ferry transportation
- 387 Water, air & space transportation
- 388 Transportation
- 389 Metrology & standardization

- 390 **Customs, etiquette & folklore**
- 391 Costume & personal appearance
- 392 Customs of life cycle & domestic life
- 393 Death customs
- 394 General customs
- 395 Etiquette (Manners)
- 396 [Unassigned]
- 397 [Unassigned]
- 398 Folklore
- 399 Customs of war & diplomacy

Language

400 Language
401 Philosophy & theory; international languages
402 Miscellany
403 Dictionaries & encyclopedias
404 Special topics
405 Serial publications
406 Organizations & management
407 Education, research & related topics
408 Groups of people
409 Geographic treatment & biography

410 Linguistics
411 Writing systems
412 Etymology
413 Dictionaries
414 Phonology & phonetics
415 Grammar
416 [Unassigned]
417 Dialectology & historical linguistics
418 Standard usage
419 Sign languages

420 English & Old English
421 English writing system & phonology
422 English etymology
423 English dictionaries
424 [Unassigned]
425 English grammar
426 [Unassigned]
427 English language variations
428 Standard English usage
429 Old English (Anglo-Saxon)

430 German & related languages
431 German writing systems & phonology
432 German etymology
433 German dictionaries
434 [Unassigned]
435 German grammar
436 [Unassigned]
437 German language variations
438 Standard German usage
439 Other Germanic languages

440 French & related languages
441 French writing systems & phonology
442 French etymology
443 French dictionaries
444 [Unassigned]
445 French grammar
446 [Unassigned]
447 French language variations
448 Standard French usage
449 Occitan & Catalan

450 Italian, Romanian & related languages
451 Italian writing systems & phonology
452 Italian etymology
453 Italian dictionaries
454 [Unassigned]
455 Italian grammar
456 [Unassigned]
457 Italian language variations
458 Standard Italian usage
459 Romanian & related languages

460 Spanish, Portuguese, Galician
461 Spanish writing systems & phonology
462 Spanish etymology
463 Spanish dictionaries
464 [Unassigned]
465 Spanish grammar
466 [Unassigned]
467 Spanish language variations
468 Standard Spanish usage
469 Portuguese & Galician

470 Latin & related Italic languages
471 Classical Latin writing & phonology
472 Classical Latin etymology
473 Classical Latin dictionaries
474 [Unassigned]
475 Classical Latin grammar
476 [Unassigned]
477 Old, postclassical & Vulgar Latin
478 Classical Latin usage
479 Other Italic languages

480 Classical Greek & related languages
481 Classical Greek writing & phonology
482 Classical Greek etymology
483 Classical Greek dictionaries
484 [Unassigned]
485 Classical Greek grammar
486 [Unassigned]
487 Preclassical & postclassical Greek
488 Classical Greek usage
489 Other Hellenic languages

490 Other languages
491 East Indo-European & Celtic languages
492 Afro-Asiatic languages
493 Non-Semitic Afro-Asiatic languages
494 Altaic, Uralic, Hyperborean & Dravidian
495 Languages of East & Southeast Asia
496 African languages
497 North American native languages
498 South American native languages
499 Austronesian & other languages

Science

500 Natural sciences & mathematics
501 Philosophy & theory
502 Miscellany
503 Dictionaries & encyclopedias
504 [Unassigned]
505 Serial publications
506 Organizations & management
507 Education, research & related topics
508 Natural history
509 History, geographic treatment, biography

510 Mathematics
511 General principles of mathematics
512 Algebra
513 Arithmetic
514 Topology
515 Analysis
516 Geometry
517 [Unassigned]
518 Numerical analysis
519 Probabilities & applied mathematics

520 Astronomy & allied sciences
521 Celestial mechanics
522 Techniques, equipment & materials
523 Specific celestial bodies & phenomena
524 [Unassigned]
525 Earth (Astronomical geography)
526 Mathematical geography
527 Celestial navigation
528 Ephemerides
529 Chronology

530 Physics
531 Classical mechanics
532 Fluid mechanics
533 Gas mechanics
534 Sound & related vibrations
535 Light & related radiation
536 Heat
537 Electricity & electronics
538 Magnetism
539 Modern physics

540 Chemistry & allied sciences
541 Physical chemistry
542 Techniques, equipment & materials
543 Analytical chemistry
544 [Unassigned]
545 [Unassigned]
546 Inorganic chemistry
547 Organic chemistry
548 Crystallography
549 Mineralogy

550 Earth sciences
551 Geology, hydrology & meteorology
552 Petrology
553 Economic geology
554 Earth sciences of Europe
555 Earth sciences of Asia
556 Earth sciences of Africa
557 Earth sciences of North America
558 Earth sciences of South America
559 Earth sciences of other areas

560 Paleontology
561 Paleobotany; fossil microorganisms
562 Fossil invertebrates
563 Fossil marine & seashore invertebrates
564 Fossil mollusks & molluscoids
565 Fossil arthropods
566 Fossil chordates
567 Fossil cold-blooded vertebrates
568 Fossil birds
569 Fossil mammals

570 Biology
571 Physiology & related subjects
572 Biochemistry
573 Specific physiological systems in animals
574 [Unassigned]
575 Specific parts of & systems in plants
576 Genetics & evolution
577 Ecology
578 Natural history of organisms
579 Microorganisms, fungi & algae

580 Plants (Botany)
581 Specific topics in natural history
582 Plants noted for characteristics & flowers
583 Dicotyledons
584 Monocotyledons
585 Gymnosperms
586 Seedless plants
587 Vascular seedless plants
588 Bryophytes
589 [Unassigned]

590 Animals (Zoology)
591 Specific topics in natural history
592 Invertebrates
593 Marine & seashore invertebrates
594 Mollusks & molluscoids
595 Arthropods
596 Chordates
597 Cold-blooded vertebrates
598 Birds
599 Mammals

Technology

600	**Technology**
601	Philosophy & theory
602	Miscellany
603	Dictionaries & encyclopedias
604	Special topics
605	Serial publications
606	Organizations
607	Education, research & related topics
608	Patents
609	History, geographic treatment, biography
610	**Medicine & health**
611	Human anatomy, cytology & histology
612	Human physiology
613	Personal health & safety
614	Incidence & prevention of disease
615	Pharmacology & therapeutics
616	Diseases
617	Surgery & related medical specialties
618	Gynecology, obstetrics, pediatrics & geriatrics
619	[Unassigned]
620	**Engineering & allied operations**
621	Applied physics
622	Mining & related operations
623	Military & nautical engineering
624	Civil engineering
625	Engineering of railroads & roads
626	[Unassigned]
627	Hydraulic engineering
628	Sanitary engineering
629	Other branches of engineering
630	**Agriculture & related technologies**
631	Techniques, equipment & materials
632	Plant injuries, diseases & pests
633	Field & plantation crops
634	Orchards, fruits & forestry
635	Garden crops (Horticulture)
636	Animal husbandry
637	Processing dairy & related products
638	Insect culture
639	Hunting, fishing & conservation
640	**Home & family management**
641	Food & drink
642	Meals & table service
643	Housing & household equipment
644	Household utilities
645	Household furnishings
646	Sewing, clothing & personal living
647	Management of public households
648	Housekeeping
649	Child rearing & home care of people
650	**Management & auxiliary services**
651	Office services
652	Processes of written communication
653	Shorthand
654	[Unassigned]
655	[Unassigned]
656	[Unassigned]
657	Accounting
658	General management
659	Advertising & public relations
660	**Chemical engineering**
661	Industrial chemicals
662	Explosives, fuels & related products
663	Beverage technology
664	Food technology
665	Industrial oils, fats, waxes & gases
666	Ceramic & allied technologies
667	Cleaning, color & coating technologies
668	Technology of other organic products
669	Metallurgy
670	**Manufacturing**
671	Metalworking & primary metal products
672	Iron, steel & other iron alloys
673	Nonferrous metals
674	Lumber processing, wood products & cork
675	Leather & fur processing
676	Pulp & paper technology
677	Textiles
678	Elastomers & elastomer products
679	Other products of specific materials
680	**Manufacture for specific uses**
681	Precision instruments & other devices
682	Small forge work (Blacksmithing)
683	Hardware & household appliances
684	Furnishings & home workshops
685	Leather, fur goods & related products
686	Printing & related activities
687	Clothing & accessories
688	Other final products & packaging
689	[Unassigned]
690	**Construction of buildings**
691	Building materials
692	Auxiliary construction practices
693	Specific materials & purposes
694	Wood construction
695	Roof covering
696	Utilities
697	Heating, ventilating & air-conditioning
698	Detail finishing
699	[Unassigned]

Arts & recreation

700 The arts; fine & decorative arts
701 Philosophy of fine & decorative arts
702 Miscellany of fine & decorative arts
703 Dictionaries of fine & decorative arts
704 Special topics in fine & decorative arts
705 Serial publications of fine & decorative arts
706 Organizations & management
707 Education, research & related topics
708 Galleries, museums & private collections
709 History, geographic treatment & biography

710 Area planning & landscape architecture
711 Area planning
712 Landscape architecture
713 Landscape architecture of trafficways
714 Water features
715 Woody plants
716 Herbaceous plants
717 Structures in landscape architecture
718 Landscape design of cemeteries
719 Natural landscapes

720 Architecture
721 Architectural materials & structural elements
722 Architecture to ca. 300
723 Architecture from ca. 300 to 1399
724 Architecture from 1400
725 Public structures
726 Buildings for religious purposes
727 Buildings for education & research
728 Residential & related buildings
729 Design & decoration

730 Sculpture & related arts
731 Processes, forms & subjects of sculpture
732 Sculpture to ca. 500
733 Greek, Etruscan & Roman sculpture
734 Sculpture from ca. 500 to 1399
735 Sculpture from 1400
736 Carving & carvings
737 Numismatics & sigillography
738 Ceramic arts
739 Art metalwork

740 Graphic arts & decorative arts
741 Drawing & drawings
742 Perspective
743 Drawing & drawings by subject
744 [Unassigned]
745 Decorative arts
746 Textile arts
747 Interior decoration
748 Glass
749 Furniture & accessories

750 Painting & paintings
751 Techniques, equipment, materials & forms
752 Color
753 Symbolism, allegory, mythology & legend
754 Genre paintings
755 Religion
756 [Unassigned]
757 Human figures
758 Other subjects
759 History, geographic treatment, biography

760 Printmaking & prints
761 Relief processes (Block printing)
762 [Unassigned]
763 Lithographic processes
764 Chromolithography & serigraphy
765 Metal engraving
766 Mezzotinting, aquatinting & related processes
767 Etching & drypoint
768 [Unassigned]
769 Prints

770 Photography, computer art, film, video
771 Techniques, equipment & materials
772 Metallic salt processes
773 Pigment processes of printing
774 Holography
775 [Unassigned]
776 Computer art (Digital art)
777 Cinematography and videography
778 Fields & kinds of photography
779 Photographic images

780 Music
781 General principles & musical forms
782 Vocal music
783 Music for single voices
784 Instruments & instrumental ensembles
785 Ensembles with one instrument per part
786 Keyboard & other instruments
787 Stringed instruments
788 Wind instruments
789 (Optional number)

790 Recreational & performing arts
791 Public performances
792 Stage presentations
793 Indoor games & amusements
794 Indoor games of skill
795 Games of chance
796 Athletic & outdoor sports & games
797 Aquatic & air sports
798 Equestrian sports & animal racing
799 Fishing, hunting & shooting

Literature

800 Literature & rhetoric
801　Philosophy & theory
802　Miscellany
803　Dictionaries & encyclopedias
804　[Unassigned]
805　Serial publications
806　Organizations & management
807　Education, research & related topics
808　Rhetoric & collections of literature
809　History, description & criticism

810 American literature in English
811　American poetry in English
812　American drama in English
813　American fiction in English
814　American essays in English
815　American speeches in English
816　American letters in English
817　American humor & satire in English
818　American miscellaneous writings
819　(Optional number)

820 English & Old English literatures
821　English poetry
822　English drama
823　English fiction
824　English essays
825　English speeches
826　English letters
827　English humor & satire
828　English miscellaneous writings
829　Old English (Anglo-Saxon)

830 German & related literatures
831　German poetry
832　German drama
833　German fiction
834　German essays
835　German speeches
836　German letters
837　German humor & satire
838　German miscellaneous writings
839　Other Germanic literatures

840 French & related literatures
841　French poetry
842　French drama
843　French fiction
844　French essays
845　French speeches
846　French letters
847　French humor & satire
848　French miscellaneous writings
849　Occitan & Catalan literatures

850 Italian, Romanian & related literatures
851　Italian poetry
852　Italian drama
853　Italian fiction
854　Italian essays
855　Italian speeches
856　Italian letters
857　Italian humor & satire
858　Italian miscellaneous writings
859　Romanian & related literatures

860 Spanish, Portuguese, Galician literatures
861　Spanish poetry
862　Spanish drama
863　Spanish fiction
864　Spanish essays
865　Spanish speeches
866　Spanish letters
867　Spanish humor & satire
868　Spanish miscellaneous writings
869　Portuguese & Galician literature

870 Latin & Italic literatures
871　Latin poetry
872　Latin dramatic poetry & drama
873　Latin epic poetry & fiction
874　Latin lyric poetry
875　Latin speeches
876　Latin letters
877　Latin humor & satire
878　Latin miscellaneous writings
879　Literatures of other Italic languages

880 Classical Greek & related literatures
881　Classical Greek poetry
882　Classical Greek dramatic poetry & drama
883　Classical Greek epic poetry & fiction
884　Classical Greek lyric poetry
885　Classical Greek speeches
886　Classical Greek letters
887　Classical Greek humor & satire
888　Classical Greek miscellaneous writings
889　Modern Greek literature

890 Literatures of other languages
891　East Indo-European & Celtic literatures
892　Afro-Asiatic literatures
893　Non-Semitic Afro-Asiatic literatures
894　Altaic, Uralic, Hyperborean & Dravidian
895　Literatures of East & Southeast Asia
896　African literatures
897　North American native literatures
898　South American native literatures
899　Austronesian & other literatures

History & geography

- 900 **History & geography**
- 901 Philosophy & theory
- 902 Miscellany
- 903 Dictionaries & encyclopedias
- 904 Collected accounts of events
- 905 Serial publications
- 906 Organizations & management
- 907 Education, research & related topics
- 908 Groups of people
- 909 World history

- 910 **Geography & travel**
- 911 Historical geography
- 912 Atlases, maps, charts & plans
- 913 Geography of & travel in ancient world
- 914 Geography of & travel in Europe
- 915 Geography of & travel in Asia
- 916 Geography of & travel in Africa
- 917 Geography of & travel in North America
- 918 Geography of & travel in South America
- 919 Geography of & travel in other areas

- 920 **Biography, genealogy & insignia**
- 921 (Optional number)
- 922 (Optional number)
- 923 (Optional number)
- 924 (Optional number)
- 925 (Optional number)
- 926 (Optional number)
- 927 (Optional number)
- 928 (Optional number)
- 929 Genealogy, names & insignia

- 930 **History of ancient world to ca. 499**
- 931 China to 420
- 932 Egypt to 640
- 933 Palestine to 70
- 934 South Asia to 647
- 935 Mesopotamia & Iranian Plateau to 637
- 936 Europe north & west of Italy to ca. 499
- 937 Italy & adjacent territories to 476
- 938 Greece to 323
- 939 Other parts of ancient world to ca. 640

- 940 **History of Europe**
- 941 British Isles
- 942 England & Wales
- 943 Germany & central Europe
- 944 France & Monaco
- 945 Italy, San Marino, Vatican City, Malta
- 946 Spain, Andorra, Gibraltar, Portugal
- 947 Russia & eastern Europe
- 948 Scandinavia
- 949 Other parts of Europe

- 950 **History of Asia**
- 951 China & adjacent areas
- 952 Japan
- 953 Arabian Peninsula & adjacent areas
- 954 India & south Asia
- 955 Iran
- 956 Middle East (Near East)
- 957 Siberia (Asiatic Russia)
- 958 Central Asia
- 959 Southeast Asia

- 960 **History of Africa**
- 961 Tunisia & Libya
- 962 Egypt & Sudan
- 963 Ethiopia & Eritrea
- 964 Morocco & adjacent areas
- 965 Algeria
- 966 West Africa & offshore islands
- 967 Central Africa & offshore islands
- 968 Republic of South Africa & southern Africa
- 969 South Indian Ocean islands

- 970 **History of North America**
- 971 Canada
- 972 Mexico, Central America, West Indies, Bermuda
- 973 United States
- 974 Northeastern United States
- 975 Southeastern United States
- 976 South central United States
- 977 North central United States
- 978 Western United States
- 979 Great Basin & Pacific Slope region

- 980 **History of South America**
- 981 Brazil
- 982 Argentina
- 983 Chile
- 984 Bolivia
- 985 Peru
- 986 Colombia & Ecuador
- 987 Venezuela
- 988 Guiana
- 989 Paraguay & Uruguay

- 990 **History of other areas**
- 991 [Unassigned]
- 992 [Unassigned]
- 993 New Zealand
- 994 Australia
- 995 New Guinea & Melanesia
- 996 Polynesia & other Pacific Ocean islands
- 997 Atlantic Ocean islands
- 998 Arctic islands & Antarctica
- 999 Extraterrestrial worlds

부록 3 — Cutter-Sanborn Three Figure Author Table

Aa — Allison, M.

111	Aa	171	Acci	241	Ador	311	Ait	371	Ales
112	Aal	172	Acco	242	Adr	312	Aj	372	Alessi
113	Aar	173	Ace	243	Adri	313	Ak	373	Alew
114	Aars	174	Aces	244	Ads	314	Aker	374	Alex
115	Aas	175	Ach	245	Ady	315	Akers	375	Alexander,C.
116	Aba	176	Achar	246	Ae	316	Al	376	Alexander,J.
117	Abal	177	Ache	247	Aeg	317	Alain	377	Alexander,M.
118	Abar	178	Achi	248	Ael	318	Alam	378	Alexander,S.
119	Abat	179	Achm	249	Aem	319	Alan	379	Alexander,W.
121	Abau	181	Aci	251	Aen	321	Alar	381	Alexandre
122	Abb	182	Ack	252	Aer	322	Alard	382	Alexandre,M.
123	Abbat	183	Ackw	253	Aes	323	Alary	383	Alexandro
124	Abbe	184	Acl	254	Aeso	324	Alav	384	Alexi
125	Abbo	185	Aco	255	Aet	325	Alb	385	Alfa
126	Abbot	186	Acq	256	Afa	326	Alban	386	Alfe
127	Abbot,J.	187	Acr	257	Affl	327	Albar	387	Alfi
128	Abbot,M.	188	Act	258	Afr	328	Albe	388	Alfo
129	Abbot,S.	189	Acu	259	Aga	329	Alber	389	Alford
131	Abbott	191	Ada	261	Agar	331	Alberi	391	Alfr
132	Abbott,J.	192	Adal	262	Agas	332	Albero	392	Alfred
133	Abbott,M.	193	Adam	263	Agat	333	Albert	393	Alfri
134	Abbott,S.	194	Adam,J.	264	Agay	334	Alberti	394	Alg
135	Abd	195	Adam,M.	265	Age	335	Albi	395	Alger
136	Abdul	196	Adam,S.	266	Agg	336	Albini	396	Algh
137	Abdy	197	Adam,W.	267	Agi	337	Albinu	397	Alh
138	Abe	198	Adami	268	Agis	338	Albiz	398	Ali
139	Abel	199	Adamo	269	Agl	339	Albo	399	Alif
141	Abel,L.	211	Adams	271	Agn	341	Albr	411	Alig
142	Aben	212	Adams,F.	272	Agnes	342	Albri	412	Alip
143	Aber	213	Adams,G.	273	Agnew	343	Albriz	413	Alis
144	Abercr	214	Adams,J.	274	Agno	344	Albro	414	Alison,M.
145	Aberd	215	Adams,M.	275	Ago	345	Albu	415	Alk
146	Abern	216	Adams,N.	276	Agou	346	Alc	416	All
147	Abert	217	Adams,S.	277	Agr	347	Alcan	417	Allan
148	Abi	218	Adams,T.	278	Agri	348	Alcar	418	Allan,M.
149	Abing	219	Adams,W.	279	Agrip	349	Alcaz	419	Allard
151	Abk	221	Adamson	281	Agro	351	Alce	421	Allas
152	Abl	222	Add	282	Agu	352	Alci	422	Alle
153	Abn	223	Adde	283	Aguil	353	Alcip	423	Allein
154	Abo	224	Addi	284	Aguir	354	Alco	424	Allem
155	Abou	225	Addison	285	Ah	355	Alcot	425	Allen
156	About	226	Addison,M.	286	Ahm	356	Alcu	426	Allen,H.
157	Abov	227	Ade	287	Ahr	357	Ald	427	Allen,J.
158	Abr	228	Adelh	288	Ai	358	Alden	428	Allen,N.
159	Abrah	229	Adelo	289	Aig	359	Alden,S.	429	Allen,S.
161	Abrai	231	Aden	291	Aik	361	Alder	431	Allen,T.
162	Abre	232	Adet	292	Aiki	362	Alders	432	Allen,W.
163	Abri	233	Adh	293	Ail	363	Aldi	433	Allens
164	Abru	234	Adi	294	Aim	364	Aldo	434	Aller
165	Abu	235	Adison,S.	295	Ain	365	Aldr	435	Alle
166	Abul	236	Adk	296	Ains	366	Ale	436	Alli
167	Abur	237	Adl	297	Ainsw	367	Alem	437	Alling
168	Aca	238	Adm	298	Air	368	Alen	438	Allis
169	Acc	239	Ado	299	Ais	369	Alep	439	Allison,M.

Allo — Aro

441	Allo	511	Amen	571	Andrews,T.	641	Apel	711	Arin
442	Alls	512	Amer	572	Andrews,W.	642	Api	712	Ario
443	Ally	513	Ames	573	Andri	643	Apo	713	Arip
444	Alm	514	Ames,M.	574	Andro	644	Apollo	714	Aris
445	Alman	515	Amh	575	Andron	645	Apos	715	Aristi
446	Almas	516	Ami	576	Andros	646	App	716	Aristo
447	Alme	517	Amin	577	Andry	647	Appi	717	Aristop
448	Almen	518	Amm	578	Ane	648	Appl	718	Ariu
449	Almi	519	Ammir	579	Aner	649	Appleton	719	Ariz
451	Almo	521	Ammo	581	Ang	651	Appleton,J.	721	Ark
452	Almon	522	Amn	582	Angeli	652	Appleton,T.	722	Arkw
453	Alo	523	Amo	583	Angell	653	Appu	723	Arl
454	Alon	524	Amor	584	Angelo	654	Apr	724	Arling
455	Alos	525	Amos	585	Angelu	655	Apt	725	Arlo
456	Alp	526	Amp	586	Angen	656	Aqu	726	Arlu
457	Alpi	527	Amps	587	Anger	657	Aquin	727	Arm
458	Alq	528	Ams	588	Angi	658	Ara	728	Arme
459	Alr	529	Amu	589	Angl	659	Arag	729	Armi
461	Als	531	Amy	591	Anglu	661	Aram	731	Armis
462	Alsop	532	Ana	592	Ango	662	Aran	732	Armit
463	Alste	533	Anam	593	Angou	663	Arat	733	Armitage,M.
464	Alsto	534	Anas	594	Angu	664	Arb	734	Arms
465	Alt	535	Anat	595	Angus	665	Arbl	735	Armstrong
466	Alte	536	Anax	596	Anh	666	Arbo	736	Armstrong,J.
467	Alth	537	Anb	597	Ani	667	Arbu	737	Armstrong,M.
468	Alti	538	Anc	598	Anim	668	Arc	738	Armstrong,S.
469	Alto	539	Anch	599	Anis	669	Arch	739	Armstrong,W.
471	Alu	541	Anci	611	Ank	671	Archer	741	Army
472	Alv	542	Anco	612	Anl	672	Archer,M.	742	Arn
473	Alvare	543	And	613	Ann	673	Archi	743	Arnal
474	Alve	544	Andereas	614	Annes	674	Arci	744	Arnau
475	Alvi	545	Anders	615	Anni	675	Arco	745	Arnaul
476	Alvo	546	Anderson	616	Anq	676	Ard	746	Arnay
477	Alvw	547	Anderson,D.	617	Ans	677	Ardo	747	Arnd
478	Alz	548	Anderson,J.	618	Ansel	678	Are	748	Arne
479	Ama	549	Anderson,M.	619	Ansi	679	Areh	749	Arni
481	Amad	551	Anderson,R.	621	Ansl	681	Aren	751	Arno
482	Amal	552	Anderson,T.	622	Anso	682	Aret	752	Arnold
483	Amalt	553	Anderson,W.	623	Ansp	683	Aretin	753	Arnold,D.
484	Aman	554	Andr	624	Anst	684	Arez	754	Arnold,G.
485	Amar	555	Andral	625	Anstey	685	Arf	755	Arnold,H.
486	Amas	556	Andre	626	Ansti	686	Arg	756	Arnold,J.
487	Amat	557	Andrea	627	Ant	687	Argel	757	Arnold,M.
488	Amato	558	Andree	628	Antho	688	Argen	758	Arnold,S.
489	Amau	559	Andrei	629	Anti	689	Argent	759	Arnold,T.
491	Amb	561	Andres	631	Antim	691	Argenti	761	Arnold,W.
492	Ambi	562	Andrew	632	Antio	692	Argi	762	Arnoldi
493	Ambl	563	Andrew,M.	633	Antip	693	Argo	763	Arnon
494	Ambo	564	Andrewe	634	Anto	694	Argu	764	Arnot
495	Ambr	565	Andrews	635	Antoni	695	Argy	765	Arnou
496	Ambros	566	Andrews,E.	636	Antr	696	Ari	766	Arnoult
497	Ambu	567	Andrews,J.	637	Anv	697	Arib	767	Arns
498	Ame	568	Andrews,M.	638	Ao	698	Arid	768	Arnu
499	Amelo	569	Andrews,R.	639	Ap	699	Arig	769	Aro

Arou — Azz

771	Arou	842	Aspl	913	Audl	974	Ayc		
772	Arp	843	Aspr	914	Audo	975	Ayd		
773	Arr	844	Ass	915	Audr	976	Aye		
774	Arre	845	Assen	916	Audu	977	Ayers		
775	Arri	846	Asser	917	Aue	978	Ayl		
776	Arrig	847	Assh	918	Auf	979	Aylm		
777	Arriv	848	Assi	919	Aug				
778	Arro	849	Asso			981	Aylw		
779	Arrows			921	Augi	982	Aym		
		851		922	Augu	983	Ayn		
781	Ars	852	Ast	923	Augus	984	Ayr		
782	Arsi	853	Aste	924	Aul	985	Ayres		
783	Arsl	854	Asti	925	Aum	986	Ayrt		
784	Art	855	Astl	926	Aun	987	Ays		
785	Artau	856	Asto	927	Aur	988	Ayt		
786	Arte	857	Aston,M.	928	Auri	989	Ayton		
787	Arth	858	Astor	929	Auriv				
788	Arthur	859	Astr			991	Aza		
789	Arthur,M.			931	Auro	992	Azar		
		861	Asu	932	Aus	993	Aze		
791	Arthur,S.	862	Ata	933	Austen	994	Azev		
792	Arto	863	Atch	934	Austen,M.	995	Azi		
793	Aru	864	Ate	935	Austin	996	Azo		
794	Arunt	865	Ath	936	Austin,J.	997	Azr		
795	Arv	866	Athe	937	Austin,M.	998	Azy		
796	Arw	867	Athen	938	Austin,T.	999	Azz		
797	Arz	868	Ather	939	Aut				
798	Asa	869	Atherton,M.						
799	Asb			941	Autr				
		871	Athi	942	Auv				
811	Asc	872	Ati	943	Aux				
812	Asch	873	Atk	944	Auz				
813	Aschen	874	Atkins,M.	945	Ava				
814	Ascl	875	Atkinson	946	Avan				
815	Asco	876	Atkison,J.	947	Avau				
816	Ase	877	Atkison,M.	948	Ave				
817	Asf	878	Atkison,T.	949	Avell				
818	Asg	879	Atky						
819	Ash			951	Aven				
		881	Atl	952	Aver				
821	Ashbu	882	Atr	953	Avero				
822	Ashburt	883	Att	954	Avery				
823	Ashby	884	Atter	955	Avery,M.				
824	Ashe	885	Atti	956	Avez				
825	Asher	886	Attw	957	Avi				
826	Ashl	887	Atw	958	Avil				
827	Ashm	888	Aub	959	Avit				
828	Asht	889	Aubert						
829	Ashton,M.			961	Avo				
		891	Aubery	962	Avos				
831	Ashw	892	Aubes	963	Avr				
832	Asi	893	Aubi	964	Awa				
833	Asio	894	Aubin	965	Awb				
834	Ask	895	Aubr	966	Awd				
835	Askew	896	Aubry	967	Awi				
836	Asm	897	Aubu	968	Ax				
837	Aso	898	Auc	969	Axel				
838	Asp	899	Aud	971	Axo				
839	Asper	911	Audi	972	Axt				
841	Aspi	912	Audin	973	Aya				

Ba — Catto

Ba	111	Ca	Bal	171	Calz	Barbu	241	Capet	Basi	311	Carr
Bab	112	Cab	Balb	172	Cam	Barc	242	Capg	Basili	312	Carr,M.
Babe	113	Cabas	Balbo	173	Camas	Barch	243	Capi	Basin	313	Carrar
Babi	114	Cabe	Balc	174	Camb	Barcl	244	Capit	Basir	314	Carre
Babr	115	Cabi	Bald	175	Cambi	Bard	245	Capo	Bask	315	Carret
Bac	116	Cabo	Balder	176	Cambo	Bardi	246	Capon	Basn	316	Carri
Bacci	117	Cabr	Baldi	177	Cambr	Bardo	247	Capp	Bass	317	Carril
Bach	118	Cac	Baldo	178	Cambri	Bare	248	Capper	Basse	318	Carrin
Bache	119	Cach	Baldu	179	Camd	Barf	249	Cappo	Basset	319	Carro
Bachell	121	Cad	Baldw	181	Came	Barg	251	Capr	Bassi	321	Cars
Bachet	122	Cade	Baldwin,M.	182	Camer	Bari	252	Capre	Basso	322	Cart
Bachi	123	Cadet	Bale	183	Cami	Barin	253	Capri	Bassu	323	Carter
Bachm	124	Cadi	Bales	184	Camm	Bark	254	Capro	Bast	324	Carter,L.
Baci	125	Cado	Balf	185	Camo	Barker	255	Capu	Baste	325	Carter,S.
Back	126	Cad	Bali	186	Camp	Barki	256	Caq	Basti	326	Carth
Bacm	127	Cae	Ball	187	Campbell	Barl	257	Car	Basto	327	Carti
Baco	128	Caes	Balla	188	Campbell,H.	Barlo	258	Caraf	Bat	328	Carto
Bacon,M.	129	Caf	Ballar	189	Campbell,M.	Barn	259	Caram	Bates	329	Cartw
Bacr	131	Cag	Balle	191	Campbell,S.	Barnes	261	Caran	Bath	331	Carv
Bad	132	Cah	Balli	192	Campbell,W.	Barnh	262	Carat	Bathu	332	Cary
Bade	133	Cai	Ballo	193	Campe	Barnu	263	Carb	Bati	333	Cary,M
Baden	134	Cail	Balm	194	Campen	Baro	264	Carbo	Bato	334	Cas
Badg	135	Cain	Balo	195	Camper	Baron	265	Carc	Batt	335	Casan
Badi	136	Cair	Bals	196	Campi	Baroni	266	Card	Batti	336	Casat
Bado	137	Cais	Balt	197	Campis	Barot	267	Cardi	Bau	337	Case
Badr	138	Caiu	Balu	198	Campo	Barr	268	Cardo	Baud	338	Casen
Bae	139	Caj	Bam	199	Campr	Barras	269	Cardw	Baudio	339	Casi
Baer	141	Cal	Bamp	211	Camu	Barre	271	Care	Baudo	341	Caso
Baert	142	Calan	Ban	212	Can	Barrer	272	Carew	Baudr	342	Casp
Baf	143	Calas	Banc	213	Canan	Barret	273	Carey	Baudu	343	Cass
Bag	144	Calc	Band	214	Canb	Barrett	274	Carey,H.	Baue	344	Casse
Bagi	145	Cald	Bane	215	Canc	Barri	275	Carey,M.	Bauf	345	Cassi
Bagl	146	Calde	Bang	216	Cand	Barrin	276	Carey,S.	Baug	346	Cast
Bagn	147	Caldw	Bani	217	Candi	Barro	277	Cari	Baum	347	Caste
Bago	148	Cale	Bank	218	Candl	Barrow	278	Carl	Baumg	348	Castel
Bags	149	Calen	Bann	219	Cando	Barry	279	Carlet	Baun	349	Casteln
Bah	151	Calf	Bao	221	Cane	Barry,L.	281	Carleton	Baur	351	Casten
Bai	152	Calh	Bap	222	Canf	Bars	282	Carli	Baut	352	Casti
Bail	153	Cali	Bar	223	Cani	Bart	283	Carlis	Bav	353	Castil
Baile	154	Calin	Barag	224	Cann	Barth	284	Carlo	Bavi	354	Castl
Bailey,L.	155	Calk	Baran	225	Canni	Barthel	285	Carlt	Bax	355	Casto
Bailey,S.	156	Call	Barat	226	Canno	Bartho	286	Carly	Bay	356	Castr
Baill	157	Calle	Barau	227	Cano	Bartholo	287	Carm	Baye	357	Casw
Baillo	158	Calli	Barb	228	Cans	Barti	288	Carn	Bayl	358	Cat
Bails	159	Callim	Barbar	229	Cant	Bartl	289	Carne	Bayly	359	Catel
Baily	161	Callin	Barbat	231	Canti	Bartlett,M.	291	Carno	Bayn	361	Cath
Bain	162	Callis	Barbau	232	Canto	Barto	292	Caro	Baz	362	Cathc
Bair	163	Callo	Barbe	233	Cantr	Barton	293	Caron	Bazi	363	Cathe
Bait	164	Calm	Barber	234	Cantw	Bartr	294	Carp	Bazo	364	Cati
Baj	165	Calo	Barbet	235	Canu	Baru	295	Carpenter	Be	365	Catl
Bak	166	Calt	Barbi	236	Cap	Barw	296	Carpenter,L.	Beal	366	Cato
Bake	167	Calv	Barbil	237	Cape	Bas	297	Carpenter,S.	Bean	367	Catr
Baker,M.	168	Calvi	Barbo	238	Capel	Basc	298	Carpi	Bear	368	Catt
Baks	169	Calvo	Barbou	239	Capen	Base	299	Carpo	Beat	369	Catto

Beau — Clift

Beau	371	Cau	Bellen	441	Chalt	Beri	511	Chauv	Bev	571	Cig			
Beauch	372	Caul	Beller	442	Cham	Berk	512	Chav	Bew	572	Cil			
Beaucl	373	Caum	Belli	443	Chamber	Berkl	513	Chaz	Bey	573	Cim			
Beauf	374	Caus	Bellin	444	Chambers	Berl	514	Che	Bez	574	Cin			
Beaug	375	Caut	Bellm	445	Chambers,M	Berlin	515	Chee	Bh	575	Cini			
Beauh	376	Cav	Bello	446	Chambo	Berm	516	Chel	Bi	576	Cio			
Beaul	377	Caval	Bellon	447	Chambr	Bern	517	Chem	Bian	577	Cip			
Beaum	378	Cave	Bellow	448	Chami	Bernar	518	Chen	Bianco	578	Cir			
Beaumo	379	Caven	Bellu	449	Champ	Bernard,J.	519	Chep	Biar	579	Cis			
Beaun	381	Cavendish,L	Belm	451	Champe	Bernard,M.	521	Cher	Bib	581	Cit			
Beaup	382	Cavi	Belo	452	Champi	Bernard,T.	522	Chero	Bibl	582	Civ			
Beaur	383	Cavo	Belt	453	Champl	Bernardi	523	Cheru	Bic	583	Cl			
Beaus	384	Cax	Belv	454	Chan	Bernat	524	Ches	Bid	584	Clag			
Beauv	385	Cay	Bem	455	Chandl	Berne	525	Chest	Bide	585	Clai			
Beauvo	386	Caz	Ben	456	Chandler,M.	Bernet	526	Chet	Bie	586	Clam			
Beb	387	Ce	Benc	457	Chanl	Bernh	527	Chev	Biel	587	Clan			
Bec	388	Ceci	Bend	458	Chann	Berni	528	Chevi	Bien	588	Clap			
Bece	389	Ced	Bendo	459	Chant	Berno	529	Chevr	Bies	589	Clapp			
Bech	391	Cei	Bene	461	Chao	Berns	531	Chey	Bif	591	Clar			
Bechs	392	Cel	Benede	462	Chap	Bero	532	Chi	Big	592	Clark			
Beck	393	Cell	Benedi	463	Chapi	Berr	533	Chich	Bigl	593	Clark,G.			
Becke	394	Cels	Benef	464	Chapl	Berry	534	Chif	Bigo	594	Clark,M.			
Becker	395	Cen	Benel	465	Chapm	Bers	535	Chil	Bil	595	Clark,S.			
Becker,P.	396	Cens	Beng	466	Chapman	Bert	536	Child	Bill	596	Clark,W.			
Becki	397	Cent	Beni	467	Chapp	Berte	537	Childs	Bille	597	Clarke			
Becm	398	Ceo	Benj	468	Chapu	Berth	538	Chill	Billi	598	Clarke,G.			
Bed	399	Cep	Benn	469	Char	Berthe	539	Chin	Billo	599	Clarke,M.			
Bede	411	Cer	Bennett	471	Chard	Berthi	541	Chip	Bim	611	Clarke,S.			
Bedi	412	Cerc	Bennett,M.	472	Chare	Bertho	542	Chis	Bin	612	Clarke,W.			
Bedr	413	Cerd	Beno	473	Chari	Berti	543	Chit	Bing	613	Clarks			
Bee	414	Cere	Bens	474	Charl	Bertin	544	Chla	Binn	614	Clary			
Beer	415	Ceri	Bent	475	Charles	Berto	545	Cho	Bio	615	Clau			
Beg	416	Cero	Benth	476	Charles,M.	Bertol	546	Chois	Bior	616	Claus			
Begi	417	Cerr	Bentl	477	Charles,S.	Berton	547	Chol	Bir	617	Clav			
Begu	418	Cert	Bento	478	Charlet	Bertr	548	Chom	Bird	618	Clax			
Beh	419	Cerv	Benw	479	Charlo	Bertrand,F	549	Chop	Birk	619	Clay			
Behr	421	Ces	Beo	481	Charlt	Bertrand,N.	551	Chor	Bis	621	Clay,M.			
Bei	422	Ceso	Ber	482	Charm	Bertu	552	Chou	Bish	622	Clay,T.			
Beis	423	Cet	Berar	483	Charn	Berw	553	Chr	Biss	623	Cle			
Bek	424	Cev	Berau	484	Charp	Bes	554	Chri	Bit	624	Clee			
Bel	425	Cey	Berc	485	Charr	Besl	555	Christi	Biz	625	Clem			
Belan	426	Ch	Berck	486	Chart	Beso	556	Christo	Bj	626	Clement			
Belch	427	Chabe	Bere	487	Chas	Bess	557	Chro	Bl	627	Clen			
Bele	428	Chabo	Beren	488	Chass	Bessem	558	Chry	Blackb	628	Cleo			
Belg	429	Chabr	Berens	489	Chast	Bessi	559	Chu	Blackm	629	Cler			
Beli	431	Chac	Beres	491	Chastil	Best	561	Church	Blacks	631	Clerk			
Belk	432	Chad	Beret	492	Chat	Bet	562	Church,M.	Blackw	632	Clerke			
Bell	433	Chaf	Berg	493	Chath	Bethm	563	Churchill	Blag	633	Clerm			
Bell L	434	Chai	Bergan	494	Chati	Beto	564	Chut	Blai	634	Cles			
Bell R	435	Chais	Berge	495	Chatt	Bett	565	Ci	Blair	635	Clev			
Bellan	436	Chal	Berger	496	Chau	Beu	566	Cian	Blak	636	Cli			
Bellav	437	Chall	Bergh	497	Chaul	Beul	567	Cib	Blakes	637	Clif			
Belle	438	Chalm	Bergi	498	Chaun	Beus	568	Cic	Blan	638	Clifford,M.			
Bellege	439	Chalo	Bergm	499	Chaus	Beut	569	Cie	Blanch	639	Clift			

Blanch — Bruns / Clin — Craw

Blanche	641	Clin	Bond	711	Colling	Boure	771	Cook	Brer	841	Costel
Bland	642	Cliv	Bone	712	Collins	Bourg	772	Cooke	Bres	842	Coster
Blanq	643	Clo	Bonf	713	Collins,S.	Bourgo	773	Cooke,M.	Bress	843	Cot
Blas	644	Clon	Bonh	714	Collo	Bouri	774	Cool	Bret	844	Coti
Blau	645	Clos	Boni	715	Colly	Bourn	775	Coom	Brett	845	Coto
Ble	646	Clot	Bonn	716	Colm	Bourr	776	Coop	Breu	846	Cott
Blen	647	Clou	Bonnet	717	Coln	Bous	777	Cooper,H.	Brew	847	Cotter
Bli	648	Clow	Bonni	718	Colo	Bout	778	Cooper,O.	Brews	848	Cotti
Blis	649	Clu	Bono	719	Colon	Bouth	779	Coot	Bri	849	Cottl
Blo	651	Cn	Bons	721	Colp	Bouto	781	Cop	Brid	851	Cotto
Blod	652	Co	Bont	722	Colq	Bouv	782	Cope	Bridgm	852	Coty
Blom	653	Cobb	Bonv	723	Cols	Bov	783	Copi	Brie	853	Cou
Blon	654	Cobbet	Boo	724	Colt	Bow	784	Copl	Brig	854	Coud
Bloo	655	Cobd	Boot	725	Colto	Bowdi	785	Copp	Brigh	855	Coul
Blos	656	Cobh	Bor	726	Colu	Bowe	786	Coq	Brighto	856	Coup
Blou	657	Cobo	Bord	727	Colv	Bowl	787	Cor	Bril	857	Coupl
Blu	658	Cobu	Borden	728	Com	Bowr	788	Coran	Brin	858	Cour
Blunt	659	Coc	Bordi	729	Comb	Boy	789	Corb	Bris	859	Courc
Bly	661	Coch	Bore	731	Combes	Boye	791	Corbin	Brist	861	Courl
Bo	662	Cochin	Borg	732	Come	Boyl	792	Corbo	Brit	862	Court
Bob	663	Cochr	Borgi	733	Comi	Boys	793	Corc	Bro	863	Courte
Boc	664	Cock	Borgo	734	Comm	Br	794	Cord	Brock	864	Courti
Bock	665	Cockb	Borl	735	Como	Brab	795	Cordi	Broe	865	Courtn
Bod	666	Cocke	Born	736	Comp	Brac	796	Cordo	Brog	866	Courto
Bodi	667	Coco	Borr	737	Compan	Brack	797	Core	Brok	867	Cous
Bodl	668	Cocq	Bors	738	Compt	Brad	798	Cori	Brom	868	Couss
Boe	669	Cod	Bort	739	Coms	Bradf	799	Cork	Bron	869	Coust
Boeh	671	Codm	Bos	741	Comt	Bradl	811	Corm	Broo	871	Cout
Boer	672	Coe	Bosch	742	Comy	Brads	812	Corn	Brooke	872	Coutu
Boet	673	Coes	Bose	743	Con	Brag	813	Corne	Brooks	873	Cov
Bog	674	Cof	Boso	744	Conc	Brai	814	Cornel	Bros	874	Cow
Bogi	675	Coffin	Boss	745	Cond	Bram	815	Corner	Brou	875	Cowl
Boh	676	Cog	Bossu	746	Condo	Bran	816	Cornet	Brous	876	Cowp
Bohn	677	Cogs	Bost	747	Cone	Brand	817	Cornh	Brow	877	Cox
Boi	678	Coh	Bot	748	Conf	Brandi	818	Corni	Brown,H.	878	Cox,R.
Boil	679	Coig	Both	749	Cong	Brando	819	Corno	Brown,M.	879	Coxe
Boin	681	Coit	Bott	751	Coni	Brandt	821	Cornw	Brown,T.	881	Coy
Bois	682	Cok	Bou	752	Conk	Brar	822	Coro	Browne	882	Coz
Boisg	683	Col	Bouche	753	Cono	Bras	823	Corr	Browne,M.	883	Cr
Boiss	684	Colb	Bouchi	754	Conr	Brat	824	Corre	Browne,S.	884	Crad
Boit	685	Colbu	Boucho	755	Cons	Brau	825	Corri	Browni	885	Craf
Bok	686	Colby	Boud	756	Const	Brav	826	Cors	Bru	886	Crai
Bol	687	Colc	Bouf	757	Constan	Bray	827	Cort	Bruce,J.	887	Craik
Bole	688	Cold	Boug	758	Constanti	Bre	828	Cortes	Bruck	888	Crak
Boli	689	Cole	Bouh	759	Cont	Brec	829	Corti	Brue	889	Cram
Boll	691	Coleb	Boui	761	Conte	Bred	831	Corto	Brug	891	Cran
Bolli	692	Colem	Bouil	762	Conti	Bree	832	Corv	Bruh	892	Crao
Bolo	693	Coler	Boul	763	Conto	Breg	833	Cory	Brum	893	Crap
Bolt	694	Colet	Boull	764	Contr	Breh	834	Cos	Brun	894	Cras
Bom	695	Colev	Boun	765	Contu	Brei	835	Cosp	Brunet	895	Crat
Bomi	696	Coli	Bour	766	Conv	Brem	836	Coss	Bruni	896	Crato
Bon	697	Coll	Bourc	767	Conw	Bren	837	Cost	Brunn	897	Crau
Bonap	698	Collet	Bourd	768	Cony	Brenn	838	Costan	Bruno	898	Crav
Bonar	699	Colli	Bourdi	769	Coo	Brent	839	Coste	Bruns	899	Craw

Brunsw — Bz		Crawl — Cza	
Brunsw	911	Crawl	
Brus	912	Cre	
Brut	913	Cree	
Bruy	914	Crei	
Bry	915	Crel	
Bryc	916	Creo	
Bu	917	Crep	
Buc	918	Creq	
Buche	919	Cres	
Bucho	921	Cresp	
Buck	922	Cress	
Bucki	923	Cresw	
Buckl	924	Cret	
Buckm	925	Creu	
Bucks	926	Crev	
Bud	927	Crew	
Bue	928	Cri	
Buf	929	Cril	
Bug	931	Crin	
Bui	932	Cris	
Bul	933	Crist	
Bulk	934	Crit	
Bull	935	Critt	
Bulle	936	Criv	
Bulli	937	Cro	
Bullo	938	Crock	
Bulo	939	Croe	
Bulw	941	Crof	
Bun	942	Croi	
Bu	943	Crok	
Buoni	944	Crol	
Bur	945	Crom	
Burb	946	Cromw	
Burc	947	Cron	
Burck	948	Croo	
Burd	949	Cros	
Burdet	951	Cross	
Bure	952	Crou	
Burf	953	Crow	
Burg	954	Croy	
Burges	955	Cru	
Burgh	956	Crum	
Burgo	957	Crus	
Burh	958	Cs	
Burk	959	Ct	
Burl	961	Cu	
Burm	962	Cub	
Burn	963	Cuc	
Bunet	964	Cud	
Burney	965	Cue	
Burnh	966	Cui	
Burns	967	Cul	
Burr	968	Culp	
Burre	969	Cum	

Burri	971	Cumm	
Burro	972	Cun	
Burt	973	Cunn	
Burto	974	Cup	
Bury	975	Cur	
Bus	976	Curr	
Busch	977	Curs	
Bush	978	Curt	
Bushn	979	Curtis,J.	
Buss	981	Curtis,P.	
Bust	982	Curw	
But	983	Curz	
Buti	984	Cus	
Butl	985	Cushing,M.	
Butler,M.	986	Cushm	
Butler,T.	987	Cust	
Butt	988	Cut	
Butto	989	Cutl	
Bux	991	Cutt	
Buy	992	Cuv	
By	993	Cuy	
Byn	994	Cy	
Byr	995	Cyc	
Byro	996	Cyl	
Bys	997	Cyr	
Byt	998	Cz	
Bz	999	Czo	

Da — Dem / Fa — Ferral

Da		111	Fa		Dana,S.	171	Fairh	Daum	241	Farran	Dee	311	Feit

Da	111 Fa	Dana,S.	171 Fairh	Daum	241 Farran	Dee	311 Feit
Dabi	112 Fab	Danb	172 Fairl	Daun	242 Farrar	Deer	312 Feld
Dabl	113 Fabb	Danc	173 Fais	Daur	243 Farrar,J.	Def	313 Feli
Dabn	114 Fabe	Danck	174 Fait	Daus	244 Farrar,S.	Defo	314 Felic
Dabo	115 Faber	Danco	175 Faiv	Dav	245 Farre	Defor	315 Felin
Dabr	116 Faberi	Dand	176 Fak	Dave	246 Farri	Defr	316 Felix
Dac	117 Fabert	Dando	177 Fal	Davenp	247 Fars	Deg	317 Fell
Daci	118 Fabi	Dandr	178 Falc	Daves	248 Fas	Degl	318 Felle
Dacr	119 Fabil	Dane	179 Falck	Davi	249 Fass	Dego	319 Felli
Dad	121 Fabiu	Danf	181 Falco	Davids	251 Fast	Degr	321 Fello
Dae	122 Fabr	Dang	182 Falcone	Davidson	252 Fat	Deh	322 Fellow
Dael	123 Fabre	Dani	183 Falconer,M.	Davidson,M.	253 Fati	Deho	323 Felo
Daf	124 Fabri	Daniel	184 Falconet	Davie	254 Fato	Dei	324 Fels
Dag	125 Fabrian	Daniell	185 Falcu	Davies	255 Fau	Deis	325 Felt
Dagl	126 Fabric	Daniels	186 Fald	Davies,J.	256 Fauch	Dej	326 Felto
Dago	127 Fabrin	Dank	187 Fale	Davies,P.	257 Fauci	Dejo	327 Felton,M.
Dagu	128 Fabris	Dann	188 Falg	Davig	258 Faud	Dek	328 Feltr
Dah	129 Fabriz	Danp	189 Fali	Davil	259 Faug	Dekr	329 Felv
Dahl	131 Fabro	Dans	191 Falk	Davis	261 Faul	Del	331 Fen
Dai	132 Fabrot	Dant	192 Falken	Davis,H.	262 Faulh	Delac	332 Fene
Dail	133 Fabry	Danti	193 Falkn	Davis,M.	263 Faulk	Delaf	333 Feni
Dair	134 Fabu	Danto	194 Fall	Davis,S.	264 Faun	Delai	334 Fenn
Dak	135 Fabv	Dantz	195 Fallet	Davis,W.	265 Faur	Delal	335 Fennel
Dal	136 Faby	Danv	196 Fallo	Davo	266 Fauri	Delam	336 Fenner
Dalb	137 Fac	Danvi	197 Fals	Davr	267 Faus	Delan	337 Fenni
Dalc	138 Faccio	Dany	198 Fam	Davy	268 Fausti	Delap	338 Fenno
Dale	139 Fach	Danz	199 Fan	Daw	269 Faustu	Delar	339 Feno
Dales	141 Faci	Dao	211 Fane	Dawk	271 Fauv	Delat	341 Fens
Dalg	142 Facis	Dap	212 Fani	Daws	272 Fav	Delau	342 Fent
Dalh	143 Facu	Dar	213 Fann	Day	273 Fave	Delav	343 Fenw
Dall	144 Fad	Darc	214 Fano	Day,J.	274 Favi	Delb	344 Feo
Dallas	145 Fadi	Dard	215 Fans	Day,S.	275 Favo	Delc	345 Fer
Dalle	146 Fadl	Darde	216 Fant	Dayt	276 Favr	Dele	346 Ferb
Dalli	147 Fae	Dare	217 Fanto	Daz	277 Favre	Deles	347 Ferd
Dalm	148 Faen	Dari	218 Fantu	De	278 Faw	Deleu	348 Ferdo
Dalp	149 Faes	Dark	219 Far	Deal	279 Fawe	Delf	349 Fere
Dalr	151 Fag	Darl	221 Farc	Dean	281 Fawk	Delfo	351 Ferg
Dalt	152 Fage	Darm	222 Fare	Dean,M.	282 Fay	Delg	352 Fergu
Daly	153 Fagel	Darn	223 Farg	Deane	283 Faye	Deli	353 Ferguson,M.
Dam	154 Fagg	Daro	224 Fari	Deane,M.	284 Fayet	Delis	354 Ferguss
Damas	155 Fagi	Darr	225 Farin	Dear	285 Fayo	Deliu	355 Ferh
Damb	156 Fagn	Dart	226 Faring	Deb	286 Fayt	Delk	356 Feri
Dame	157 Fah	Daru	227 Farini	Debo	287 Faz	Dell	357 Ferl
Dami	158 Fahr	Darw	228 Faris	Debr	288 Fe	Dello	358 Ferm
Damin	159 Fai	Das	229 Farj	Debu	289 Feb	Delm	359 Ferme
Damis	161 Fail	Dass	231 Farl	Dec	291 Fec	Delo	361 Fermo
Damm	162 Fain	Dat	232 Farley,M.	Dece	292 Fed	Delor	362 Fern
Damo	163 Fair	Dath	233 Farm	Dech	293 Feder	Delp	363 Fernand
Damop	164 Fairban	Dati	234 Farmer,M.	Deci	294 Fedo	Delr	364 Ferne
Damp	165 Fairc	Dau	235 Farn	Deck	295 Fee	Dels	365 Ferni
Dampi	166 Fairf	Daubi	236 Farnh	Deco	296 Feh	Delt	366 Ferno
Dan	167 Fairfax,M.	Dauc	237 Faro	Decour	297 Fei	Delv	367 Fero
Dana,H.	168 Fairfie	Daud	238 Farq	Decr	298 Feildi	Delz	368 Ferr
Dana,M.	169 Fairfield,M.	Daul	239 Farr	Ded	299 Fein	Dem	369 Ferral

부록 3 281

Deman — Dodd / Ferram — Floris

Deman	371	Ferram	Des	441	Fian	Devons	511	Finl	Dig	571	Flach
Demar	372	Ferran	Desau	442	Fias	Devos	512	Finlays	Dige	572	Flaco
Demau	373	Ferrant	Desb	443	Fib	Devot	513	Finley	Digg	573	Flad
Demb	374	Ferrar	Desbo	444	Fic	Devr	514	Finn	Digh	574	Flag
Dembo	375	Ferrari	Desc	445	Fich	Dew	515	Fino	Dign	575	Flah
Deme	376	Ferraro	Desch	446	Fici	Dewe	516	Fins	Dil	576	Flai
Demet	377	Ferrars	Descl	447	Fick	Dewes	517	Fio	Dilk	577	Flam
Demi	378	Ferrary	Desco	448	Fico	Dewet	518	Fiore	Dill	578	Flamen
Demid	379	Ferrat	Descr	449	Fid	Dewey	519	Fiori	Dillo	579	Flami
Demil	381	Ferrau	Dese	451	Fide	Dewi	521	Fiorin	Dilw	581	Flamm
Demm	382	Ferre	Deses	452	Fie	Dewitt	522	Fir	Dim	582	Flams
Demo	383	Ferrei	Desf	453	Field	Dewitt,M.	523	Fire	Din	583	Flan
Demon	384	Ferreo	Desg	454	Field,H.	Dewl	524	Firm	Ding	584	Fland
Demop	385	Ferrer	Desgr	455	Field,M.	Dex	525	Firmin	Dini	585	Flandr
Demor	386	Ferrero	Desh	456	Field,S.	Dext	526	Firn	Dino	586	Flat
Demos	387	Ferret	Desi	457	Field,W.	Dexter,M.	527	Firo	Dins	587	Flau
Demou	388	Ferri	Desir	458	Fielde	Dey	528	Fis	Dio	588	Flav
Demp	389	Ferrib	Desj	459	Fieldi	Deyn	529	Fische	Diod	589	Flavi
Den	391	Ferric	Desl	461	Fields	Deys	531	Fise	Diog	591	Flavu
Dene	392	Ferrin	Deslo	462	Fields,J.	Dez	532	Fish	Dion	592	Flax
Denh	393	Ferrio	Desm	463	Fields,S.	Dh	533	Fisher	Diop	593	Fle
Deni	394	Ferris	Desmo	464	Fien	Dhe	534	Fisher,J.	Dios	594	Flee
Denis	395	Ferro	Desmou	465	Fier	Dho	535	Fisher,M.	Diot	595	Fleetw
Denison	396	Ferron	Desn	466	Fies	Di	536	Fisher,S.	Dip	596	Flei
Denm	397	Ferrou	Deso	467	Fiesco	Diam	537	Fisher,W.	Dir	597	Flem
Denn	398	Ferru	Desp	468	Fieso	Dian	538	Fisk	Dirc	598	Fleming,M.
Denne	399	Ferry	Despl	469	Fif	Diap	539	Fisk,M.	Dirk	599	Flemm
Denni	411	Fert	Despo	471	Fig	Dias	541	Fiske	Dis	611	Fles
Denny	412	Feru	Despor	472	Figi	Diaz	542	Fiske,M.	Disn	612	Flet
Deno	413	Fes	Despr	473	Figo	Dib	543	Fiss	Disr	613	Fletcher,J.
Dent	414	Fessen	Desr	474	Figr	Dibd	544	Fit	Dist	614	Fletcher,P.
Denton	415	Fessenden,M.	Dess	475	Figu	Dic	545	Fitch,J.	Dit	615	Fletcher,S.
Denv	416	Fessi	Dest	476	Figui	Dice	546	Fitch,S.	Dits	616	Fleu
Deny	417	Fessl	Destr	477	Figul	Dick	547	Fitt	Ditt	617	Fleuri
Deo	418	Fest	Desv	478	Fil	Dicke	548	Fitz	Div	618	Fleury
Dep	419	Fet	Det	479	Filas	Dicker	549	Fitza	Dix	619	Flex
Depl	421	Fett	Deti	481	File	Dickey	551	Fitzb	Dixo	621	Fli
Depo	422	Feu	Deto	482	Fili	Dicki	552	Fitzc	Dixw	622	Flin
Depp	423	Feuer	Detr	483	Filip	Dickinso	553	Fitzg	Dj	623	Flint
Depr	424	Feug	Detz	484	Fill	Dicks	554	Fitzgerald,M.	Dje	624	Flint,J.
Depu	425	Feui	Deu	485	Fille	Did	555	Fitzh	Dji	625	Flint,S.
Deq	426	Feuill	Deus	486	Filli	Didi	556	Fitzj	Djo	626	Flip
Der	427	Feut	Deux	487	Fillm	Dido	557	Fitzm	Dm	627	Flit
Derby,M.	428	Fev	Dev	488	Filo	Didr	558	Fitzn	Dmi	628	Flo
Derc	429	Fevr	Deve	489	Fils	Die	559	Fitzp	Dmo	629	Flog
Dere	431	Fevret	Dever	491	Fin	Diel	561	Fitzr	Do	631	Floo
Derh	432	Few	Devi	492	Finch	Dien	562	Fitzs	Dob	632	Flor
Deri	433	Fey	Devig	493	Finck	Dier	563	Fitzt	Dobe	633	Florent
Derl	434	Feyer	Devil	494	Find	Dies	564	Fitzw	Dobr	634	Flores
Derm	435	Feyn	Devin	495	Fine	Diet	565	Fiu	Dobs	635	Flori
Dern	436	Ffa	Devis	496	Finet	Dietr	566	Fix	Doc	636	Florid
Dero	437	Ffo	Devl	497	Fing	Dieu	567	Fiz	Doch	637	Florin
Derr	438	Fi	Devo	498	Fini	Diez	568	Fl	Dod	638	Florio
Derw	439	Fiam	Devon	499	Fink	Dif	569	Flac	Dodd	639	Floris

Doddr	641	Floru	Dorl	711	Ford,M.	Dre	771	Foun	Ducon	841	Fras
Dodds	642	Flot	Dorm	712	Fordh	Drel	772	Fouq	Ducr	842	Fraser M
Dode	643	Flott	Dorn	713	Fordy	Dres	773	Four	Ducro	843	Frass
Dodg	644	Flow	Dorni	714	Fore	Dreu	774	Fourcr	Dud	844	Frat
Dodge,M.	645	Floy	Doro	715	Forem	Drev	775	Fouri	Dude	845	Frau
Dodi	646	Flu	Dorr	716	Fores	Drew	776	Fourm	Dudi	846	Frav
Dods	647	Flur	Dors	717	Forester	Drex	777	Fourn	Dudl	847	Fray
Dodw	648	Fly	Dorse	718	Foresti	Drey	778	Fourni	Dudley,L.	848	Fraz
Doe	649	Fo	Dort	719	Forf	Dri	779	Fourniv	Dudley,S.	849	Fre
Doel	651	Fob	Dorv	721	Forg	Drink	781	Fourq	Dudo	851	Frec
Doer	652	Foc	Dos	722	Forl	Driv	782	Fout	Due	852	Fred
Does	653	Fod	Dosi	723	Form	Dro	783	Fov	Duer	853	Free
Dog	654	Foe	Doss	724	Forman	Drog	784	Fow	Duf	854	Freel
Doh	655	Fog	Dot	725	Forme	Drol	785	Fowl	Duff	855	Freem
Dohn	656	Fogl	Dou	726	Formo	Drom	786	Fowler,H.	Duffe	856	Freer
Doi	657	Foh	Doubl	727	Forn	Dros	787	Fowler,M.	Duffi	857	Frees
Dois	658	Foi	Douc	728	Forr	Drou	788	Fowler,S.	Duffy	858	Freg
Dol	659	Foin	Doue	729	Forrest,M.	Drouo	789	Fowler,W.	Dufl	859	Frego
Dolb	661	Foix	Doug	731	Forrester	Drov	791	Fox	Dufo	861	Freh
Dolc	662	Fok	Dough	732	Fors	Droy	792	Fox,M.	Dufourn	862	Frei
Dole	663	Fol	Dougl	733	Forst	Droz	793	Fox,S.	Dufr	863	Freig
Dolg	664	Folg	Douglas,G.	734	Forster,M.	Dru	794	Fox,X.	Dufres	864	Freil
Doll	665	Foli	Douglas,M.	735	Forsy	Drum	795	Foxe	Dufu	865	Freim
Dom	666	Folk	Douglas,S.	736	Fort	Drur	796	Foy	Dug	866	Freir
Domb	667	Foll	Douglas,W.	737	Forte	Drus	797	Fr	Dugo	867	Frek
Dome	668	Folli	Doul	738	Fortes	Dry	798	Frach	Dugu	868	Frel
Domi	669	Folq	Dour	739	Forth	Dryd	799	Frad	Duh	869	Frem
Domin	671	Fols	Dous	741	Forti	Drys	811	Frag	Duhe	871	Fremi
Domit	672	Fom	Douv	742	Fortin	Du	812	Frai	Duho	872	Fremo
Domn	673	Fomtani	Dov	743	Fortis	Dub	813	Fram	Dui	873	Fren
Don	674	Fon	Dow	744	Forto	Dube	814	Fran	Duil	874	French,H.
Donal	675	Fonf	Dowd	745	Fortu	Dubo	815	France	Duis	875	French,M.
Donalds	676	Fonn	Dowe	746	Fos	Dubois M	816	Franch	Duj	876	French,S.
Donat	677	Fons	Dowl	747	Fosc	Dubos	817	Franci	Duk	877	French,W.
Donc	678	Font	Down	748	Fosd	Dubou	818	Francis	Dul	878	Frend
Dond	679	Fontai	Downh	749	Fosg	Dubr	819	Francis,M.	Dulau	879	Freni
Done	681	Fontan	Downi	751	Foss	Dubu	821	Franciu	Dulc	881	Frer
Dong	682	Fonte	Dows	752	Fosse	Duc	822	Franck	Duli	882	Freret
Doni	683	Fonten	Doy	753	Fost	Ducar	823	Francke	Dull	883	Frero
Donk	684	Fonti	Doyl	754	Foster	Ducas	824	Franckl	Dulo	884	Fres
Donn	685	Fontr	Doz	755	Foster,H.	Duce	825	Franco	Dum	885	Fresh
Donner	686	Foo	Dr	756	Foster,M.	Duch	826	Francon	Dumas	886	Fresn
Dono	687	Foot	Drac	757	Foster,S.	Duchat	827	Frang	Dumay	887	Fress
Dont	688	Foote	Drae	758	Foster,W.	Duche	828	Frank	Dume	888	Fret
Donz	689	Foote,M.	Drag	759	Fot	Duches	829	Franke	Dumm	889	Freu
Doo	691	Fop	Drak	761	Fother	Duchi	831	Frankl	Dumo	891	Frev
Dop	692	For	Drake,M.	762	Fou	Ducho	832	Franklin,H.	Dumon	892	Frew
Dor	693	Forbes,H.	Drake,S.	763	Fouch	Duci	833	Franklin,M.	Dumont	893	Frey
Dorat	694	Forbes,M.	Dran	764	Foud	Duck	834	Franklin,S.	Dumor	894	Freyl
Dore	695	Forbes,S.	Drap	765	Fouq	Ducke	835	Franq	Dumou	895	Freyt
Dori	696	Forbi	Draper,M	766	Foui	Duckw	836	Frant	Dumour	896	Frez
Dorig	697	Forc	Drapp	767	Foul	Ducl	837	Franz	Dun	897	Fri
Dorio	698	Forch	Dray	768	Foulo	Duclo	838	Frap	Dunb	898	Frid
Doris	699	Ford	Drayt	769	Foulq	Duco	839	Frar	Dunbar,M.	899	Frie

Dunc — Dz / Friedl — Fyr

Dunc	911	Friedl	Dus	971	Fullert
Duncan,M.	912	Fries	Duse	972	Fullo
Dunco	913	Fril	Dusi	973	Fulm
Dund	914	Frin	Duss	974	Fult
Dundo	915	Frip	Dut	975	Fulv
Dung	916	Frir	Duti	976	Fum
Dunh	917	Fris	Duto	977	Fume
Duni	918	Frisw	Dutr	978	Fumi
Dunk	919	Frit	Dutt	979	Fun
Dunl	921	Friz	Dutton	981	Fund
Dunlo	922	Fro	Duv	982	Funk
Dunn	923	Frobi	Duval	983	Fur
Dunni	924	Froc	Duvau	984	Furi
Duno	925	Froe	Duve	985	Furl
Duns	926	Froel	Duvet	986	Furm
Dunt	927	Frog	Duvi	987	Furn
Dunu	928	Froh	Duy	988	Furnes
Dup	929	Froi	Dw	989	Furni
Dupar	931	From	Dwi	991	Furs
Dupe	932	Fromm	Dwight,J.	992	Furt
Duperr	933	Fron	Dwight,S.	993	Fus
Dupi	934	Frons	Dy	994	Fuss
Dupl	935	Front	Dye	995	Fust
Duples	936	Fronto	Dyer	996	Fusu
Dupo	937	Fror	Dym	997	Fy
Dupont	938	Fros	Dyr	998	Fyo
Dupor	939	Frost	Dz	999	Fyr
Dupp	941	Frot			
Dupr	942	Frou			
Dupres	943	Frow			
Dupu	944	Fru			
Dupuy	945	Frun			
Duq	946	Fry			
Dur	947	Fry,M.			
Duran	948	Frye			
Durand,M.	949	Fu			
Durant	951	Fuchs			
Duras	952	Fud			
Duraz	953	Fue			
Durd	954	Fuen			
Dure	955	Fues			
Duret	956	Fuf			
Durey	957	Fug			
Durf	958	Fugg			
Durfo	959	Fuh			
Durh	961	Fui			
Duri	962	Ful			
Duriv	963	Fulg			
Duro	964	Fulk			
Durr	965	Full			
Durs	966	Fuller,H.			
Duru	967	Fuller,M.			
Duruy	968	Fuller,S.			
Dury	969	Fuller,W.			

Ga — Geri / Ha — Hauf

Ga	111	Ha	Gallio	171	Halh	Garri	241	Hank	Geh	311	Harrington,M.
Gab	112	Haas	Gallo	172	Hali	Garris	242	Hanm	Gei	312	Harrio
Gabi	113	Hab	Gallois	173	Halif	Garro	243	Hann	Geis	313	Harris
Gabio	114	Haber	Gallow	174	Hall	Gart	244	Hanne	Gel	314	Harris,F.
Gabl	115	Habert	Gallu	175	Hall,D.	Garz	245	Hanni	Geld	315	Harris,M.
Gabo	116	Habi	Gallus	176	Hall,G.	Gas	246	Hanno	Gele	316	Harris,S.
Gabr	117	Hac	Gallw	177	Hall,J.	Gasco	247	Hano	Geli	317	Harris,W.
Gabriel	118	Hack	Galo	178	Hall,M.	Gask	248	Hanr	Gell	318	Harrison
Gabro	119	Hacket	Galt	179	Hall,S.	Gasp	249	Hans	Gelli	319	Harrison,F.
Gac	121	Hackett	Galto	181	Hall,W.	Gass	251	Hanso	Gelo	321	Harrison,M.
Gaco	122	Hackl	Galv	182	Hallam	Gasset	252	Hanw	Gem	322	Harrison,S.
Gad	123	Hackm	Galw	183	Halle	Gassi	253	Haq	Gemm	323	Harrison,W.
Gade	124	Haco	Gam	184	Hallec	Gasso	254	Har	Gen	324	Hars
Gado	125	Had	Gamai	185	Haller	Gast	255	Harb	Gend	325	Hart
Gads	126	Hadd	Gamal	186	Hallet	Gaston	256	Harc	Gene	326	Hart,M.
Gae	127	Haddo	Gamb	187	Halley	Gastr	257	Harcou	Genes	327	Harte
Gaer	128	Hade	Gambar	188	Halli	Gat	258	Hard	Genet	328	Harte,M.
Gaet	129	Hadf	Gambe	189	Hallig	Gates	259	Harden	Geng	329	Harti
Gaf	131	Hadl	Gambi	191	Halliw	Gati	261	Hardi	Geni	331	Hartl
Gag	132	Hadr	Gambo	192	Hallo	Gatt	262	Hardie	Genl	332	Hartley
Gage,M.	133	Hae	Gamm	193	Hallow	Gatti	263	Harding	Genn	333	Hartm
Gagi	134	Hael	Gamo	194	Halm	Gau	264	Hardinge	Genne	334	Harto
Gagl	135	Haen	Gan	195	Halp	Gauc	265	Hardo	Geno	335	Harts
Gago	136	Haer	Gando	196	Hals	Gaud	266	Hardt	Gens	336	Hartu
Gai	137	Haeu	Gang	197	Halt	Gaudi	267	Hardw	Gent	337	Hartw
Gail	138	Haf	Gann	198	Ham	Gauf	268	Hardy	Gentil	338	Hartz
Gaill	139	Hafi	Gans	199	Hamb	Gaul	269	Hardy,G.	Gentr	339	Harv
Gaim	141	Hag	Gant	211	Hamd	Gault	271	Hardy,M.	Genu	341	Harvey
Gain	142	Hagem	Gar	212	Hame	Gaun	272	Hardy,S.	Geo	342	Harvey,M.
Gains	143	Hagen	Garb	213	Hameli	Gaur	273	Hardy,W.	Geof	343	Harw
Gair	144	Hager	Garbo	214	Hamer	Gaus	274	Hare	Geoffri	344	Has
Gaj	145	Hagg	Garc	215	Hamert	Gaut	275	Hare,M.	Geoffro	345	Hasd
Gal	146	Hags	Garci	216	Hami	Gauth	276	Haren	Geor	346	Hase
Galau	147	Hagu	Gard	217	Hamil	Gauti	277	Harew	George	347	Hasel
Galb	148	Hah	Garde	218	Hamilton,G.	Gauz	278	Harf	George,H.	348	Hasen
Gald	149	Hai	Gardi	219	Hamilton,M.	Gav	279	Harg	George,S.	349	Hask
Gale			Gardiner	221	Hamilton,S.	Gavau	281	Hari	Georges	351	Haski
Gale,M.	151	Hail	Gardiner,H.	222	Hamilton,W.	Gave	282	Hario	Georgi	352	Hasl
Galen	152	Hain	Gardiner,M.	223	Haml	Gavi	283	Harl	Gep	353	Hass
Galer	153	Haines	Gardiner,S.	224	Hamm	Gaw	284	Harle	Ger	354	Hasse
Galf	154	Haj	Gardn	225	Hammo	Gay	285	Harley	Geran	355	Hassel
Gali	155	Hak	Gardner	226	Hammond,G.	Gaye	286	Harlo	Gerar	356	Hast
Galig	156	Hakl	Gardner,H.	227	Hammond,M.	Gayl	287	Harm	Gerard,M.	357	Hastings
Galil	157	Hal	Gardner,P.	228	Hamo	Gayo	288	Harmo	Gerardi	358	Hastings,M.
Galit	158	Hald	Gare	229	Hamp	Gaz	289	Harn	Gerau	359	Hasw
	159	Halde									
Galitz	161	Hale	Garf	231	Hamps	Gazo	291	Harni	Gerb	361	Hat
Gall	162	Hale,G.	Gari	232	Hampt	Ge	292	Haro	Gerber	362	Hatf
Gallan	163	Hale,M.	Garl	233	Han	Geb	293	Harp	Gerbi	363	Hath
Gallat	164	Hale,S.	Garn	234	Hanc	Gec	294	Harper,G.	Gerbo	364	Hathert
Gallau	165	Hale,W.	Garnet	235	Hancock,M.	Ged	295	Harper,M.	Gerc	365	Hats
Galle	166	Halen	Garni	236	Hand	Gedi	296	Harr	Gerd	366	Hatt
Gallet	167	Hales	Garo	237	Hane	Gee	297	Harri	Gere	367	Hatz
Galli	168	Halet	Garr	238	Hanf	Geer	298	Harriman,M.	Gerh	368	Hau
Gallim	169	Half	Garre	239	Hang	Gef	299	Harrin	Geri	369	Hauf

Gerl — Gonn / Haug — Hij

Gerl	371 Haug	Gibbons	441 Heathe	Giot	511 Heng	Gn	571 Hersc		
Germ	372 Haul	Gibbs	442 Heato	Giov	512 Henk	Gni	572 Herse		
German	373 Haun	Gibbs,H.	443 Heb	Giove	513 Henkel	Go	573 Hert		
Germi	374 Haup	Gibbs,S.	444 Heben	Giovi	514 Henl	Gob	574 Hertf		
Germo	375 Haur	Gibe	445 Heber	Gir	515 Henn	Gobi	575 Herts		
Gern	376 Haus	Gibi	446 Hebert	Giral	516 Henni	Goc	576 Hertz		
Gero	377 Hauss	Gibn	447 Hec	Girar	517 Hennin	God	577 Herv		
Gerr	378 Hausso	Gibs	448 Heck	Girard M	518 Henr	Godd	578 Hervey		
Gerry	379 Haut	Gibson,H.	449 Hecker	Girarde	519 Henrio	Gode	579 Hervey,M.		
Gers	381 Hautem	Gibson,S.	451 Hect	Girardi	521 Henry	Godef	581 Herw		
Gerso	382 Hautp	Gic	452 Hed	Girau	522 Henry,G.	Godes	582 Herz		
Gerst	383 Hav	Gid	453 Hedg	Giraul	523 Henry,M.	Godf	583 Hes		
Gert	384 Havel	Gie	454 Hedi	Gird	524 Henry,S.	Godi	584 Hese		
Gerv	385 Haven	Gies	455 Hedl	Giri	525 Henry,W.	Godin	585 Hesm		
Gervas	386 Haven,M.	Gif	456 Hedo	Giro	526 Hens	Godk	586 Hess		
Gervi	387 Haver	Giffe	457 Hedw	Giron	527 Hent	Godm	587 Hesse		
Gery	388 Havi	Giffo	458 Hee	Girou	528 Hentz	Godo	588 Hest		
Ges	389 Haw	Gig	459 Heer	Girt	529 Hep	Godon	589 Het		
Gesn	391 Hawes	Gigo	461 Hef	Gis	531 Her	Godw	591 Hett		
Gess	392 Hawk	Gih	462 Heg	Gise	532 Herar	Godwin,M	592 Heu		
Gest	393 Hawkins	Gil	463 Heges	Gisl	533 Herau	Goe	593 Heum		
Get	394 Hawkins,M	Gilbert	464 Hegh	Gism	534 Herb	Goed	594 Heur		
Geu	395 Hawks	Gilbert,J.	465 Hei	Giso	535 Herber	Goel	595 Heus		
Gev	396 Hawl	Gilbert,S.	466 Heil	Git	536 Herbert	Goep	596 Hev		
Gey	397 Hawo	Gilc	467 Heim	Giu	537 Herbert,M.	Goer	597 Hew		
Gez	398 Haws	Gild	468 Hein	Gius	538 Herbi	Goes	598 Hewe		
Gf	399 Hawt	Gildo	469 Heinr	Giv	539 Herc	Goet	599 Hewi		
Gh	411 Hax	Gile	471 Heins	Gl	541 Herd	Goetz	611 Hewit		
Ghei	412 Hay	Giles	472 Heinz	Glad	542 Here	Gof	612 Hewl		
Gher	413 Hay,M.	Gilf	473 Heis	Glads	543 Hereu	Gog	613 Hews		
Gherard	414 Hayden	Gili	474 Hel	Glai	544 Herf	Goh	614 Hex		
Gherardi	415 Hayden,M.	Gill	475 Heli	Glan	545 Herg	Goi	615 Hey		
Gherardo	416 Haydon	Gille	476 Hell	Glanv	546 Heri	Gois	616 Heyf		
Gherl	417 Haye	Gilles	477 Helle	Glap	547 Herio	Gol	617 Heyl		
Ghes	418 Hayes,M.	Gillesp	478 Helm	Glas	548 Heris	Gold	618 Heym		
Ghey	419 Hayg	Gillet	479 Helmh	Glass	549 Herl	Goldi	619 Heyn		
Ghez	421 Hayl	Gilli	481 Helmo	Glau	551 Herm	Goldo	621 Heys		
Ghi	422 Haym	Gillm	482 Helo	Glauc	552 Hermann	Golds	622 Heyw		
Ghid	423 Hayn	Gillo	483 Help	Glaz	553 Herme	Goldsc	623 Hi		
Ghil	424 Haynes	Gills	484 Helps	Gle	554 Hermi	Goldsm	624 Hib		
Ghir	425 Hays	Gilly	485 Helv	Gled	555 Hermo	Gole	625 Hibo		
Ghis	426 Hayt	Gilm	486 Helw	Glei	556 Hermon	Goli	626 Hic		
Ghisli	427 Hayw	Gilman	487 Hem	Gleig	557 Hern	Golo	627 Hick		
Gi	428 Haz	Gilmo	488 Heme	Glen	558 Hernd	Golov	628 Hicke		
Giac	429 Haze	Gilp	489 Hemm	Gli	559 Hero	Golt	629 Hicko		
Gial	431 Hazl	Gim	491 Hemp	Glin	561 Herol	Gom	631 Hicks		
Giam	432 He	Gin	492 Hems	Glo	562 Heron	Gombe	632 Hid		
Gian	433 Headl	Gino	493 Hen	Glos	563 Herp	Gome	633 Hie		
Gianno	434 Heal	Gio	494 Henc	Glou	564 Herr	Gomm	634 Hig		
Giar	435 Hear	Giof	495 Hend	Glov	565 Herrer	Gon	635 Higg		
Giat	436 Hearn	Giol	496 Henderson	Glover	566 Herri	Gond	636 Higgins		
Gib	437 Heat	Glu	497 Henderson,M.	Glu	567 Herrin	Gondi	637 Higginson		
Gibbe	438 Heath,M.	Giorg	498 Hendr	Gly	568 Herrm	Gone	638 High		
Gibbo	439 Heathc	Giorgio	499 Henf	Gm	569 Hers	Gonn	639 Hij		

Gont — Gual / Hil — Hui

Gont	641	Hil	Goun	711	Hoffman,M.	Grat	771	Hond	Grew	841	Hour
Gonz	642	Hild	Goup	712	Hofl	Grati	772	Hone	Grey	842	Hous
Gonzal	643	Hilder	Gour	713	Hofm	Gratt	773	Honi	Grey,G.	843	Houst
Goo	644	Hildr	Gourd	714	Hog	Grau	774	Hono	Grey,M.	844	Hout
Gooc	645	Hill	Gourg	715	Hogar	Grav	775	Hont	Grey,S.	845	Hov
Good	646	Hill,G.	Gourl	716	Hogg	Graves	776	Hoo	Gri	846	Hovey
Goode	647	Hill,M.	Gous	717	Hoh	Gravi	777	Hood,M.	Grid	847	How
Goodel	648	Hill,S.	Gout	718	Hohenl	Gray	778	Hoof	Grie	848	Howard
Gooden	649	Hilla	Gouv	719	Hohenz	Gray,G.	779	Hoog	Grif	849	Howard,G.
Goodf	651	Hille	Gov	721	Hok	Gray,M.	781	Hook	Griffin	851	Howard,M.
Goodh	652	Hiller	Gow	722	Hol	Gray,S.	782	Hooke	Griffin,M.	852	Howard,S.
Goodm	653	Hillh	Gower	723	Holb	Gray,W.	783	Hooker	Griffith	853	Howard,W.
Goodr	654	Hilli	Goy	724	Holbr	Grays	784	Hooker,M.	Griffith,M.	854	Howd
Goodrich,M.	655	Hills	Goz	725	Holc	Graz	785	Hoop	Griffiths	855	Howe
Goodw	656	Hilt	Gr	726	Hold	Gre	786	Hooper,G.	Griffo	856	Howe,G.
Goodwin,M.	657	Him	Grab	727	Holder	Greav	787	Hooper,M.	Grig	857	Howe,M.
Goody	658	Himi	Graber	728	Holds	Greb	788	Hooper,S.	Gril	858	Howe,S.
Gook	659	Hin	Grac	729	Hole	Grec	789	Hoor	Grillo	859	Howel
Gor	661	Hincks	Graci	731	Holg	Greco	791	Hop	Grim	861	Howi
Gordon	662	Hind	Grad	732	Holi	Gred	792	Hopf	Grime	862	Howis
Gordon,G.	663	Hing	Grado	733	Holl	Gree	793	Hopk	Grimk	863	Howit
Gordon,M.	664	Hinr	Grae	734	Holland	Greel	794	Hopkins,G.	Grimm	864	Howl
Gordon,S.	665	Hins	Graes	735	Holland,G.	Green	795	Hopkins,M.	Grimo	865	Howle
Gore	666	Hint	Graf	736	Holland,M.	Green,G.	796	Hopkins,S.	Grin	866	Hows
Gorg	667	Hip	Graft	737	Holland,S.	Green,M.	797	Hopkinson	Grinf	867	Hox
Gorh	668	Hir	Grah	738	Holley	Green,S.	798	Hopp	Grinn	868	Hoy
Gori	669	Hirs	Graham,G.	739	Holli	Greene	799	Hopt	Gris	869	Hoyt
Gorm	671	Hirt	Graham,M.	741	Hollin	Greene,J.	811	Hor	Grisw	871	Hoyt,M.
Goro	672	Hirz	Graham,S.	742	Hollis	Greene,S.	812	Horl	Griv	872	Hoz
Gorr	673	His	Grai	743	Hollis,M.	Greenh	813	Horn	Gro	873	Hr
Gors	674	Hit	Gral	744	Hollist	Greenl	814	Hornb	Groe	874	Hu
Gort	675	Hitchi	Gram	745	Hollo	Greeno	815	Horne	Grol	875	Hub
Gos	676	Hitt	Grammo	746	Holly	Greenw	816	Horner	Gron	876	Hubbard,M.
Goss	677	Hj	Gramo	747	Holm	Gref	817	Hors	Gros	877	Hube
Gosse	678	Ho	Gran	748	Holme	Greg	818	Horsl	Gross	878	Hubert
Gossel	679	Hoar	Granc	749	Holmes	Gregg	819	Horst	Grosv	879	Hubn
Gosso	681	Hob	Grand	751	Holmes,G.	Gregori	821	Hort	Grot	881	Hubs
Gost	682	Hobb	Grandes	752	Holmes,M.	Gregory	822	Horten	Grou	882	Huc
Got	683	Hobh	Grandi	753	Holmes,S.	Gregory,M.	823	Horto	Grov	883	Hud
Goth	684	Hobs	Grandm	754	Holo	Grei	824	Horw	Groves	884	Huddl
Gott	685	Hoc	Grandv	755	Holr	Grel	825	Hos	Gru	885	Huds
Gotti	686	Hocd	Grane	756	Hols	Gren	826	Hosk	Grue	886	Hudson,M.
Gottis	687	Hod	Grang	757	Holste	Greni	827	Hosm	Grul	887	Hue
Gou	688	Hodg	Granger	758	Holt	Grenv	828	Hosp	Grun	888	Huet
Gouf	689	Hodges,M.	Grani	759	Holw	Grep	829	Hoss	Grund	889	Huf
Goug	691	Hodgs	Grant	761	Holy	Gres	831	Host	Grune	891	Hug
Gough	692	Hods	Grant,H.	762	Holz	Gress	832	Hot	Grup	892	Hugh
Gouj	693	Hoe	Grant,S.	763	Hom	Gresw	833	Hotm	Grut	893	Hughes
Goul	694	Hoel	Grantl	764	Homb	Gret	834	Hott	Gry	894	Hughes,M.
Goulb	695	Hoes	Granv	765	Home	Gretto	835	Hou	Gryp	895	Hugo
Gould	696	Hoey	Grap	766	Homer	Greu	836	Houd	Gu	896	Hugon
Gould,J.	697	Hof	Gras	767	Homes	Grev	837	Houe	Guad	897	Hugu
Gould,S.	698	Hoff	Grass	768	Homm	Grevi	838	Houg	Guai	898	Hugui
Gouls	699	Hoffm	Grassi	769	Hon	Grevy	839	Houn	Gual	899	Hui

Guald — Gyz				Huit — Hyr				Ja — Jy				Ka — Ky	
Guald	911	Huit		Gul	971	Husk		Ja	11	Ka		Johnson,W.	71	Knight,M.
Gualt	912	Hul		Gulg	972	Huss		Jac	12	Kah		Johnst	72	Kno
Guan	913	Hull		Gull	973	Hut		Jackson,J.	13	Kai		Johnston,M.	73	Know
Guar	914	Hulli		Gum	974	Hutchins		Jackson,S.	14	Kal		Joi	74	Knox
Guari	915	Hulm		Gun	975	Hutchinson		Jaco	15	Kam		Jol	75	Ko
Guarn	916	Hulo		Gunn	976	Hutchinson,G.		Jacobi	16	Kan		Jon	76	Koc
Guas	917	Huls		Gunt	977	Hutchinson,M.		Jacobs	17	Kap		Jones,G.	77	Koe
Guat	918	Hum		Gur	978	Hutchinson,S.		Jacop	18	Kar		Jones,M.	78	Koen
Guaz	919	Humb		Gure	979	Huth		Jacq	19	Kas		Jones,S.	79	Koh
Gub	921	Hume		Gurn	981	Huti		Jacqui	21	Kau		Jons	81	Kol
Gud	922	Hume,M.		Gus	982	Hutt		Jae	22	Kaw		Jor	82	Kon
Gudm	923	Humf		Gut	983	Hutter		Jaf	23	Kay		Jos	83	Kop
Gue	924	Humi		Guth	984	Hutto		Jag	24	Ke		Joss	84	Kor
Guel	925	Humm		Gutt	985	Hutton,M.		Jah	25	Keat		Jot	85	Kort
Guen	926	Hump		Guy	986	Hux		Jal	26	Kee		Jou	86	Kos
Gueno	927	Humphreys		Guyar	987	Huy		Jam	27	Kei		Jow	87	Kot
Guep	928	Humphri		Guye	988	Huys		James,M.	28	Keith		Joy	88	Kou
Guer	929	Humps		Guyo	989	Huz		James,S.	29	Kel		Joyc	89	Kr
Guere	931	Hun		Guys	991	Hw		Jameso	31	Kem		Ju	91	Krau
Gueri	932	Hunc		Guyt	992	Hy		Jami	32	Kemp		Jud	92	Kre
Guern	933	Hund		Guz	993	Hyde		Jan	33	Ken		Juds	93	Kro
Guerr	934	Hune		Gw	994	Hyde,H.		Jann	34	Kenn		Jul	94	Kru
Guerri	935	Hunf		Gwy	995	Hyde,P.		Jans	35	Kennedy		Jun	95	Ku
Gues	936	Hung		Gy	996	Hyl		Jaq	36	Kennedy,M		Jus	96	Kuh
Guet	937	Huni		Gyll	997	Hyn		Jar	37	Kent		Juv	97	Kus
Gueu	938	Hunn		Gys	998	Hyp		Jarv	38	Kep		Jux	98	Kw
Guev	939	Hunt		Gyz	999	Hyr		Jas	39	Ker		Jy	99	Ky
Guf	941	Hunt,G.						Jau	41	Kerr				
Gug	942	Hunt,M.						Jay	42	Kes				
Gui	943	Hunt,S.						Je	43	Ket				
Guib	944	Hunte						Jeb	44	Key				
Guic	945	Hunter						Jeff	45	Kh				
Guid	946	Hunter,M.						Jeffre	46	Ki				
Guidi	947	Hunter,S.						Jeffri	47	Kie				
Guido	948	Hunting						Jel	48	Kil				
Guie	949	Huntington						Jem	49	Kim				
Guig	951	Huntington,G.						Jen	51	Kin				
Guij	952	Huntington,M.						Jenk	52	King				
Guil	953	Huntington,S.						Jenks	53	King,J.				
Guild	954	Huntl						Jenn	54	King,P.				
Guild,M.	955	Hunto						Jer	55	Kings				
Guile	956	Hunts						Jero	56	Kins				
Guill	957	Huo						Jerv	57	Kip				
Guille	958	Hup						Jes	58	Kir				
Guilli	959	Hur						Jew	59	Kirk				
Guillo	961	Hurd,M.						Ji	61	Kirs				
Guillot	962	Hurdi						Jo	62	Kit				
Guim	963	Hure						Joc	63	Kl				
Guin	964	Huri						Joe	64	Klein				
Guir	965	Hurl						Joh	65	Kli				
Guis	966	Hurls						Johnso	66	Klo				
Guise	967	Hurt						Johnson,G.	67	Kn				
Guit	968	Hus						Johnson,M.	68	Kne				
Guiz	969	Huse						Johnson,S.	69	Kni				

La — Lauderd / Ma — Marshall,M.

La		111 Ma	Lafu	171 Maco	Lams	241 Malb	Lape	311 Maran
Lab		112 Mab	Lag	172 Macp	Lamy	242 Malc	Laph	312 Marb
Labar		113 Mac	Lagar	173 Macq	Lan	243 Malco	Lapi	313 Marc
Labat		114 Macal	Lage	174 Macr	Lanc	244 Mald	Lapl	314 Marcel
Labbe		115 Macar	Lagi	175 Macs	Lancaster,M	245 Male	Lapo	315 March
Labe		116 Macart	Lagn	176 Macv	Lance	246 Males	Lapp	316 Marche
Labeo		117 Macau	Lago	177 Macw	Lancel	247 Malet	Lapr	317 Marchet
Labi		118 Macb	Lagr	178 Mad	Lancey	248 Malev	Lar	318 Marchm
Labil		119 Macbr	Lagre	179 Madd	Lanci	249 Malh	Larc	319 Marci
Labl		121 Macc	Lagu	181 Made	Lanco	251 Mali	Lard	321 Marco
Labo		122 Maccal	Lagui	182 Madi	Lancr	252 Mall	Larg	322 Marcu
Labor		123 Maccar	Lah	183 Mado	Land	253 Mallet	Lari	323 Mare
Labou		124 Macch	Laho	184 Mae	Lande	254 Malli	Lark	324 Maren
Labour		125 Macci	Lai	185 Mael	Lander	255 Mallo	Larn	325 Mares
Labr		126 Maccl	Lain	186 Maes	Landes	256 Malm	Laro	326 Maret
Labru		127 Maccli	Laing	187 Maf	Landi	257 Malo	Larochef	327 Marg
Lac		128 Macclu	Lair	188 Mag	Lando	258 Malou	Larochej	328 Marge
Lacam		129 Macco	Lais	189 Magat	Landon	259 Malp	Larom	329 Margo
Lace		131 Maccor	Laj	191 Mage	Landor	261 Malt	Laron	331 Margu
Lach		132 Maccr	Lak	192 Magen	Landr	262 Malv	Larou	332 Mari
Lachap		133 Maccu	Lal	193 Magg	Lands	263 Mam	Larr	333 Marian
Lachas		134 Macd	Lalann	194 Magi	Landu	264 Mame	Larri	334 Marie
Lachat		135 Macdon	Lali	195 Magl	Lane	265 Mami	Lart	335 Marig
Lachau		136 Macdonn	Lall	196 Magn	Lane,M	266 Man	Laru	336 Maril
Lache		137 Macdou	Lalle	197 Magni	Laneh	267 Manas	Las	337 Marin
Lachm		138 Macdow	Lalli	198 Magno	Lanf	268 Manc	Lasal	338 Marine
Laci		139 Macdu	Lallo	199 Magnu	Lang	269 Manci	Lasan	339 Marini
Lack		141 Mace	Lally	211 Mago	Lang,M	271 Mand	Lasc	341 Mario
Laco		142 Macer	Lalo	212 Magr	Langd	272 Mander	Lasco	342 Mariot
Lacor		143 Macf	Lam	213 Magu	Langdo	273 Mandr	Lase	343 Mariu
Lacos		144 Macfi	Laman	214 Mah	Lange	274 Mane	Lasi	344 Marj
Lacou		145 Macg	Lamar	215 Mahm	Langen	275 Manet	Lask	345 Mark
Lacr		146 Macgo	Lamarm	216 Maho	Langer	276 Manf	Lass	346 Markl
Lacro		147 Macgr	amart	217 Mai	Langet	277 Mang	Lasse	347 Marl
Lacros		148 Macgu	Lamb	218 Maig	Langf	278 Mani	Lassu	348 Marli
Lacru		149 Mach	Lamba	219 Mail	Langh	279 Manl	Last	349 Marlo
Lact		151 Macho	Lambe	221 Maille	Langi	281 Mann	Lat	351 Marm
Lacy		152 Maci	Lambert	222 Mailly	Langl	282 Mann,M	Lath	352 Marmon
Lad		153 Mack	Lamberti	223 Maim	Langle	283 Manni	Lathr	353 Marn
Ladd		154 Macke	Lambi	224 Main	Langlo	284 Manning,M	Lathrop,G.	354 Maro
Ladi		155 Macken	Lambo	225 Maine	Langr	285 Manno	Lathrop,M.	355 Marot
Lado		156 Mackenz	Lambr	226 Maint	Langt	286 Mans	Lati	356 Marou
Ladr		157 Mackenzie,M,L	Lambt	227 Mainw	Langu	287 Mansf	Latim	357 Marq
Lae		158 Macki	Lame	228 Mair	Lanj	288 Mansi	Lato	358 Marr
Laf		159 Mackn	Lamet	229 Mairo	Lank	289 Manso	Latou	359 Marri
Lafay		161 Macl	Lami	231 Mais	Lanm	291 Mant	Latourr	361 Marro
Lafe		162 Maclay	Lamir	232 Mait	Lann	292 Mantel	Latr	362 Marry
Laff		163 Macle	Lamo	233 Maj	Lano	293 Manto	Latri	363 Mars
Lafi		164 Maclel	Lamon	234 Majo	Lans	294 Manu	Latro	364 Marsd
Lafo		165 Macleo	Lamot	235 Mak	Lansd	295 Manv	Latu	365 Marsh
Lafont		166 Maclu	Lamou	236 Mal	Lant	296 Manz	Lau	366 Marsh,M
Lafor		167 Macm	Lamp	237 Malan	Lanz	297 Map	Laud	367 Marshall
Lafos		168 Macmu	Lampi	238 Malas	Lao	298 Mar	Laude	368 Marshall,G.
Lafr		169 Macn	Lampr	239 Malat	Lap	299 Marai	Lauderd	369 Marshall,M

Laudi — Lessi / Marshm — Milc

Laudi		371	Marshm	Leb	441	Matthews,M.	Legen	511	Meier	Lenoir	571	Merril
Laudo		372	Marsi	Lebe	442	Matthews,S.	Leger	512	Meig	Lenor	572	Merrit
Lauf		373	Marso	Leber	443	Matthi	Legg	513	Meil	Lens	573	Merry
Laug		374	Marst	Lebi	444	Matti	Legi	514	Mein	Lent	574	Mers
Laum		375	Mart	Lebl	445	Matu	Legn	515	Meis	Lenz	575	Mert
Laun		376	Martel	Leblo	446	Maty	Lego	516	Mej	Leo	576	Merv
Laur		377	Marten	Lebo	447	Mau	Legr	517	Mel	Leod	577	Merz
Laure		378	Marti	Lebor	448	Mauds	Legras	518	Melc	Leof	578	Mes
Laurenc		379	Martin	Lebou	449	Maug	Legro	519	Mele	Leon	579	Mesm
Laurens		381	Martin,G.	Lebr	451	Maun	Legu	521	Melf	Leonard	581	Mesn
Laurent		382	Martin,M.	Lebret	452	Maup	Leh	522	Meli	Leonc	582	Mesni
Laurenti		383	Martin,S.	Lebri	453	Maur	Lehm	523	Melis	Leone	583	Mess
Lauri		384	Martind	Lebru	454	Mauri	Leho	524	Mell	Leonh	584	Messe
Laurie		385	Martine	Lec	455	Maurice,M.	Lei	525	Mellen	Leoni	585	Messi
Lauris		386	Martini	Lecar	456	Maurit	Leic	526	Melli	Leont	586	Mest
Lauro		387	Marto	Lecc	457	Mauro	Leid	527	Mello	Leop	587	Met
Laus		388	Martu	Lech	458	Mauru	Leig	528	Melo	Leot	588	Metc
Laut		389	Marty	Leche	459	Maury	Leigh,M.	529	Melu	Leow	589	Mete
Lauv		391	Marv	Leck	461	Mav	Lein	531	Melv	Lep	591	Metey
Lav		392	Marx	Lecl	462	Maw	Leis	532	Melz	Lepai	592	Meth
Lavale		393	Mary	Leclu	463	Max	Leit	533	Mem	Lepau	593	Meto
Lavall		394	Mas	Leco	464	Maxi	Lej	534	Men	Lepe	594	Metr
Lavalli		395	Masc	Lecom	465	Maxw	Lejo	535	Menar	Lepell	595	Mett
Lavar		396	Mase	Lecon	466	May	Lek	536	Menc	Lepi	596	Metz
Lavat		397	Mash	Lecoq	467	May,M.	Lel	537	Mend	Lepl	597	Meu
Lavau		398	Maso	Lecou	468	Mayer	Leland,M.	538	Mendes	Lepo	598	Meur
Lave		399	Mason,G.	Lecr	469	Mayh	Lele	539	Mendo	Lepr	599	Meus
Lavi		411	Mason,M.	Lect	471	Mayn	Leli	541	Mene	Leps	611	Mew
Lavil		412	Mason,S.	Led	472	Mayne	Lell	542	Menen	Lepu	612	Mey
Lavis		413	Masq	Lede	473	Mayo	Lelo	543	Menes	Leq	613	Meyer,M.
Lavo		414	Mass	Ledo	474	Mayr	Lem	544	Meng	Ler	614	Meyn
Law		415	Masse	Ledr	475	Maz	Lemai	545	Meni	Lerd	615	Meyr
Law,M.		416	Massey	Ledy	476	Maze	Lemais	546	Menl	Lerm	616	Meys
Lawe		417	Massi	Lee	477	Mazz	Lemait	547	Menn	Lero	617	Mez
Lawl		418	Massing	Lee,G.	478	Mazzon	Lemar	548	Mens	Leroux	618	Mi
Lawrence		419	Masso	Lee,M.	479	Me	Lemas	549	Ment	Leroy	619	Mic
Lawrence,G.		421	Masson,M.	Lee,S.	481	Meade	Leme	551	Menz	Leroy,M.	621	Mich
Lawrence,M.		422	Massu	Lee,W.	482	Meado	Lemere	552	Mer	Les	622	Michau
Lawrence,S.		423	Mast	Leec	483	Mean	Lemet	553	Merc	Lesb	623	Miche
Lawrence,W.		424	Masu	Leed	484	Meas	Lemi	554	Mercer	Lesc	624	Michi
Laws		425	Mat	Leek	485	Meb	Lemo	555	Merci	Lesch	625	Micho
Lay		426	Math	Leen	486	Mec	Lemon	556	Merco	Lesco	626	Mico
Layc		427	Mather	Lees	487	Meck	Lemonn	557	Mercy	Lescu	627	Mid
Layn		428	Mathew	Lef	488	Med	Lemot	558	Mere	Lesd	628	Middleton
Layt		429	Mathews	Lefebv	489	Medi	Lemoy	559	Meredith	Lesg	629	Middleton,M
Laz		431	Mathi	Lefer	491	Medn	Lemp	561	Meri	Lesl	631	Mie
Lazz		432	Matho	Lefeu	492	Medo	Lemu	562	Merin	Lesley	632	Mier
Le		433	Mati	Lefev	493	Medu	Len	563	Meriv	Lesley,M.	633	Mif
Leac		434	Mats	Lefo	494	Mee	Lend	564	Merl	Leslie	634	Mig
Leak		435	Matt	Lefr	495	Meer	Lene	565	Merli	Leslie,G.	635	Mign
Leam		436	Matth	Leg	496	Meg	Leng	566	Merm	Leslie,M.	636	Migno
Lean		437	Matthew	Legar	497	Meger	Lenn	567	Mero	Leslie,S.	637	Mil
Lear		438	Matthews	Legat	498	Meh	Lennox	568	Merr	Less	638	Milb
Leav		439	Matthews,G.	Lege	499	Mei	Leno	569	Merrif	Lessi	639	Milc

Lesso	641 Mild	Lici	711 Mohu	Lisl	771 Montc	Lombard	841 Morell
Lest	642 Mile	Lid	712 Moi	Liss	772 Monte	Lombardi	842 Morelli
Lestr	643 Miles	Liddo	713 Moir	List	773 Monteb	Lombe	843 Moren
Lesu	644 Milf	Lide	714 Mois	Lisz	774 Montef	Lombr	844 Moret
Let	645 Mill	Lido	715 Moit	Lit	775 Monteg	Lome	845 Moreti
Letell	646 Mille	Lie	716 Mok	Litch	776 Montel	Lomo	846 Morf
Leth	647 Miller	Liebn	717 Mol	Litte	777 Montem	Lon	847 Morg
Leti	648 Miller,G.	Liec	718 Mole	Littl	778 Monter	Long	848 Morgan,G
Leto	649 Miller,M.	Lief	719 Moles	Littleb	779 Montes	Long,M.	849 Morgan,M.
Lett	651 Miller,S.	Lieu	721 Moli	Littlet	781 Montess	Longc	851 Morge
Leu	652 Miller,W.	Liev	722 Molin	Littr	782 Montf	Longe	852 Morgeus
Leul	653 Millet	Lig	723 Molini	Liu	783 Montfl	Longf	853 Morh
Leus	654 Milli	Lightf	724 Molis	Liv	784 Montfo	Longh	854 Mori
Lev	655 Millin	Lign	725 Molit	Livermore,M.	785 Montg	Longi	855 Morie
Levas	656 Millo	Ligo	726 Moll	Livings	786 Montgo	Longl	856 Morig
Leve	657 Mills	Ligu	727 Mollo	Livingston,M	787 Montgomery	Longs	857 Moril
Lever	658 Milm	Lil	728 Molo	Livingstone	788 Montgomery,M	Longu	858 Morin
Lever,M.	659 Miln	Lill	729 Molt	Liz	789 Month	Longus	859 Morini
Levere	661 Milo	Lily	731 Moly	Ll	791 Monti	Loni	861 Moris
Leves	662 Milt	Lim	732 Mom	Llo	792 Montig	Lons	862 Morit
Levet	663 Min	Limb	733 Momm	Lloyd	793 Montl	Loo	863 Morl
Levi	664 Mine	Limi	734 Mon	Lly	794 Montlu	Lop	864 Morle
Levin	665 Mini	Lin	735 Monal	Lo	795 Montm	Lor	865 Morlo
Levis	666 Mino	Linc	736 Monas	Lob	796 Montmi	Lord	866 Morn
Levr	667 Mint	Lincoln,G.	737 Monc	Lobe	797 Montmo	Lord,M.	867 Moro
Levy	668 Minu	Lincoln,M.	738 Moncl	Lobk	798 Monto	Lore	868 Moron
Lew	669 Mio	Lincoln,S.	739 Moncr	Lobo	799 Montp	Lorenz	869 Moros
Lewe	671 Mir	Lincoln,W.	741 Mond	Loc	811 Montr	Lorg	871 Moroz
Lewin	672 Miran	Lind	742 Mone	Loch	812 Montri	Lori	872 Morr
Lewis	673 Mirb	Linde	743 Mong	Lock	813 Montro	Loring	873 Morrell
Lewis,G.	674 Mire	Linden	744 Moni	Locke	814 Montv	Loring,M	874 Morri
Lewis,M.	675 Miri	Lindes	745 Monk	Locker	815 Monu	Lorm	875 Morris
Lewis,S.	676 Miro	Lindl	746 Monl	Lockh	816 Monz	Lorr	876 Morris,G
Lewis,W.	677 Mirz	Lindn	747 Monm	Lockw	817 Moo	Lorry	877 Morris,M
Lewk	678 Mis	Linds	748 Monn	Locky	818 Moon	Lort	878 Morrison
Lex	679 Mit	Lindsay,M.	749 Monni	Loco	819 Moor	Los	879 Morrison,G
Ley	681 Mitchell	Lindsel	751 Mono	Lod	821 Moore	Loso	881 Morrison,M.
Leybu	682 Mitchell,M.	Lindsey	752 Monr	Lodg	822 Moore,G.	Lot	882 Morrison,S.
Leyd	683 Mitf	Lindsey,M.	753 Monroe	Lodi	823 Moore,M.	Loti	883 Morrison,W.
Leyl	684 Mith	Lindw	754 Mons	Lodo	824 Moore,S.	Lott	884 Mors
Leys	685 Mitt	Ling	755 Monso	Loe	825 Moore,W.	Lotz	885 Morse,G.
Lez	686 Mn	Lini	756 Monst	Loes	826 Moq	Lou	886 Morse,M.
Lezo	687 Mo	Linl	757 Mont	Loew	827 Mor	Loug	887 Mort
Lh	688 Moce	Linn	758 Montag	Lof	828 Moral	Loui	888 Morti
Lheu	689 Mod	Lins	759 Montague	Loft	829 Moran	Loun	889 Morto
Lho	691 Modes	Lint	761 Montai	Log	831 Morat	Loup	891 Morton,M.
Lhu	692 Modi	Linw	762 Montal	Loge	832 Moraz	Lour	892 Morv
Li	693 Moe	Lio	763 Montale	Loh	833 Morc	Lout	893 Mory
Lib	694 Moer	Lip	764 Montan	Loi	834 Mord	Louv	894 Mos
Liber	695 Mof	Lipp	765 Montano	Loisel	835 More	Louvo	895 Mosch
Libo	696 Mog	Lippm	766 Montar	Lok	836 More,M.	Lov	896 Moscho
Libr	697 Moh	Lips	767 Montau	Lol	837 Moreau	Love	897 Mose
Lic	698 Mohl	Lir	768 Montb	Lolm	838 Moreh	Lovel	898 Mosel
Licht	699 Mohr	Lis	769 Montbr	Lom	839 Morel	Lovell	899 Moser

Lovell,M.	911	Moses	Lusi	971	Munt
Low	912	Mosl	Luss	972	Mur
Lowe	913	Moss	Lut	973	Murc
Lowell	914	Mosso	Luto	974	Murd
Lowell,G	915	Most	Lutz	975	Mure
Lowell,M	916	Mosto	Luv	976	Murg
Lowell,S	917	Mot	Lux	977	Muri
Lowi	918	Moth	Luy	978	Murp
Lown	919	Motl	Luz	979	Murr
Lowr	921	Mott	Ly	981	Murray
Lowt	922	Motte	Lycu	982	Murray,G.
Loy	923	Motz	Lyd	983	Murray,M.
Loys	924	Mou	Lye	984	Murray,S.
Loz	925	Mouf	Lyl	985	Mus
Lu	926	Moul	Lym	986	Muse
Lubbo	927	Moult	Lyn	987	Musg
Lube	928	Moun	Lynd	988	Musp
Lubi	929	Mour	Lynn	989	Muss
Luc	931	Moure	Lyo	991	Must
Lucan	932	Mous	Lyr	992	Mut
Lucas	933	Mouss	Lys	993	Mutr
Lucc	934	Mout	Lysi	994	Muz
Luce	935	Mov	Lyso	995	My
Luch	936	Mow	Lyt	996	Mye
Luci	937	Mox	Lyttl	997	Myl
Lucin	938	Moy	Lytto	998	Myr
Luciu	939	Moz	Lyv	999	Myt
Luck	941	Mu			
Lucr	942	Muc			
Lucy	943	Mud			
Lud	944	Mudg			
Ludl	945	Mudi			
Ludo	946	Muel			
Ludr	947	Mueller,M.			
Ludw	948	Muen			
Luf	949	Muf			
Lug	951	Mug			
Lui	952	Muh			
Luis	953	Mui			
Luk	954	Mul			
Lul	955	Mulf			
Lully	956	Mulg			
Lum	957	Muli			
Luml	958	Mull			
Lums	959	Mulli			
Lun	961	Mulr			
Lund	962	Mum			
Lung	963	Mun			
Lunt	964	Munck			
Lup	965	Mund			
Lupt	966	Munf			
Lur	967	Muno			
Lus	968	Munr			
Lush	969	Muns			

Na — Nect / Pa — Peco

Na		111	Pa	Nali	171	Palm	Nas	241	Parker,J.	Naumann	311	Patm
Naas		112	Pab	Nall	172	Palme	Nasaf	242	Parker,M.	Naun	312	Pato
Nab		113	Pac	Nals	173	Palmer	Nasal	243	Parker,S.	Naus	313	Patou
Nabb		114	Pacc	Nam	174	Palmer,G.	Nasc	244	Parker,W.	Nauss	314	Patr
Nabe		115	Pace	Nan	175	Palmer,M.	Nasco	245	Parkes	Nauz	315	Patt
Nabi		116	Pach	Nanc	176	Palmer,S.	Nase	246	Parkh	Nav	316	Patten
Nabo		117	Paci	Nane	177	Palmer,W.	Naser	247	Parki	Navag	317	Patterson
Nac		118	Pacin	Nang	178	Palmers	Nash	248	Parkinson,M	Navai	318	Patterson,M.
Nach		119	Pack	Nani	179	Palmi	Nash,F.	249	Parkman	Navar	319	Pattes
Nachi		121	Paco	Nanin	181	Palo	Nash,J.	251	Parkman,M.	Navarr	321	Patti
Nachm		122	Pacu	Nanini	182	Pals	Nash,M.	252	Parks	Navarro	322	Patto
Nacho		123	Pad	Nann	183	Palt	Nash,S.	253	Parm	Nave	323	Pau
Nacht		124	Pado	Nanni	184	Palu	Nasi	254	Parment	Navez	324	Paul
Nack		125	Padu	Nanno	185	Pam	Nasm	255	Parmi	Navi	325	Pauld
Nad		126	Pae	Nannu	186	Pamph	Nasmith	256	Paro	Navil	326	Paule
Nadal		127	Paez	Nanq	187	Pan	Nasmith,M.	257	Paro	Navo	327	Pauli
Nadar		128	Pag	Nans	188	Panc	Nasmyth	258	Parr	Naw	328	Paulin
Nadas		129	Pagani	Nanso	189	Pand	Nasmyth,M.	259	Parr,M.	Nawr	329	Paull
Nadast		131	Pagano	Nant	191	Pane	Naso	261	Parri	Nay	331	Paulm
Nadau		132	Page	Nanteu	192	Pani	Nasol	262	Parro	Nayli	332	Pauls
Nadaul		133	Page,M.	Nanti	193	Paniz	Nason	263	Parrot	Naylo	333	Paulu
Nade		134	Pagen	Nao	194	Pann	Nasr	264	Parry	Naz	333	Paus
Nader		135	Paget	Nap	195	Pano	Nass	265	Parry,M.	Nazar	335	Paut
Nadi		136	Pagi	Napier	196	Pans	Nassau	266	Pars	Nazo	336	Pauw
Nadj		137	Pagit	Napier,C.	197	Pant	Nasse	267	Parsons	Nazz	337	Pav
Nado		138	Pagl	Napier,F.	198	Panto	Nassi	268	Parsons,G.	Ne	338	Pavi
Nae		139	Pagn	Napier,J.	199	Panz	Nast	269	Parsons,M.	Neal,F.	339	Pavo
Naeg		141	Pah	Napier,M.	211	Pao	Nat	271	Parsons,S.	Neal,J.	341	Pax
Naek		142	Pai	Napier,S.	212	Paolo	Natali	272	Parsons,W.	Neal,M.	342	Paxt
Nael		143	Pail	Napier,W.	213	Pap	Natar	273	Part	Neal,S.	343	Pay
Naer		144	Pain	Napio	214	Pape	Nath	274	Parto	Neal,W.	344	Payer
Naev		145	Paine,G.	Napl	215	Papi	Nathans	275	Partr	Neale	345	Payn
Naf		146	Paine,M.	Napo	216	Papil	Nathu	276	Parv	Neale,G.	346	Payne
Nag		147	Paine,S.	Napp	217	Papin	Nati	277	Pas	Neale,M.	347	Pays
Nagi		148	Paint	Nar	218	Papo	Nativ	278	Pasc	Neale,S.	348	Paz
Nagl		149	Pais	Narbo	219	Paq	Nato	279	Pasch	Neander	349	Pe
Nagli		151	Paj	Narbor	221	Par	Natt	281	Pasco	Neander,J.	351	Peabody
Nago		152	Pak	Narc	222	Parad	Natte	282	Pasi	Neander,P.	352	Peabody,G.
Nah		153	Pal	Nard	223	Paran	Natti	283	Paso	Neap	353	Peabody,M.
Nahl		154	Palai	Nardin	224	Parav	Natto	284	Pasq	Near	354	Peabody,S.
Nai		155	Palaz	Nare	225	Parc	Natu	285	Pass	Neat	355	Peac
Nail		156	Pale	Nares	226	Pard	Natz	286	Passan	Neate	356	Peaco
Naim		157	Pales	Nares,M.	227	Pare	Nau	287	Passe	Neav	357	Peak
Nair		158	Paley	Narg	228	Paren	Naub	288	Passi	Neb	358	Peal
Nait		159	Palf	Nari	229	Parf	Nauc	289	Passo	Nebe	359	Pear
Naiv		161	Palg	Narin	231	Pari	Naud	291	Past	Neben	361	Pears
Naj		162	Pali	Narn	232	Paris	Naudet	292	Pasto	Nebr	362	Pearson,M.
Nak		163	Palis	Narp	233	Parish	Naudi	293	Pastor	Nebu	363	Peas
Nakw		164	Pall	Narr	234	Parisi	Naudo	294	Pat	Nec	364	Pec
Nal		165	Pallav	Nars	235	Park	Naue	295	Pate	Neck	365	Pecc
Naldi		166	Palle	Narst	236	Park,M.	Nauer	296	Paters	Necker	366	Peck
Naldin		167	Palli	Naru	237	Parke	Naug	297	Paterson,M.	Necker,M.	367	Peck,M.
Naldo		168	Pallis	Narv	238	Parker	Naul	298	Pati	Neco	368	Peckh
Nale		169	Pallu	Narvy	239	Parker,F.	Naum	299	Patis	Nect	369	Peco

Ned — Nicolau / Ped — Pilk											
Ned	371	Ped	Nepo	441	Peri	Neve	511	Petti	Ney,P.	571	Philp
Nee	372	Pedro	Nepos	442	Perier	Nevel	512	Petty	Neyl	572	Phin
Neeb	373	Pee	Ner	443	Perig	Never	513	Petz	Neyn	573	Phip
Need	374	Peel	Nere	444	Perigo	Nevers	514	Peu	Neyr	574	Pho
Needham,M.	375	Peer	Neri	445	Perin	Nevers,G.	515	Pey	Nez	575	Phor
Neef	376	Peg	Nerin	446	Peris	Nevers,M.	516	Peyro	Ng	576	Phr
Neefe	377	Pei	Nerit	447	Perk	Nevers,S.	517	Peys	Ni	577	Phry
Neel	378	Peirc	Nerl	448	Perkins	Nevers,W.	518	Peyst	Nib	578	Phy
Neele	379	Peirs	Nero	449	Perkins,J.	Neveu	519	Peyt	Nibe	579	Pi
Neer	381	Pel	Neroc	451	Perkins,P.	Nevi	521	Pez	Nibo	581	Pian
Nees	382	Pelet	Neron	452	Pern	Nevill	522	Pezr	Nic	582	Piat
Nef	383	Pelh	Ners	453	Pero	Neville	523	Pf	Nican	583	Piatt
Neg	384	Peli	Neru	454	Perr	Neville,J.	524	Pfe	Nicc	584	Piaz
Negr	385	Pell	Nerv	455	Perre	Neville,P.	525	Pfei	Niccoli	585	Pic
Negri	386	Pelle	Nervet	456	Perri	Nevin	526	Pfeiffer	Niccolini	586	Picar
Negri,G.	387	Peller	Nes	457	Perrier	Nevins	527	Pfeiffer,M.	Niccolo	587	Picc
Negri,M.	388	Pellet	Nesb	458	Perrin	Nevins,M.	528	Pfen	Nice	588	Piccin
Negri,S.	389	Pellew	Nese	459	Perro	Nevit	529	Pfi	Nicep	589	Piccio
Negri,W.	391	Pelli	Nesl	461	Perrot	Nevy	531	Pfl	Nicer	591	Picco
Negrier	392	Pello	Nesm	462	Perry	New	532	Ph	Nicet	592	Pich
Negro	393	Pelt	Ness	463	Perry,G.	Newb	533	Phal	Nicetas	593	Picho
Negron	394	Pemb	Nessel	464	Perry,M.	Newbe	534	Phale	Nich	594	Pick
Neh	395	Pemberton	Nessi	465	Perry,S.	Newbu	535	Phan	Nichol	595	Picker
Nehr	396	Pembr	Nessm	466	Pers	Newc	536	Phar	Nichol,M.	596	Pickering,M
Nei	397	Pen	Nesso	467	Perso	Newco	537	Phe	Nicholas	597	Picket
Neil	398	Pendl	Nest	468	Pert	Newcomb,M.	538	Phel	Nicholas,J.	598	Pico
Neile	399	Penh	Net	469	Perti	Newcombe	539	Phelps,J.	Nicholas,P.	599	Picou
Neill	411	Peni	Nets	471	Peru	Newcome	541	Phelps,P.	Nicholl	611	Pict
Neill,J.	412	Penn	Nett	472	Pes	Newd	542	Pher	Nicholl,M.	612	Pid
Neill,P.	413	Pennel	Nette	473	Pesc	Newe	543	Phi	Nicholls	613	Pie
Neils	414	Penni	Netter	474	Pese	Newell	544	Phil	Nicholls,G.	614	Pien
Neip	415	Penno	Nettl	475	Pess	Newell,G.	545	Philb	Nicholls,M.	615	Pier
Neis	416	Penny	Nettleton	476	Pest	Newell,M.	546	Phile	Nichols	616	Pierce,G.
Neit	417	Penr	Neu	477	Pet	Newell,S.	547	Phili	Nichols,C.	617	Pierce,M.
Nek	418	Pens	Neube	478	Peter	Newh	548	Philid	Nichols,F.	618	Pierce,S.
Nel	419	Pent	Neud	479	Peterb	Newl	549	Philip	Nichols,J.	619	Pierl
Nell	421	Pep	Neue	481	Peters	Newm	551	Philipp	Nichols,M.	621	Pierp
Nelli	422	Pepi	Neuf	482	Peters,J.	Newman,D.	552	Philippi	Nichols,S.	622	Pierr
Nello	423	Pepo	Neufv	483	Peters,P.	Newman,J.	553	Philippu	Nichols,W.	623	Pierres
Nels	424	Pepp	Neug	484	Petersen	Newman,M.	554	Philips	Nicholson	624	Piers
Nelson,C.	425	Pepy	Neuh	485	Peterson	Newman,S.	555	Philips,M.	Nicholson,D.	625	Piet
Nelson,F.	426	Per	Neuk	486	Peth	Newman,W.	556	Phill	Nicholson,J.	626	Pietro
Nelson,J.	427	Perau	Neul	487	Peti	Newn	557	Phillip	Nicholson,M.	627	Pif
Nelson,M.	428	Perc	Neum	488	Petis	Newp	558	Phillips	Nicholson,S.	628	Pig
Nelson,R.	429	Perci	Neuman	489	Petit	Newt	559	Phillips,F.	Nicholson,W.	629	Pige
Nelson,S.	431	Percy	Neuman,G.	491	Petito	Newton	561	Phillips,J.	Nici	631	Pigg
Nelson,W.	432	Percy,M.	Neuman,M.	492	Peto	Newton,C.	562	Phillips,M.	Nick	632	Pign
Nem	433	Perd	Neumar	493	Petr	Newton,F.	563	Phillips,S.	Nico	633	Pigo
Nemi	434	Pere	Neun	494	Petrei	Newton,J.	564	Phillips,W.	Nicol	634	Pih
Nemn	435	Pereg	Neus	495	Petri	Newton,M.	565	Philo	Nicolai	635	Pik
Nemo	436	Perei	Neusi	496	Petrin	Newton,S.	566	Philoc	Nicolai,J.	636	Pike,M.
Nen	437	Perel	Neut	497	Petro	Newton,W.	567	Philom	Nicolai,P.	637	Pil
Neo	438	Perez	Neuv	498	Petru	Ney	568	Philos	Nicolas	638	Piles
Nep	439	Perg	Nev	499	Pett	Ney,J.	569	Philox	Nicolau	639	Pilk

Nicolay	641	Pill	Niles,S.	711	Planchet	Noes	771	Poll	Nori	841	Portaf
Nicole	642	Pillo	Niles,W.	712	Plane	Noet	772	Pollard,M.	Norm	842	Portal
Nicolet	643	Pilo	Nim	713	Plant	Nof	773	Polle	Norman,M.	843	Porte
Nicoli	644	Pim	Nin	714	Planti	Nog	774	Polli	Normanb	844	Porter
Nicoll	645	Pin	Nini	715	Plas	Nogaro	775	Pollio	Normand	845	Porter,F.
Nicollet	646	Pinar	Nino	716	Plat	Noge	776	Pollo	Normand,J.	846	Porter,J.
Nicolls	647	Pinc	Ninu	717	Platn	Nogh	777	Pollock,M.	Normand,P.	847	Porter,M.
Nicolls,J.	648	Pind	Nio	718	Plato	Nogu	778	Polo	Normandy	848	Porter,S.
Nicolls,P.	649	Pine	Nip	719	Platt	Noh	779	Polt	Normann	849	Porter,W.
Nicolo	651	Pinel	Niq	721	Plau	Nohr	781	Poly	Normant	851	Porth
Nicols	652	Pinet	Nis	722	Play	Noi	782	Polyc	Noro	852	Porti
Nicolson	653	Ping	Nisb	723	Playfo	Noiret	783	Polym	Norr	853	Portm
Nicolson,M.	654	Pinh	Nisbet,M.	724	Ple	Noirot	784	Pom	Norris,C.	854	Porz
Nicom	655	Pink	Nisl	725	Plen	Nok	785	Pome	Norris,F.	855	Pos
Nicome	656	Pinn	Niss	726	Ples	Nol	786	Pomf	Norris,J.	856	Poss
Nicon	657	Pino	Nisso	727	Pley	Nolan	787	Pomm	Norris,M.	857	Post
Nicop	658	Pins	Nit	728	Pli	Nolan,J.	788	Pomp	Norris,R.	858	Postl
Nicor	659	Pint	Nith	729	Plo	Nolan,P.	789	Pompi	Norris,S.	859	Pot
Nicos	661	Pinz	Nito	731	Plou	Nold	791	Pompo	Norris,W.	861	Pote
Nicot	662	Pio	Nits	732	Plow	Noli	792	Pon	Norry	862	Poth
Nicou	663	Pioz	Nitt	733	Plu	Noll	793	Poncel	Nors	863	Poti
Nid	664	Pip	Niv	734	Plum	Nollek	794	Poncet	North	864	Poto
Nie	665	Piper	Niver	735	Plumm	Nollet	795	Ponch	North,G.	865	Pott
Nied	666	Piq	Nix	736	Plump	Nolli	796	Pond	North,M.	866	Potter
Niel	667	Pir	Niz	737	Plun	Nolp	797	Poni	North,S.	867	Potter,G.
Niell	668	Piri	Nj	738	Pluy	Nolt	798	Pons	Northa	868	Potter,M.
Niels	669	Pirk	No	739	Po	Nom	799	Ponso	Northampton	869	Potter,S.
Niem	671	Piro	Noail	741	Poco	Nomu	811	Pont	Northampton,M	871	Potti
Nieme	672	Piron	Noailles,M.	742	Pod	Non	812	Pontb	Northb	872	Pou
Niemo	673	Pis	Noak	743	Poe	Noni	813	Ponte	Northc	873	Poui
Niep	674	Pisani	Nob	744	Poel	Nonn	814	Pontec	Northe	874	Poul
Nier	675	Pisano	Nobi	745	Poer	Nonz	815	Pontev	Northn	875	Poull
Niero	676	Pisc	Nobl	746	Pog	Noo	816	Ponti	Northo	876	Poult
Niet	677	Pise	Noble	747	Poh	Noom	817	Pontm	Northr	877	Pour
Nieu	678	Piso	Noble,D.	748	Pohl	Noor	818	Ponto	Northu	878	Pous
Nieul	679	Pist	Noble,J.	749	Poi	Noot	819	Ponz	Northw	879	Pout
Nieup	681	Pit	Noble,M.	751	Poin	Nop	821	Poo	Northwo	881	Pow
Nieuw	682	Pitc	Noble,S.	752	Poins	Nor	822	Poole	Norto	882	Powell
Nif	683	Pith	Noble,W.	753	Poir	Norbert	823	Poor	Norton,C.	883	Powell,F
Nig	684	Piti	Nobr	754	Pois	Norbert,M.	824	Poort	Norton,F.	884	Powell,J
Niger	685	Pitm	Noby	755	Poisso	Norbl	825	Pop	Norton,J.	885	Powell,M
Niget	686	Pitr	Noc	756	Poit	Norby	826	Pope,M.	Norton,M.	886	Powell,S
Nigh	687	Pits	Noch	757	Poiti	Norc	827	Poph	Norton,R.	887	Power
Nightengale	688	Pitt	Noci	758	Poix	Nord	828	Popi	Norton,S.	888	Powers
Nigr	689	Pitti	Nocr	759	Poj	Norden	829	Popo	Norton,W.	889	Pown
Nih	691	Pitto	Nod	761	Pok	Nordenh	831	Popp	Norv	891	Poy
Nik	692	Pitts	Nodu	762	Pol	Nordens	832	Por	Norw	892	Poyn
Niko	693	Piu	Noe	763	Pole	Nordt	833	Porc	Norwich,M.	893	Poz
Nikon	694	Pix	Noed	764	Polem	Nore	834	Porci	Norwo	894	Pozzo
Nil	695	Piz	Noel	765	Polen	Norf	835	Pord	Norwood,M.	895	Pr
Niles	696	Pl	Noel,D.	766	Poli	Norfolk,J.	836	Pori	Norz	896	Prad
Niles,D.	697	Plac	Noel,J.	767	Polier	Norfolk,P.	837	Porp	Nos	897	Prae
Niles,J.	698	Placi	Noel,M.	768	Polig	Norg	838	Porr	Nost	898	Praet
Niles,M.	699	Plan	Noel,S.	769	Polit	Norgh	839	Port	Not	899	Pran

Note — Nyt / Pras — Pyt / Qua — Quo

Note	911	Pras	Num		971	Pru	
Noth	912	Prat	Nun		972	Prun	
Notk	913	Pratt	Nunu		973	Pry	
Notr	914	Pratt,F.	Nur		974	Ps	
Nott	915	Pratt,J.	Nus		975	Pt	
Nott,G.	916	Pratt,M.	Nut		976	Pu	
Nott,M.	917	Pratt,S.	Nutt,J.		977	Puc	
Nott,S.	918	Prau	Nutt,P.		978	Pug	
Notti	919	Prax	Nutta		979	Pui	
Nottingham	921	Pray	Nuttall,M.		981	Pul	
Nottn	922	Pre	Nutter		982	Pull	
Notto	923	Prec	Nutter,G.		983	Pult	
Nou	924	Prei	Nutter,M.		984	Pun	
Noue	925	Prem	Nutter,S.		985	Pur	
Nouet	926	Pren	Nutting		986	Purs	
Noug	927	Prent	Nutting,G.		987	Pus	
Nouh	928	Pres	Nutting,M.		988	Put	
Noul	929	Prescott	Nuv		989	Putnam	
Nour	931	Prescott,G.	Nuy		991	Putnam,G.	
Nourr	932	Prescott,M.	Nuz		992	Putnam,M.	
Nours	933	Prescott,S.	Ny		993	Putnam,S.	
Nouv	934	Presl	Nye		994	Puy	
Nov	935	Press	Nyk		995	Py	
Novar	936	Prest	Nym		996	Pyl	
Nove	937	Preston	Nyo		997	Pyn	
Novelli	938	Preston,G.	Nys		998	Pyr	
Novello	939	Preston,M.	Nyt		999	Pyt	
Nover	941	Preston,S.	Qua		1		
Noves	942	Preston,W.	Quat		2		
Novi	943	Preu	Que		3		
Novio	944	Prev	Quer		4		
Noviu	945	Pri	Ques		5		
Now	946	Price,M.	Qui		6		
Nowe	947	Prich	Quin		7		
Nowell,M.	948	Prie	Quir		8		
Noy	949	Pries	Quo		9		
Noyer	951	Prieu					
Noyes	952	Prim					
Noyes,C.	953	Prime					
Noyes,F.	954	Prin					
Noyes,J.	955	Prince,G.					
Noyes,M.	956	Prince,M.					
Noyes,R.	957	Prince,S.					
Noyes,S.	958	Prio					
Noyes,W.	959	Pris					
Noz	961	Prit					
Nu	962	Pro					
Nuce	963	Proc					
Nuci	964	Proct					
Nug	965	Prom					
Nugent	966	Pros					
Nugent,J.	967	Prot					
Nugent,S.	968	Prou					
Nul	969	Prov					

Ra — Reinhard / Ta — Thay

Ra		111	Ta	Rame	171	Tanz	Rauch	241	Taylor,F.	Reco	311	Tenni
Rab		112	Tab	Ramel	172	Tap	Rauco	242	Taylor,H.	Red	312	Tenny
Rabau		113	Tabe	Rami	173	Tapl	Raud	243	Taylor,J.	Redd	313	Tent
Rabe		114	Tabo	Ramm	174	Tapp	Rauf	244	Taylor,M.	Rede	314	Teo
Raben		115	Tac	Ramo	175	Tappan,M.	Raul	245	Taylor,P.	Redf	315	Ter
Rabi		116	Tacf	Ramou	176	Tar	Raum	246	Taylor,S.	Redg	316	Tere
Rabu		117	Tach	Ramp	177	Taras	Raup	247	Taylor,W.	Redi	317	Terg
Rac		118	Taci	Rams	178	Tarau	Raus	248	Taz	Redm	318	Terh
Rach		119	Taco	Ramsay,J.	179	Tarb	Raut	249	Tc	Redo	319	Term
Raci		121	Tad	Ramsay,P.	181	Tard	Rauz	251	Tche	Redp	321	Tern
Rack		122	Tado	Ramsd	182	Tardieu	Rav	252	Tcho	Ree	322	Terp
Raco		123	Tae	Ramse	183	Tardif	Raven	253	Te	Reed	323	Terr
Rad		124	Taf	Ramu	184	Tare	Ravens	254	Teb	Reed,G.	324	Terras
Radc		125	Tag	Ran	185	Targ	Raves	255	Tec	Reed,M.	325	Terre
Rade		126	Tagl	Rand	186	Tari	Ravi	256	Ted	Reed,S.	326	Terri
Radem		127	Taglias	Rand,M.	187	Tarin	Raw	257	Tedm	Reed,W.	327	Terrin
Radet		128	Taglio	Randall	188	Tarl	Rawl	258	Tee	Rees	328	Terro
Radi		129	Tai	Randall,M.	189	Tarn	Rawlin	259	Tef	Reese	329	Terry
Rado		131	Tail	Rande	191	Taro	Rawlinson	261	Teg	Reev	331	Ters
Radu		132	Taille	Rando	192	Tarr	Raws	262	Tei	Reeves	332	Tert
Radz		133	Tailli	Randolph,G.	193	Tars	Ray	263	Teif	Reg	333	Terw
Rae		134	Tain	Randolph,M.	194	Tartar	Ray,M.	264	Teil	Regg	334	Terz
Raen		135	Tais	Randon	195	Tarti	Rayb	265	Teis	Regi	335	Tes
Raf		136	Tak	Rang	196	Taru	Raye	266	Teix	Regio	336	Tesau
Raffen		137	Tal	Rani	197	Tas	Raym	267	Tel	Regis	337	Tesc
Raffl		138	Talbot	Rank	198	Task	Raymond	268	Telem	Regn	338	Tess
Rafn		139	Talbot,G.	Ranken	199	Tasm	Raymond,G.	269	Teles	Regnau	339	Tessi
Rag		141	Talbot,M.	Ranki	211	Tass	Raymond,M.	271	Telf	Regne	341	Tessin
Ragg		142	Talbot,S.	Rans	212	Tasse	Raymond,S.	272	Teli	Regni	342	Test
Ragl		143	Tale	Rant	213	Tassi	Raymond,W.	273	Tell	Rego	343	Teste
Rago		144	Talf	Ranz	214	Tasso	Rayn	274	Teller	Regu	344	Testi
Ragu		145	Talh	Rao	215	Tasson	Rayne	275	Tellez	Reh	345	Testo
Ragus		146	Tali	Rap	216	Tat	Rayno	276	Telli	Reht	346	Testu
Rah		147	Tall	Raph	217	Tate,M.	Rayo	277	Tello	Rei	347	Tet
Rahn		148	Talley	Rapi	218	Tath	Raz	278	Tem	Reicha	348	Tetr
Rai		149	Talli	Rapo	219	Tati	Razou	279	Teme	Reiche	349	Tetz
Raik		151	Talm	Rapp	221	Tatt	Re	281	Temm	Reichen	351	Teu
Rail		152	Talo	Ras	222	Tau	Read	282	Temp	Reichm	352	Teut
Raim		153	Tam	Rasch	223	Taubn	Read,H.	283	Tempest,M.	Reid	353	Tev
Rain		154	Tamb	Rase	224	Tauc	Read,M.	284	Templ	Reid,D.	354	Tew
Raine		155	Tambe	Rask	225	Taul	Reade	285	Temple,G.	Reid,F.	355	Tex
Rainey		156	Tambou	Rasp	226	Taun	Reade,M.	286	Temple,M.	Reid,J.	356	Tey
Raini		157	Tame	Raspo	227	Taup	Reading	287	Temple,S.	Reid,M.	357	Th
Raino		158	Tami	Rass	228	Taus	Real	288	Templet	Reid,S.	358	Thac
Rainv		159	Tamp	Rast	229	Taut	Reb	289	Ten	Reid,W.	359	Thacher,G.
Rait		161	Tan	Rasto	231	Tav	Rebell	291	Tend	Reif	361	Thacher,M.
Rak		162	Tanc	Rat	232	Tave	Rebo	292	Tene	Reil	362	Thacher,S.
Ral		163	Tand	Ratc	233	Taver	Rebs	293	Teni	Reim	363	Thack
Rals		164	Tane	Rath	234	Taverni	Rec	294	Tenis	Rein	364	Thai
Ram		165	Tank	Raths	235	Tax	Recco	295	Tenn	Reine	365	Thal
Ramaz		166	Tann	Rati	236	Tay	Rech	296	Tennant,M.	Reinec	366	Tham
Ramb		167	Tanner,M.	Ratt	237	Tayler	Rechen	297	Tenne	Reiner	367	Than
Rambu		168	Tans	Ratz	238	Taylor	Reck	298	Tenney	Reinh	368	Thau
Ramd		169	Tant	Rau	239	Taylor,C.	Recl	299	Tenney,M.	Reinhard	369	Thay

Reinhart — Robert / Thayer, G. — Todl

Reinhart	371	Thayer,G.	Retz	441	Thil	Richard	511	Thorne	Righ	571	Tild
Reinho	372	Thayer,M.	Reu	442	Thilo	Richard,G.	512	Thorney	Rign	572	Tile
Reinm	373	Thayer,S.	Reul	443	Thim	Richard,M.	513	Thornt	Ril	573	Tili
Reins	374	The	Reum	444	Thio	Richards	514	Thornton,M.	Rill	574	Till
Reis	375	Theb	Reus	445	Thir	Richards,F.	515	Thornw	Rim	575	Tille
Reiset	376	Thei	Reuss	446	Thirl	Richards,J.	516	Thoro	Rimi	576	Tillet
Reisi	377	Theim	Reut	447	Thiro	Richards,M.	517	Thorp	Rimm	577	Tilli
Reiss	378	Thek	Reuv	448	This	Richards,S.	518	Thorpe	Rin	578	Tillo
Reit	379	Thel	Rev	449	Tho	Richards,W.	519	Thorpe,G.	Rinc	579	Tilly
Rej	381	Thelo	Revell	451	Thol	Richardson	521	Thorpe,M.	Ring	581	Tils
Rel	382	Thelw	Rever	452	Thom	Richardson,D.	522	Thorpe,S.	Ringo	582	Tim
Rell	383	Them	Reves	453	Thoman	Richardson,J.	523	Thort	Rint	583	Timb
Rem	384	Then	Revi	454	Thomas	Richardson,M.	524	Thou	Rinu	584	Timm
Remb	385	Theo	Rex	455	Thomas	Richardson,S.	525	Thoui	Rio	585	Timo
Reme	386	Theoc	Rey	456	Thomas,C.	Richardson,W.	526	Thour	Rios	586	Timp
Remi	387	Theod	Reyb	457	Thomas,F.	Riche	527	Thout	Riou	587	Tin
Remin	388	Theodo	Reym	458	Thomas,H.	Richel	528	Thouv	Rip	588	Tind
Remo	389	Theodos	Reyn	459	Thomas,J.	Richer	529	Thr	Ripley	589	Tink
Remu	391	Theog	Reyni	461	Thomas,M.	Richi	531	Thre	Ripley,R.	591	Tinn
Remy	392	Theon	Reyno	462	Thomas,P.	Richm	532	Thu	Riplry,H.	592	Tins
Ren	393	Theop	Reynolds,G.	463	Thomas,S.	Richmond,M.	533	Thui	Ripp	593	Tint
Renar	394	Theophi	Reynolds,M.	464	Thomas,W.	Richt	534	Thul	Riq	594	Tio
Renau	395	Theopo	Reynolds,S.	465	Thomass	Richter	535	Thun	Ris	595	Tip
Renaul	396	Theor	Reynolds,W.	466	Thomassy	Richter,M.	536	Thur	Riss	596	Tir
Rend	397	Theos	Rez	467	Thomo	Richter,S.	537	Thurl	Rist	597	Tiri
Rendu	398	Ther	Rh	468	Thomp	Rici	538	Thurlo	Rit	598	Tis
Rene	399	Theri	Rhe	469	Thompson	Rick	539	Thurm	Ritchie,G	599	Tisch
Renes	411	Therm	Rhen	471	Thompson,C.	Rico	541	Thurn	Ritchie,M.	611	Tische
Reng	412	Thero	Rhet	472	Thompson,F.	Rid	542	Thuro	Rits	612	Tischl
Reni	413	Thes	Rhi	473	Thompson,H.	Riddel	543	Thurs	Ritt	613	Tisd
Renn	414	Thess	Rho	474	Thompson,J.	Ride	544	Thurston	Ritter	614	Tiss
Rennev	415	Theu	Rhod	475	Thompson,M.	Ridl	545	Thurston,G.	Ritter,M.	615	Tissi
Renni	416	Thev	Rhodes	476	Thompson,P.	Ridley,M.	546	Thurston,M.	Riv	616	Tisso
Renny	417	Theveni	Rhodes,M.	477	Thompson,S.	Rido	547	Thurston,S.	Rivan	617	Tit
Reno	418	Theveno	Rhodo	478	Thompson,T.	Rie	548	Thw	Rivar	618	Titi
Renou	419	Thew	Rhou	479	Thompson,W.	Riec	549	Thy	Rivau	619	Titin
Rens	421	Thex	Ri	481	Thomsen	Ried	551	Ti	Rive	621	Tito
Rent	422	Thi	Rib	482	Thomson	Riedi	552	Tib	Rivers	622	Titt
Renu	423	Thiard	Ribb	483	Thomson,G.	Rief	553	Tibe	Rives	623	Titu
Renv	424	Thib	Ribe	484	Thomson,M.	Rieg	554	Tibn	Rivet	624	Tix
Rep	425	Thibaul	Ribes	485	Thomson,S.	Rieh	555	Tic	Rivi	625	Tiz
Rept	426	Thibaut	Ribo	486	Thomson,W.	Riem	556	Tick	Rivo	626	Tk
Req	427	Thibo	Ric	487	Thor	Rien	557	Ticknor	Riz	627	To
Rer	428	Thic	Ricardo	488	Thore	Riep	558	Tid	Ro	628	Tob
Res	429	Thie	Ricc	489	Thores	Ries	559	Tie	Robar	629	Tobi
Resch	431	Thiel	Ricci	491	Thori	Riese	561	Tief	Robb	631	Toc
Rese	432	Thielm	Ricciar	492	Thoris	Riesn	562	Tiel	Robbins	632	Tocq
Resen	433	Thiem	Riccio	493	Thork	Riet	563	Tiep	Robbins,F.	633	Tod
Resn	434	Thien	Ricco	494	Thorl	Rieu	564	Tier	Robbins,J.	634	Todd,G.
Ress	435	Thier	Rice	495	Thorn	Rig	565	Tif	Robbins,M.	635	Todd,M.
Rest	436	Thierry	RiceG	496	Thorn	Rigaul	566	Tig	Robbins,S.	636	Todd,S.
Ret	437	Thierry,M.	RiceM	497	Thornb	Rigb	567	Tigl	Robbins,W.	637	Tode
Reth	438	Thiers	Rich	498	Thornd	Rige	568	Tigr	Robe	638	Todh
Rett	439	Thies	RichM	499	Thorndi	Rigg	569	Til	Robert	639	Todl

Robert, G. — Rost / Toe — Trit

Robert,G.	641	Toe	Roeb	711	Torti	Rond	771	Tram
Robert,M.	642	Toep	Roed	712	Torto	Rone	772	Tran
Roberts	643	Toes	Roeh	713	Tos	Rong	773	Trap
Roberts,F.	644	Tof	Roel	714	Tose	Rons	774	Trapp
Roberts,J.	645	Tog	Roem	715	Toss	Ronz	775	Tras
Roberts,M.	646	Toi	Roep	716	Tost	Roo	776	Trat
Roberts,S.	647	Tol	Roer	717	Tot	Rook	777	Trau
Roberts,W.	648	Tolb	Roes	718	Tott	Roop	778	Trauts
Robertson	649	Tole	Roet	719	Totten	Roor	779	Trav
Robertson,J.	651	Toll	Rog	721	Tottl	Roos	781	Travers,M.
Robertson,S.	652	Tolm	Roger	722	Tou	Root	782	Travi
Robes	653	Tolo	Roger,M.	723	Toul	Root,M.	783	Trax
Robi	654	Tols	Rogers	724	Toulm	Rop	784	Tre
Robin	655	Tom	Rogers,D.	725	Toulo	Ropes	785	Trebo
Robine	656	Tomb	Rogers,G.	726	Toup	Roq	786	Tred
Robins	657	Tomi	Rogers,J.	727	Tour	Ror	787	Trei
Robinson	658	Tomk	Rogers,M.	728	Tourn	Ros	788	Trel
Robinson,D.	659	Toml	Rogers,S.	729	Tourno	Rosar	789	Trem
Robinson,G.	661	Tomm	Rogers,W.	731	Touro	Rosc	791	Tremo
Robinson,J.	662	Tomp	Roget	732	Tourr	Rosco	792	Tren
Robinson,M.	663	Ton	Rogg	733	Tourv	Roscoe,G.	793	Trench,M.
Robinson,S.	664	Tone	Rogi	734	Tous	Roscoe,M.	794	Trenck
Robinson,T.	665	Tong	Rogn	735	Tousse	Rose	795	Trent
Robinson,W.	666	Tonn	Rogu	736	Tout	Rose,G.	796	Tres
Robs	667	Tont	Roh	737	Tow	Rose,M.	797	Tresh
Roby	668	Too	Rohl	738	Tower,M.	Roseb	798	Tresi
Roc	669	Tooke,M.	Rohr	739	Towers	Rosec	799	Tress
Rocc	671	Tool	Roi	741	Towg	Rosel	811	Treu
Roch	672	Toom	Rok	742	Towl	Rosem	812	Trev
Roche	673	Top	Roko	743	Town	Rosen	813	Trevi
Rochef	674	Toph	Rol	744	Towne	Rosenk	814	Trevis
Rochem	675	Topl	Role	745	Townel	Rosenm	815	Trevo
Roches	676	Tor	Rolf	746	Townl	Rosenw	816	Trevor,M.
Rochet	677	Tord	Rolfe,M.	747	Towns	Roset	817	Trew
Rochf	678	Tore	Roli	748	Townsend,G.	Rosew	818	Trez
Rochm	679	Toren	Roll	749	Townsend,M.	Rosi	819	Tri
Rocho	681	Tores	Rolles	751	Townsend,S.	Rosin	821	Trian
Rock	682	Torg	Rollett	752	Townsend,W.	Rosn	822	Trib
Rocki	683	Tori	Rolli	753	Townsh	Ross	823	Tric
Rockw	684	Torl	Rollin	754	Townsend,M.	Ross,G.	824	Trico
Rod	685	Torn	Rollo	755	Townso	Ross,M.	825	Trie
Rodd	686	Torno	Rom	756	Toy	Ross,S.	826	Trier
Rode	687	Torq	Romai	757	Toz	Ross,W.	827	Tries
Roder	688	Torr	Roman	758	Tr	Rossel	828	Trig
Rodew	689	Torre	Romano	759	Trac	Rosset	829	Tril
Rodg	691	Torren	Romanu	761	Tracy	Rossi	831	Trim
Rodi	692	Torrent	Romb	762	Tracy,M.	Rossi,G.	832	Trin
Rodm	693	Torres	Rome	763	Trad	Rossi,M.	833	Trinci
Rodn	694	Torrey	Romey	764	Trae	Rossig	834	Trio
Rodo	695	Torri	Romi	765	Trag	Rossin	835	Trip
Rodr	696	Torrig	Romm	766	Trai	Rossl	836	Tripp
Rodw	697	Torrin	Romu	767	Traill,M.	Rossm	837	Tris
Roe	698	Tors	Ron	768	Train	Rosso	838	Trist
Roe,M.	699	Tort	Ronc	769	Tral	Rost	839	Trit

Rosw — Rz / Triv — Tzs

Rosw	841	Triv	Ruck	911	Tudi	Rust	971	Twee
Rot	842	Trivu	Ruckers	912	Tudo	Rut	972	Twi
Rote	843	Tro	Rud	913	Tue	Rutg	973	Twin
Rotg	844	Trog	Rudd	914	Tuf	Ruth	974	Twis
Roth	845	Troi	Rude	915	Tufts,M.	Rutherf	975	Twy
Rothen	846	Trol	Rudi	916	Tuk	Ruthv	976	Twys
Roths	847	Trollo	Rudo	917	Tul	Ruti	977	Ty
Rothw	848	Trollope,M.	Rue	918	Tull	Rutl	978	Tyc
Rotr	849	Trom	Ruef	919	Tulloch	Rutland,M.	979	Tye
Rott	851	Tromp	Ruel	921	Tulloch,M.	Rutledge	981	Tyl
Rou	852	Tron	Ruf	922	Tullus	Rutt	982	Tyler,G.
Roub	853	Tronci	Ruffi	923	Tully	Ruv	983	Tyler,M.
Rouc	854	Trons	Ruffn	924	Tulo	Rux	984	Tyler,S.
Roug	855	Troo	Ruffo	925	Tum	Ruy	985	Tyler,W.
Rouget	856	Trop	Rufi	926	Tun	Ruyt	986	Tym
Roui	857	Tros	Rufu	927	Tuns	Ruz	987	Tyn
Rouj	858	Trot	Rug	928	Tup	Ry	988	Tyndall
Roul	859	Trou	Rugg	929	Tur	Ryan,M.	989	Tyng
Roup	861	Troui	Ruggi	931	Turb	Ryc	991	Typ
Rouq	862	Trouv	Ruggl	932	Turc	Ryd	992	Tyr
Rous	863	Trow	Ruh	933	Turco	Rye	993	Tyrrell
Rouss	864	Troy	Rui	934	Ture	Ryl	994	Tys
Roussel	865	Tru	Rul	935	Turen	Rym	995	Tyt
Roussele	866	Trud	Rum	936	Turg	Rys	996	Tytler
Rousset	867	Trum	Rumm	937	Turgo	Ryt	997	Tytler,S.
Roust	868	Trumbull	Rums	938	Turi	Ryv	998	Tz
Rout	869	Trumbull,J.	Run	939	Turk	Rz	999	Tzs
Roux	871	Trumbull,S.	Rund	941	Turl			
Rouy	872	Trur	Rung	942	Turn			
Rov	873	Trus	Runn	943	Turnbull,M.			
Rovet	874	Trut	Ruo	944	Turne			
Rovi	875	Try	Rup	945	Turner,C.			
Row	876	Tryp	Rupp	946	Turner,F.			
Rowan	877	Ts	Rupr	947	Turner,H.			
Rowe	878	Tscher	Rur	948	Turner,J.			
Rowe,M.	879	Tschi	Rus	949	Turner,M.			
Rowel	881	Tschu	Rusch	951	Turner,P.			
Rowi	882	Tse	Rush	952	Turner,S.			
Rowl	883	Tu	Rush,M.	953	Turner,T.			
Rowle	884	Tub	Rusht	954	Turner,W.			
Rows	885	Tuber	Rushw	955	Turnh			
Rox	886	Tuc	Rusk	956	Turno			
Roxb	887	Tuch	Rusp	957	Turp			
Roy	888	Tucher	Russ	958	Turr			
Roye	889	Tuck	Russel	959	Turrett			
Royer	891	Tucker	Russell	961	Turri			
Royo	892	Tucker,G.	Russell,D.	962	Turt			
Roz	893	Tucker,M.	Russell,F.	963	Turv			
Ru	894	Tucker,S.	Russell,J.	964	Tus			
Ruben	895	Tucker,W.	Russell,M.	965	Tuss			
Rubi	896	Tuckerman	Russell,P.	966	Tut			
Rubr	897	Tuckerman,M.	Russell,S.	967	Tutt			
Ruc	898	Tucket	Russell,W.	968	Tuy			
Ruch	899	Tud	Russi	969	Tw			

Ea — Ez / Ia — Izm / Oa — Oz

11	Ea	71	Erm	11	Ia	71	Iro	11	Oa	71	Ori
12	Eam	72	Err	12	Ib	72	Irv	12	Ob	72	Orl
13	Eas	73	Ers	13	Ibn	73	Is	13	Obr	73	Orlo
14	Eat	74	Es	14	Ibr	74	Isab	14	Obs	74	Orm
15	Eb	75	Esd	15	Ic	75	Isam	15	Oc	75	Orn
16	Eber	76	Esl	16	Ich	76	Isar	16	Och	76	Orr
17	Ec	77	Esp	17	Ick	77	Isc	17	Oco	77	Ors
18	Ech	78	Ess	18	Id	78	Ise	18	Oconn	78	Ort
19	Eck	79	Est	19	Ide	79	Ish	19	Ocor	79	Orto
21	Ed	81	Esti	21	Ido	81	Isi	21	Oct	81	Os
22	Eden	82	Estr	22	Ie	82	Isl	22	Od	82	Osg
23	Edg	83	Et	23	If	83	Ism	23	Ode	83	Osm
24	Edm	84	Eth	24	Ig	84	Isn	24	Odi	84	Oss
25	Edw	85	Eto	25	Ih	85	Iso	25	Odo	85	Ost
26	Edwards	86	Eu	26	Ik	86	Iss	26	Odon	86	Osw
27	Ef	87	Eug	27	Il	87	Ist	27	Odr	87	Ot
28	Eg	88	Eul	28	Ili	88	It	28	Oe	88	Oti
29	Ege	89	Eup	29	Ill	89	Ith	29	Oer	89	Ott
31	Egl	91	Eus	31	Im	91	Itt	31	Of	91	Ottl
32	Egr	92	Ev	32	Imb	92	Iu	32	Off	92	Otw
33	Eh	93	Eve	33	Iml	93	Iv	33	Ofl	93	Ou
34	Ei	94	Ew	34	Imp	94	Ive	34	Og	94	Ous
35	Ein	95	Ewi	35	In	95	Ives	35	Ogl	95	Ouv
36	Eis	96	Ex	36	Inc	96	Ivo	36	Oh	96	Ov
37	El	97	Ey	37	Inch	97	Ix	37	Ohe	97	Ow
38	Elea	98	Eyr	38	Ind	98	Iz	38	Ohm	98	Ox
39	Elen	99	Ez	39	Indi	99	Izm	39	Oi	99	Oz
41	Elg			41	Indo			41	Ok		
42	Eli			42	Indu			42	Ol		
43	Elis			43	Inf			43	Olb		
44	Ell			44	Ing			44	Old		
45	Elle			45	Inge			45	Ole		
46	Elli			46	Ingel			46	Oli		
47	Ellis			47	Inger			47	Olip		
48	Elm			48	Ingh			48	Oliv		
49	Els			49	Ingi			49	Olivi		
51	Elt			51	Ingl			51	Olm		
52	Elw			52	Ingli			52	Olo		
53	Em			53	Ingo			53	Oly		
54	Emm			54	Ingr			54	Om		
55	Emp			55	Ingre			55	Ome		
56	En			56	Ini			56	Omo		
57	Eng			57	Inm			57	Omu		
58	Engl			58	Inn			58	On		
59	Enn			59	Ins			59	Ons		
61	Ent			61	Int			61	Oov		
62	Eo			62	Inv			62	Op		
63	Ep			63	Inw			63	Opp		
64	Epi			64	Io			64	Or		
65	Er			65	Ir			65	Orb		
66	Erd			66	Iren			66	Ord		
67	Ere			67	Iret			67	Ore		
68	Eri			68	Iri			68	Orf		
69	Erl			69	Irl			69	Org		

Sa — Sear

111	Sa	171	Salm	241	Sap	311	Schar	371	Schom
112	Saar	172	Salmon	242	Saq	312	Schat	372	Schon
113	Sab	173	Salo	243	Sar	313	Schau	373	Schoo
114	Sabb	174	Salomon	244	Sard	314	Sche	374	Schop
115	Sabe	175	Salon	245	Sarg	315	Sche	375	Schor
116	Sabi	176	Salt	246	Sarm	316	Sched	376	Schot
117	Sabl	177	Salter	247	Sarr	317	Schef	377	Schou
118	Sabr	178	Saltm	248	Sars	318	SchefferJ	378	Schra
119	Sac	179	Salto	249	Sart	319	Schei	379	Schrei
121	Sach	181	Salu	251	Sarto	321	Scheif	381	Schrey
122	Saco	182	Salv	252	Sas	322	Scheit	382	Schro
123	Sacr	183	Salve	253	Sat	323	Schel	383	Schroet
124	Sad	184	Salvi	254	Satu	324	Schem	384	Schu
125	Sade	185	Salvin	255	Sau	325	Schen	385	Schube
126	Sadl	186	Salvo	256	Saul	326	Schep	386	Schul
127	Sae	187	Sam	257	Saun	327	Scher	387	Schultz
128	Saf	188	Samh	258	Saup	328	Schet	388	Schulz
129	Sag	189	Samm	259	Saur	329	Scheu	389	Schulz,J.
131	Sah	191	Samo	261	Saut	331	Schi	391	Schulze
132	Sai	192	Samp	262	Sauv	332	Schick	392	Schum
133	Saint,A	193	Sams	263	Sav	333	Schie	393	Schun
134	Saint,An	194	San	264	SavageJ	334	Schif	394	Schur
135	Saint,B	195	SanF	265	Savar	335	Schil	395	Schus
136	Saint,C	196	SanL	266	Savars	336	Schim	396	Schut
137	Saint,E	197	SanS	267	Savi	337	Schin	397	Schuy
138	Saint,F	198	Sanb	268	Savo	338	Schir	398	Schw
139	Saint,G	199	Sanc	269	Savot	339	Schl	399	Schwar
141	Saint,H	211	Sanch	271	Saw	341	Schle	411	Schwarz
142	Saint,I	212	Sancr	272	Sax	342	Schlei	412	Schwe
143	Saint,Ju	213	Sand	273	Saxo	343	Schles	413	Schwei
144	Saint,J	214	Sande	274	Say	344	Schleu	414	Schwem
145	Saint,L	215	Sanders	275	Sayl	345	Schli	415	Schwer
146	Saint,M	216	Sanderson	276	Sba	346	Schlo	416	Sci
147	Saint,N	217	Sandf	277	Sca	347	Schlu	417	Scin
148	Saint,O	218	Sando	278	Scae	348	Schm	418	Scip
149	Saint,P	219	Sandr	279	Scal	349	Schmi	419	Scir
151	SaintR	221	Sands	281	Scalab	351	Schmidt	421	Sco
152	SaintS	222	Sandy	282	Scali	352	Schmidt,F.	422	Scog
153	SaintSimon	223	Sane	283	Scam	353	Schmidt,J.	423	Scor
154	SaintU	224	Sanf	284	Scap	354	Schmidt,L.	424	Scot
155	SaintV	225	Sang	285	Scar	355	Schmidt,S.	425	Scott
156	Sainte	226	Sangr	286	Scarl	356	Schmit	426	Scott,G.
157	SainteM	227	Sani	287	Scars	357	Schmo	427	Scott,J.
158	Sais	228	Sann	288	Scav	358	Schn	428	Scott,M.
159	Sal	229	Sans	289	Sce	359	Schneider,J.	429	Scott,S.
161	Salan	231	Sant	291	Sch	361	Schni	431	Scott,W.
162	Sald	232	Santag	292	Schad	362	Schnne	432	Scou
163	Sale	233	Santar	293	Schae	363	Schno	433	Scr
164	Salg	234	Sante	294	Schaef	364	Scho	434	Scri
165	Sali	235	Santi	295	Schaer	365	Schoe	435	Scro
166	Salis	236	Santis	296	Schaf	366	Schoen	436	Scu
167	Salisbury	237	Santo	297	Schal	367	Schoenl	437	Scul
168	Sall	238	Sanu	298	Schall	368	Schoep	438	Sea
169	Sallo	239	Sao	299	Scham	369	Schol	439	Sear

Seat — Spri

441	Seat	511	Sevi	571	Sie	641	Smil	711	Soo
442	Seav	512	Sew	572	Sien	642	Smit	712	Sop
443	Seb	513	Sewall,S.	573	Sies	643	Smith,B.	713	Sor
444	Sec	514	Seward	574	Sig	644	Smith,C.	714	Sori
445	Seco	515	Sewel	575	Sigf	645	Smith,D.	715	Sos
446	Secr	516	Sewell	576	Sigi	646	Smith,E.	716	Sost
447	Sed	517	Sewell,S.	577	Sigis	647	Smith,F.	717	Sot
448	Sedg	518	Sex	578	Sign	648	Smith,G.	718	Soto
449	Sedl	519	Sey	579	Sigu	649	Smith,H.	719	Sou
451	See	521	Seym	581	Sil	651	Smith,J.	721	Souf
452	Seel	522	Seyt	582	Silb	652	Smith,John	722	Soul
453	Seem	523	Sfo	583	Sili	653	Smith,Jos	723	Souli
454	Seg	524	Sha	584	Sill	654	Smith,L.	724	Soum
455	Segr	525	Shaf	585	Silo	655	Smith,M.	725	Sous
456	Segu	526	Shai	586	Silv	656	Smith,O.	726	Sout
457	Sei	527	Shak	587	Silve	657	Smith,R.	727	Southe
458	Seid	528	Shal	588	Sim	658	Smith,Rob't	728	Southw
459	Seif	529	Shap	589	Sime	659	Smith,S.	729	Souv
461	Seil	531	Shar	591	Siml	661	Smith,Sol.	731	Sow
462	Seis	532	Sharpe	592	Simm	662	Smith,T.	732	Spa
463	Sej	533	Shat	593	Simo	663	Smith,W.	733	Spaf
464	Sel	534	Shaw	594	Simon	664	Smith,Wm.	734	Spal
465	Self	535	Shaw,L.	595	Simon,J.	665	Smits	735	Span
466	Selk	536	Shaw,S.	596	Simon,P.	666	Smo	736	Spar
467	Sell	537	Shaw,W.	597	Simond	667	Smy	737	Sparr
468	Sello	538	Shay	598	Simone	668	Smythe	738	Spat
469	Selv	539	She	599	Simoni	669	Sna	739	Spau
471	Sem	541	Shed	611	Simons	671	Sne	741	Spe
472	Seml	542	Shef	612	Simp	672	Sni	742	Spee
473	Semp	543	Shei	613	Simps	673	Sno	743	Spel
474	Sen	544	Shel	614	Sims	674	Snow	744	Spen
475	Sene	545	Shelley	615	Sin	675	Sny	745	Spencer
476	Senf	546	Shen	616	Sincl	676	Soa	746	Spencer,S.
477	Seni	547	Shep	617	Sing	677	Sob	747	Spene
478	Senn	548	Sheph	618	Sins	678	Soc	748	Spens
479	Sep	549	Shepp	619	Sir	679	Sod	749	Sper
481	Ser	551	Sher	621	Sirm	681	Soe	751	Sperr
482	Seras	552	Sheri	622	Sis	682	Sog	752	Spet
483	Sere	553	Sherm	623	Sism	683	Soi	753	Sph
484	Serg	554	Sherw	624	Siv	684	Sol	754	Spi
485	Seri	555	Shi	625	Six	685	Sole	755	Spie
486	Serm	556	Shil	626	Ska	686	Soli	756	Spil
487	Serr	557	Ship	627	Ske	687	Solis	757	Spin
488	Serre	558	Shir	628	Ski	688	Soll	758	Spino
489	Serro	559	Sho	629	Skr	689	Solo	759	Spir
491	Serv	561	Shr	631	Sla	691	Solt	761	Spit
492	Servin	562	Shu	632	Sle	692	Soly	762	Spo
493	Ses	563	Sib	633	Sli	693	Som	763	Spon
494	Sest	564	Sibl	634	Slo	694	Somer	764	Spoo
495	Set	565	Sic	635	Sma	695	Somerse	765	Spot
496	Seu	566	Sici	636	Smar	696	Somerv	766	Spr
497	Sev	567	Sico	637	Sme	697	Somm	767	Spran
498	Sever	568	Sid	638	Smel	698	Son	766	Spre
499	Severus	569	Sidn	639	Smi	699	Sonn	769	Spri

Spro — Szy

771	Spro	841	Stet	911	Stratt	971	Swa
772	Spu	842	Steu	912	Strau	972	Swan
773	Squ	843	Stev	913	Straw	973	Swar
774	Squir	844	Stevens	914	Stre	974	Swe
775	Sta	845	Stevens,M.	915	Street	975	Swet
776	Stad	846	Stevens,S.	916	Stri	976	Swi
777	Stadl	847	Stevenson	917	Strickl	977	Swift
778	Stae	848	Stevenson,M.	918	Strin	978	Swin
779	Staf	849	Stew	919	Stro	979	Swint
781	Stah	851	Stewart,M.	921	Strog	981	Sya
782	Stai	852	Stewart,T.	922	Stron	982	Syd
783	Stam	853	Stey	923	Strong	983	Syk
784	Stan	854	Sti	924	Strong,P.	984	Syl
785	Stand	855	Stie	925	Strot	985	Sylv
786	Stanh	856	Stil	926	Stroz	986	Sym
787	Stanl	857	Still	927	Stru	987	Symm
788	Stanley,J.	858	Stim	928	Stry	988	Symo
789	Stanley	859	Stimp	929	Stu	989	Symp
791	Stans	861	Stir	931	Stuart,J.	991	Syms
792	Stant	862	Stit	932	Stuart,M.	992	Syn
793	Stap	863	Sto	933	Stud	993	Syng
794	Stapl	864	Stoc	934	Stuk	994	Syp
795	Star	865	Stockl	935	Stur	995	Syr
796	Starr	866	Stockt	936	Sturm	996	Sza
797	Stat	867	Stod	937	Stut	997	Sze
798	Stau	868	Stoddard,M.	938	Stuy	998	Szi
799	Ste	869	Stoddard,S.	939	Sua	999	Szy
811	Steb	871	Stoe	941	Sub		
812	Sted	872	Stoel	942	Suc		
813	Stee	873	Stof	943	Sud		
814	Steele	874	Stok	944	Sue		
815	Steev	875	Stol	945	Suev		
816	Stef	876	Stolt	946	Suf		
817	Steffe	877	Ston	947	Sug		
818	Stei	878	Stone,J.	948	Sui		
819	Stein	879	Stone,M.	949	Sul		
821	Steind	881	Stone,T.	951	Sullivan,M.		
822	Steine	882	Stoo	952	Sullivan,S.		
823	Steinm	883	Stop	953	Sully		
824	Stel	884	Stor	954	Sulp		
825	Sten	885	Stork	955	Sum		
826	Steno	886	Storr	956	Sumn		
827	Step	887	Story	957	Sun		
828	Stephen	888	Story,S.	958	Sunderl		
829	Stephen,M.	889	Stou	959	Sup		
831	Stephen,S.	891	Stow	961	Sur		
832	Stephens	892	Stowe	962	Surr		
833	Stephens,G.	893	Stowell	963	Surv		
834	Stephens,L.	894	Stra	964	Sus		
835	Stephens,R.	895	Strad	965	Sut		
836	Stephenson	896	Straf	966	Suth		
837	Stephenson,R.	897	Stran	967	Sutt		
838	Ster	898	Strat	968	Suz		
839	Stern	899	Strath	969	Svi		

Ua — Uz

11	Ua	71	Upt
12	Ub	72	Ur
13	Ube	73	Urbi
14	Uber	74	Urc
15	Ubi	75	Ure
16	Uc	76	Uri
17	Uch	77	Url
18	Ud	78	Uro
19	Ude	79	Urq
21	Udi	81	Urr
22	Ue	82	Urs
23	Uf	83	Urv
24	Uffi	84	Us
25	Uffo	85	Ush
26	Ug	86	Usl
27	Ugo	87	Uss
28	Uh	88	Ust
29	Uhd	89	Ut
31	Uhl	91	Utl
32	Uht	92	Utr
33	Ui	93	Utt
34	Uk	94	Uv
35	Ukr	95	Uw
36	Ul	96	Ux
37	Ule	97	Uy
38	Ulf	98	Uyt
39	Uli	99	Uz
41	Ull		
42	Ullo		
43	Ulm		
44	Ulp		
45	Ulr		
46	Uls		
47	Ult		
48	Um		
49	Umbr		
51	Umf		
52	Uml		
53	Ums		
54	Un		
55	Unde		
56	Underw		
57	Ung		
58	Uni		
59	Uns		
61	Unt		
62	Unw		
63	Unz		
64	Uo		
65	Up		
66	Upd		
67	Uph		
68	Upm		
69	Ups		

Va — Vaughan, S. / Wa — Webbe

Va		111	Wa		Valh	171	Walei	Vanders	241	Walton,M.	Varil	311	Warwick,M.
Vac		112	Waas		Vali	172	Wales	Vanderw	242	Walw	Varin	312	Was
Vacc		113	Wac		Valin	173	Wales,M.	Vandeu	243	Wam	Variu	313	Waser
Vaccar		114	Wachs		Valk	174	Walf	Vandev	244	Wan	Varl	314	Wash
Vacco		115	Wack		Vall	175	Walg	Vandi	245	Wand	Varley	315	Washburn,M
Vach		116	Wad		Vallad	176	Wali	Vando	246	Wang	Varlo	316	Washi
Vach		117	Waddi		Vallan	177	Walk	Vandy	247	Wanh	Varn	317	Washington
Vachi		118	Wade		Vallar	178	Walker,D.	Vandyk	248	Wanl	Varney	318	Washington,G
Vacho		119	Wade,M.		Vallau	179	Walker,F.	Vane	249	Wann	Varnh	319	Washington,M
Vacq		121	Wadh		Valle	181	Walker,J.	Vane,M.	251	Wans	Varni	321	Wass
Vad		122	Wadington		Vallee	182	Walker,M.	Vanee	252	Wap	Varnu	322	Wasser
Vade		123	Wadl		Vallem	183	Walker,P.	Vang	253	War	Varo	323	Wassi
Vadi		124	Wads		Valler	184	Walker,S.	Vanh	254	Warburton	Varot	324	Wat
Vae		125	Wadsworth,M		Valles	185	Walker,T.	Vanhe	255	Warburton,M	Varr	325	Waterf
Vag		126	Wae		Vallet	186	Walker,W.	Vanho	256	Ward	Vart	326	Waterh
Vah		127	Wael		Vallett	187	Wall	Vanhu	257	Ward,C.	Varu	327	Waterl
Vai		128	Waf		Valli	188	Wallace,D.	Vani	258	Ward,F.	Vas	328	Waterm
Vail		129	Wag		Vallis	189	Wallace,F.	Vanl	259	Ward,J.	Vasc	329	Waters
Vaill		131	Wagen		Vallo	191	Wallace,J.	Vanloo	261	Ward,M.	Vasco	331	Waters,M.
Vais		132	Wagn		Vallon	192	Wallace,M.	Vanm	262	Ward,P.	Vase	332	Waterst
Vaj		133	Wagner,G.		Vallot	193	Wallace,P.	Vanmo	263	Ward,S.	Vash	333	Waterw
Vak		134	Wagner,M.		Vallou	194	Wallace,S.	Vann	264	Ward,W.	Vasi	334	Watk
Val		135	Wagner,S.		Valls	195	Wallace,W.	Vanne	265	Warde	Vasq	335	Watke
Valad		136	Wah		Valm	196	Wallc	Vannes	266	Wardl	Vass	336	Watkinson
Valar		137	Wahlen		Valmy	197	Wallen	Vannet	267	Ware	Vassall	337	Wats
Valaz		138	Wai		Valo	198	Waller	Vanni	268	Ware,D.	Vasse	338	Watson,D.
Valb		139	Waill		Valor	199	Walley	Vannin	269	Ware,J.	Vassi	339	Watson,J.
Valc		141	Wain		Valp	211	Walli	Vannu	271	Ware,M.	Vast	341	Watson,M.
Valck		142	Wainwright		Valpy	212	Wallingf	Vano	272	Ware,S.	Vat	342	Watson,S.
Valckenb		143	Wais		Valr	213	Wallingt	Vanp	273	Ware,W.	Vater	343	Watson,W.
Vald		144	Wait		Vals	214	Wallis	Vanr	274	Waren	Vath	344	Watt
Valdes		145	Waite		Valt	215	Wallo	Vanro	275	Warh	Vati	345	Watt,J.
Valdi		146	Wak		Vam	216	Walm	Vans	276	Wari	Vatin	346	Watt,P.
Valdo		147	Wakef		Van	217	Waln	Vansa	277	Waring,M.	Vatk	347	Watti
Valdr		148	Wakeh		Vanb	218	Walp	Vansc	278	Warn	Vato	348	Watts
Vale		149	Wakel		Vanbr	219	Walpole,M.	Vansi	279	Warner	Vatr	349	Watts,D.
Valeg		151	Wal		Vanbu	221	Walr	Vansp	281	Warner,D.	Vatt	351	Watts,J.
Valen		152	Walch		Vanc	222	Wals	Vant	282	Warner,J.	Vatti	352	Watts,M.
Valens		153	Walch,J.		Vanco	223	Walsh	Vanu	283	Warner,M.	Vau	353	Watts,S.
Valent		154	Walch,P.		Vand	224	Walsh,D.	Vanv	284	Warner,S.	Vauban	354	Wau
Valenti		155	Walck		Vande	225	Walsh,J.	Vanw	285	Warner,W.	Vaubl	355	Waut
Valentin		156	Walco		Vandel	226	Walsh,M.	Vap	286	Warr	Vauc	356	Waw
Valentine		157	Wald		Vanden	227	Walsh,S.	Var	287	Warren,C.	Vauch	357	Way
Valentine,J	158	Walde		Vander	228	Walsh,W.	Varan	288	Warren,F.	Vaud	358	Wayl
Valentine,P	159	Waldeg		Vanderbu	229	Walsi	Varc	289	Warren,J.	Vaudoy	359	Wayn
Valentini		161	Waldem		Vanderc	231	Walt	Vard	291	Warren,M.	Vaudr	361	We
Valer		162	Walden		Vanderd	232	Walter,G.	Vare	292	Warren,P.	Vaudrey	362	Weal
Valeri		163	Walder		Vanderh	233	Walter,M.	Varel	293	Warren,S.	Vaug	363	Weav
Valerio		164	Waldm		Vanderho	234	Walter,S.	Varen	294	Warren,W.	Vaughan	364	Web
Valeriu		165	Waldo		Vanderl	235	Walters	Varenn	295	Warri	Vaughan,C.	365	Webb
Valery		166	Waldor		Vanderm	236	Walth	Vares	296	Wart	Vaughan,F.	366	Webb,G.
Vales		167	Waldr		Vanderme	237	Walther	Varg	297	Wartens	Vaughan,J.	367	Webb,M.
Valet		168	Walds		Vandermo	238	Walto	Vargu	298	Warto	Vaughan,M.	368	Webb,S.
Valg		169	Wale		Vanderp	239	Walton,G.	Vari	299	Warw	Vaughan,S.	369	Webbe

Vaughan,W.	371	Webber	Vello	441	Welch,M.	Verh	511	Wes	Verv	571	Whi
Vaugi	372	Webber,M.	Vellu	442	Welck	Verhag	512	Wesen	Verw	572	Whid
Vaugo	373	Weber	Velly	443	Weld	Verhe	513	Wesl	Very	573	Whip
Vaul	374	Weber,G.	Velp	444	Weld,M.	Verho	514	Wesley,M.	Verz	574	Whipple,J.
Vaulo	375	Weber,M.	Velt	445	Welde	Verhu	515	Wess	Ves	575	Whipple,P.
Vault	376	Weber,S.	Veltr	446	Welh	Veri	516	West	Vesey	576	Whis
Vaum	377	Webs	Ven	447	Well	Verin	517	WestD	Vesi	577	Whit
Vauq	378	Webster,C.	Venan	448	Weller	Verj	518	WestJ	Vesl	578	Whitaker,M.
Vaus	379	Webster,F.	Venc	449	Welles	Verk	519	WestM	Vesp	579	Whitb
Vaut	381	Webster,J.	Vences	451	Wellesl	Verl	521	West,S.	Vespu	581	Whitc
Vauv	382	Webster,M.	Vend	452	Welli	Verm	522	West,W.	Vesq	582	White
Vauvi	383	Webster,P.	Vendr	453	Wells	Verme	523	Westb	Vest	583	White,C.
Vaux	334	Webster,S.	Vene	454	Wells,G.	Vermeu	524	Westc	Vestr	584	White,F.
Vaux,G.	385	Webster,W.	Veneg	455	Wells,M.	Vermi	525	Weste	Vet	585	White,J.
Vaux,M.	386	Wech	Venel	456	Wells,S.	Vermil	526	Wester	Vetch	586	White,M.
Vauxc	387	Weck	Venet	457	Wellw	Vermo	527	Westerm	Veth	587	White,P.
Vauz	388	Wed	Venez	458	Wels	Vermoo	528	Westg	Veti	588	White,S.
Vav	389	Wede	Veni	459	Welse	Vern	529	Westh	Vetr	589	White,W.
Vavi	391	Wedel	Venin	461	Welsh	Verne	531	Westm	Vett	591	Whitef
Vay	392	Wedg	Venn	462	Welsh,J.	Vernet	532	Westmi	Vetto	592	Whiteh
Vaz	393	Wedgw	Venner	463	Welsh,P.	Verneu	533	Westmo	Vetu	593	Whiteho
Ve	394	Wee	Venni	464	Welt	Verney	534	Westo	Veu	594	Whitel
Veau	395	Weeks	Vent	465	Welw	Verney,M.	535	Weston,G.	Vey	595	Whitf
Vec	396	Weeks,M.	Vento	466	Wem	Verni	536	Weston,P.	Veys	596	Whitg
Vecchi	397	Weem	Ventr	467	Wen	Vernin	537	Westp	Vez	597	Whiti
Vecchio	398	Weer	Ventu	468	Wenc	Verniz	538	Westr	Vi	598	Whiting
Vece	399	Weev	Venturi	469	Wend	Verno	539	Wet	Vial	599	Whiting,G.
Vecellio	411	Weg	Venu	471	Wendl	Vernon,G.	541	Wetm	Viale	611	Whiting,M.
Vecn	412	Wegn	Venut	472	Wendo	Vernon,M.	542	Wett	Viall	612	Whiting,S.
Veco	413	Weh	Ver	473	Wendt	Vernon,S.	543	Wetts	Vialo	613	Whiting,W.
Ved	414	Wehr	Verac	474	Weng	Vernu	544	Wetz	Vian	614	Whitm
Vedd	415	Wei	Veral	475	Weni	Verny	545	Wex	Vianen	615	Whitman,M.
Vedo	416	Weich	Verar	476	Wenl	Vero	546	Wey	Viani	616	Whitmore
Vee	417	Weid	Verb	477	Went	Veron	547	Weye	Viann	617	Whitney
Veen	418	Weidm	Verbi	478	Wentworth,G.	Verona	548	Weyl	Viar	618	Whitney,D.
Veer	419	Weig	Verbo	479	Wentworth,M.	Verone	549	Weym	Viardo	619	Whitney,J.
Vees	421	Weik	Verc	481	Wentz	Verp	551	Wh	Viart	621	Whitney,M.
Veg	422	Weil	Verci	482	Wenz	Verpo	552	Whal	Vias	622	Whitney,S.
Vegi	423	Wein	Verd	483	Wep	Verr	553	Whart	Viau	623	Whitney,W.
Vegl	424	Weinm	Verdi	484	Wer	Verri	554	Wharton,M.	Vib	624	Whitt
Veh	425	Weir	Verdig	485	Werde	Verril	555	What	Vibi	625	Whitti
Vei	426	Weis	Verdo	486	Were	Verrim	556	Whe	Vibn	626	Whitting
Veil	427	Weise	Verdu	487	Weren	Verrio	557	Wheatl	Vic	627	Whittl
Veit	428	Weisk	Verdy	488	Werf	Verro	558	Wheato	Vicar	628	Whitw
Veitch	429	Weiss	Vere	489	Werl	Verru	559	Whed	Vicars	629	Why
Veith	431	Weiss,J.	Verel	491	Wern	Vers	561	Whee	Vicat	631	Wi
Vel	432	Weiss,P.	Verels	492	Werner	Verschu	562	Wheeler	Vice	632	Wib
Velas	433	Weissen	Verg	493	Werner,G.	Verse	563	Wheeler,G.	Vicenti	633	Wic
Velasq	434	Weit	Vergar	494	Werner,M.	Verso	564	Wheeler,P.	Vich	634	Wichi
Veld	435	Weits	Verge	495	Wernh	Verst	565	Wheelo	Vici	635	Wichm
Vele	436	Weitz	Verger	496	Werni	Versto	566	Wheelw	Vick	636	Wick
Veli	437	Wek	Vergi	497	Werns	Vert	567	Whelp	Vickers	637	Wickh
Vell	438	Wel	Vergn	498	Werp	Verto	568	Whet	Vico	638	Wid
Velle	439	Welch	Vergy	499	Wert	Veru	569	Whew	Vicom	639	Wide

Vicq — Vol / Widm — Woodw

Vicq	641	Widm	Vilh	711	Willen	Vincent,F.	771	Wingf	Vitelli	841	Woe
Vict	642	Wie	Vill	712	Willer	Vincent,J.	772	Wingr	Viten	842	Woel
Victor,G.	643	Wiede	Villaf	713	Willes	Vincent,M.	773	Wink	Viter	843	Woer
Victor,M.	644	Wiedem	Villal	714	Willey	Vincent,S.	774	Winkelm	Vitet	844	Wof
Victor,S.	645	Wieg	Villam	715	Willi	Vincent,W.	775	Winkl	Vito	845	Wog
Victorin	646	Wiel	Villan	716	William	Vinch	776	Winn	Vitr	846	Woh
Vicu	647	Wien	Villano	717	William,G.	Vinci	777	Wins	Vitro	847	Woi
Vid	648	Wier	Villanu	718	William,M.	Vinck	778	Winslow	Vitru	848	Wol
Vidal,M.	649	Wies	Villar	719	William,S.	Vind	779	Winslow,G.	Vitry	849	Wolcott
Vidau	651	Wiese	Villaret	721	Williams	Vindi	781	Winslow,M.	Vitt	851	Wolcott,M.
Vide	652	Wiess	Villari	722	Williams,D.	Vine	782	Winslow,S.	Vitti	852	Wold
Vidi	653	Wif	Villars	723	Williams,F.	Vinet	783	Winst	Vitto	853	Wolf
Vido	654	Wig	Villars,G.	724	Williams,J.	Ving	774	Wint	Vitu	854	Wolf,J.
Vidu	655	Wigg	Villars,M.	725	Williams,M.	Vini	785	Winter,G.	Viv	855	Wolf,P.
Vie	656	Wiggl	Villars,S.	726	Williams,P.	Vink	786	Winter,M.	Vivari	856	Wolffe
Viei	657	Wigh	Villav	727	Williams,S.	Vinn	787	Winter,S.	Vive	857	Wolffe,J.
Vieillo	658	Wightm	Ville	728	Williams,W.	Vino	788	Winterf	Vivi	858	Wolffe,P.
Viel	659	Wigm	Villec	729	Williamson	Vint	789	Winth	Viviani	859	Wolfg
Viell	661	Wign	Villef	731	Williamson,J.	Vinton	791	Winthrop	Vivien	861	Wolfr
Vien	662	Wigr	Villeg	732	Williamson,P.	Vinton,G.	792	Winthrop,J.	Vivier	862	Wolk
Vienne	663	Wik	Villego	733	Willin	Vinton,M.	793	Winthrop,P.	Vivo	863	Woll
Vienno	664	Wil	Villeh	734	Willis	Vinton,S.	794	Wintr	Viz	864	Wolle
Vier	665	Wilbr	Villel	735	Willis,M.	Vio	795	Winw	Vl	865	Wolm
Viet	666	Wilbu	Villem	736	Willist	Violl	796	Wio	Vlam	866	Wolo
Vieu	667	Wilc	Villen	737	Willm	Viom	797	Wip	Vlas	867	Wols
Vieus	668	Wild	Villene	738	Willmo	Vion	798	Wir	Vle	868	Wolt
Vieuv	669	Wildb	Villep	739	Willo	Viot	799	Wirt	Vli	869	Woltm
Vieux	671	Wilde	Villeq	741	Wills	Vip	811	Wis	Vliet	871	Wolz
Vig	672	Wilde,M.	Viller	742	Willso	Vipo	812	Wise	Vo	872	Wom
Vige	673	Wilder	Villerm	743	Wilm	Vir	813	Wise,M.	Voelc	873	Woo
Viger	674	Wildm	Villero	744	Wilmo	Vire	814	Wisem	Voell	874	Wood,C.
Vigh	675	Wildt	Villers	745	Wilr	Virey	815	Wisn	Voer	875	Wood,F.
Vigi	676	Wile	Villers,M.	746	Wils	Virg	816	Wiss	Voet	876	Wood,J.
Vigil	677	Wilf	Villes	747	Wilson,C.	Virgin	817	Wist	Vog	877	Wood,M.
Vign	678	Wilh	Villet	748	Wilson,F.	Viri	818	Wisw	Vogel	878	Wood,P.
Vignal	679	Wili	Villeu	749	Wilson,J.	Virl	819	Wit	Vogel,M.	879	Wood,S.
Vignau	681	Wilk	Villi	751	Wilson,M.	Viru	821	Wite	Vogh	881	Wood,W.
Vigne	682	Wilkes	Villiers	752	Wilson,P.	Vis	822	With	Vogi	882	Woodbri
Vigner	683	Wilki	Villiers,F	753	Wilson,S.	Visch	823	Witheri	Vogl	883	Woodbridge,M.
Vignes	684	Wilkins	Villiers,J	754	Wilson,W.	Visco	824	Withers	Vogler,M.	884	Woodbu
Vigni	685	Wilkins,M.	Villiers,M	755	Wilt	Visconti,G	825	Witi	Vogo	885	Woodbury,M.
Vigno	686	Wilkinson	Villiers,S	756	Wilton,M.	Visconti,M	826	Wits	Vogt	886	Woodc
Vignon	687	Wilkinson,M.	Villiers,W	757	Wim	Visconti,S	827	Witt	Vogt,M.	887	Woodf
Vigny	688	Wilks	Villo	758	Win	Visd	828	Witte	Vogu	888	Woodh
Vigo	689	Will	Villon	759	Winche	Vise	829	Witten	Voi	889	Woodho
Vigor	691	Willar	Villot	761	Winck	Visi	831	Wittg	Voigt	891	Woodhu
Vigr	692	Willard,D.	Vilm	762	Winckl	Vism	832	Witti	Voigt,G.	892	Woodm
Vigu	693	Willard,J.	Vils	763	Wind	Viss	833	Witz	Voigt,M.	893	Woodr
Vigui	694	Willard,M.	Vim	764	Windh	Visse	834	Witzl	Voigt,S.	894	Woods
Vil	695	Willard,S.	Vimo	765	Windi	Vit	835	Wix	Voil	895	Woods,J.
Vilain	696	Willard,W.	Vin	766	Winds	Vital	836	Wl	Voir	896	Woods,M.
Vilar	697	Willc	Vinc	767	Wine	Vitalis	837	Wo	Vois	897	Woods,S.
Vilat	698	Wille	Vincent	768	Wines	Vite	838	Wod	Voit	898	Woods,W.
Vilb	699	Willem	Vincent,C.	769	Wing	Vitel	839	Wodes	Vol	899	Woodw

Volc – Vz / Woodward, J. – Wz / Xa – Xy / Ya – Yvo / Za – Zy

Volc	911	Woodward,J.	Vossi	971	Wurtz	Ya	11	Za	Young,E.	71	Zim	
Volck	912	Woodward,P.	Vou	972	Wurz	Yac	12	Zab	Young,G.	72	Zimmer	
Volckm	913	Wool	Voul	973	Wus	Yah	13	Zac	Young,J.	73	Zimmermann	
Vold	914	Woolm	Vow	974	Wy	Yai	14	Zacco	Young,M.	74	Zimmermann,G.	
Volg	915	Woolr	Voy	975	Wyatt	Yak	15	Zach	Young,P.	75	Zimmermann,M	
Volk	916	Wools	Voys	976	Wyatt,M.	Yal	16	Zachar	Young,S.	76	Zimmermann,S.	
Volke	917	Woolw	Voz	977	Wyc	Yale	17	Zacu	Young,T.	77	Zin	
Volkh	918	Woot	Vr	978	Wyd	Yale,M.	18	Zag	Young,W.	78	Zink	
Volkm	919	Wor	Vre	979	Wye	Yales	19	Zah	Youngm	79	Zinz	
Volko	921	Worcester,G.	Vri	981	Wyk	Yan	21	Zai	Youngs	81	Zir	
Volky	922	Worcester,M.	Vries	982	Wyl	Yane	22	Zal	Yous	82	Zit	
Voll	923	Worcester,S.	Vril	983	Wyle	Yani	23	Zam	Youss	83	Zo	
Vollm	924	Word	Vro	984	Wym	Yann	24	Zambo	Yoz	84	Zoc	
Vollw	925	Wordsw	Vs	985	Wyn	Yao	25	Zamo	Yp	85	Zoe	
Volm	926	Wordsworth,S.	Vu	986	Wynf	Yar	26	Zamp	Yps	86	Zol	
Voln	927	Worl	Vui	987	Wyng	Yard	27	Zan	Yr	87	Zon	
Volney	928	Worm	Vuil	988	Wynn	Yarf	28	Zane	Yri	88	Zop	
Volo	929	Woro	Vuit	989	Wynne,M.	Yarr	29	Zang	Yrie	89	Zot	
Volp	931	Wors	Vul	991	Wynt	Yat	31	Zani	Ys	91	Zou	
Volpi	932	Wort	Vulp	992	Wyo	Yates,G.	32	Zann	Ysen	92	Zs	
Volpin	933	Worthington	Vuls	993	Wyr	Yates,M.	33	Zano	Yss	93	Zu	
Vols	934	Worthington,M	Vuo	994	Wys	Yates,S.	34	Zant	Yu	94	Zuc	
Volt	935	Wortl	Vuy	995	Wyss	Yatm	35	Zap	Yule	95	Zun	
Voltch	936	Wot	Vy	996	Wyt	Yb	36	Zar	Yv	96	Zur	
Volte	937	Wott	Vyr	997	Wytt	Ye	37	Zari	Yve	97	Zw	
Volto	938	Wou	Vys	998	Wyv	Yeam	38	Zaro	Yves	98	Zwi	
Voltr	939	Wr	Vz	999	Wz	Year	39	Zau	Yvo	99	Zy	
Voltu	941	Wran	Xa	1		Yeat	41	Ze				
Voltz	942	Wrat	Xan	2		Yeb	42	Zec				
Volu	943	Wrax	Xav	3		Yef	43	Zed				
Volv	944	Wre	Xe	4		Yem	44	Zeg				
Von	945	Wren	Xen	5		Yen	45	Zei				
Vond	946	Wri	Xer	6		Yeo	46	Zeif				
Vonk	947	Wright	Xl	7		Yep	47	Zeis				
Vono	948	Wright,C.	Xu	8		Yet	48	Zeit				
Voo	949	Wright,F.	Xy	9		Yez	49	Zel				
Voor	951	Wright,J.				Yh	51	Zell				
Vop	952	Wright,M.				Yl	52	Zelo				
Vor	953	Wright,S.				Yn	53	Zelt				
Voro	954	Wright,W.				Yo	54	Zen				
Vors	955	Wris				Yon	55	Zeno				
Vorster	956	Writ				Yonge,G.	56	Zent				
Vort	957	Wro				Yonge,M.	57	Zep				
Vory	958	Wroth				Yonge,S.	58	Zer				
Vos	959	Wu				Yonge,W.	59	Zes				
Vose	961	Wul				Yor	61	Zet				
Vose,D.	962	Wulfh				York,J.	62	Zeu				
Vose,H.	963	Wulfr				York,P.	63	Zev				
Vose,J.	964	Wulfs				Yorke	64	Zi				
Vose,M.	965	Wun				Yorke,M.	65	Zie				
Vose,S.	966	Wuns				Yot	66	Zieg				
Vose,W.	967	Wur				You	67	Zies				
Vosm	968	Wurm				Young	68	Zif				
Voss	969	Wurt				Young,C.	69	Zil				

색 인

국 문

ㄱ

간결성	33
간략기호	232
간략분류	239
간략판	111
강(綱)	73
강좌	186
개념(概念)	23
개요표	121
개원석교록	50
개정 형태	120
게스너의 분류법	60
경영관리업무	16
계층성	34
계층적 구조	116, 118
계층적 기호	33
고문헌	231
고유보조표	144
고유보조표(특수보조표)	148
고정식 배가법	31
공통보조표	144
관점	183
관점보조표	147
구분	27
구분원리(區分原理)	28
구분의 3요소	28
구분지(區分肢)	28
구제(九齊)	49
국어구분표	93
국연십진분류표	56
국자감(國子監)	49
국제백진분류법(國際百進分類法)	37
국제십진분류법	141
규장각	52
규장각의 사부분류	52
규장총목(奎章總目)	52
기억	114
기호법	72, 118

ㄴ

내용목차	176
내포(內包)	23
노데의 분류법	60
누판고(鏤板考)	51

ㄷ

다면적(多面的) 분류법	40
다분법	28
단순성	33
대영박물관도서관 분류법	61
대장목록	51
대형본	232
도서관	15
도서관 자료 및 자료 취급에 관한 규정	178
도서관의 중심업무	16
도서기호	211, 213

동서도서분류표(東西圖書分類表) ·········· 55
동서저자기호표 ······························ 221
동양서저자기호표 ··························· 221
듀이 ··· 115
듀이 십진분류법 ···························· 109

ㄹ

라이더 국제분류법 ·························· 63
랑가나단 ································ 63, 164
랑가나단의 연대기호법 ···················· 215
리본식 배열법 ······························ 205
리재철 ······································· 221
리재철 한글순도서기호법 ················· 223

ㅁ

멜빌 듀이 ··································· 109
모리스 꾸랑(Maurice Courant) ··········· 54
모순개념(矛盾槪念) ·························· 25
목(目) ··· 73
목록 ···································· 20, 240
문고본 ······································ 186
문학공통구분표 ···························· 131
문학형식구분 ································ 94
문헌(文獻) ···································· 30
문헌분류의 정의 ····························· 30
문헌분류표 ··································· 32
문헌적 근거 ·································· 34
미국의회도서관 ···························· 153
미의회도서관분류표 ······················· 153
미의회도서관주제명표목표 ··············· 157
민족 및 국가군 구분표 ···················· 135

ㅂ

반대개념(反對槪念) ························· 25

배가의 방법 ································ 205
배열체계 ···································· 116
배치도 ······································ 240
범위주기 ···································· 101
베이컨 ······································ 115
별치기호 ······························ 211, 230
보조표 ································· 82, 124
복본기호(複本記號) ························ 212
복수주제 ···································· 182
본표 ··· 121
부가기호 ···································· 149
부차적 기호 ································ 212
부출기입 ···································· 203
부호 ·· 32
분류교육 ···································· 241
분류규정 ···································· 178
분류기준(원칙) ······························· 26
분류기호 ······························· 32, 211
분류기호의 조건 ···························· 33
분류목록 ···································· 202
분류배가 ···································· 205
분류번호 배정 ······························ 177
분류의 3요소 ································ 28
분류의 개념 ·································· 26
분류의 일반 규정 ·························· 179
분류의 한계 ···························· 241, 243
분류작업의 과정 ··························· 173
분류정책 ···································· 235
분류표목 ···································· 202
분류표에 관한 규정 ······················· 178
분류표의 선정 ····························· 175
분류표의 수정 ····························· 236
분석합성식 기호법 ························ 221
분석합성식 분류법 ························· 39

분절	119	서론	176
브라운	63, 162, 215	서명	175
브라운의 연대기호법	215	서서서목(西序書目)	52
브루너의 분류법	61	서유구(徐有榘)	51
브리스	33, 63	서제(書齊)	49
블리스	167	서지	176
비교와 대조	185	서지분류법	63, 167
비도서자료	232, 237	서지분류시스템	167
비스코	215	서호수(徐浩修)	52
비스코의 연대순 기호법	215	선택의 여지	40
비십진식 분류	37	성문화(成文化)	175
비평서	226	세계서지	60
		세목(細目)	73
		세밀분류	180, 239

ㅅ

		세이어즈	33
사고(史庫)	49	소설	232
사고전서총목(四庫全書總目)	48	소설류	236
사람, 재료의 보조표	148	소재기호	211
사부분류법(四部分類法)	48	소형본	232
사설문고	49	수도원도서관	58
사원문고	49	수서경적지(隨書經籍志)	48
삼장분류법(三藏分類法)	50	수입순기호법	213
삼투적방식	238	순수기호	32
상관기호	150	순욱(荀勖)	48
상관색인	35, 101	시(時)의 보조표	147
상관식 배가법	31	시학	114
새 연대순 도서기호법	215	신축성	34
색인	34	신편제종교장총록(新編諸宗敎藏總錄)	51
색인부록기호	212	실천학	57
서가목록	204	십진식 분류	36
서가배치도	205		
서가분류	31		
서가상 주제접근	19		

ㅇ

서가안내 표시	205	아동도서	231
서가작업	204	아슈르바니팔 왕실도서관 분류법	58

안내	239, 243, 244, 245	인명·지명주	102
양자택일((兩者擇一))	103, 175	인위적 분류	27
언어공통구분표	95, 134	일반분류표	40
언어구분표	136		
언어보조표	145	**ㅈ**	
에드워즈의 분류법	61	자료수입업무	16
역베이컨식	72	자료운용업무	16
역사	114	자료조직과정	18
역자기호(譯者記號)	212	자료조직업무	16
연대순기호법	214	자연적 분류	27
연도기호(年度記號)	212	잡류	72
연속간행물	230	장비작업	174
열거색인	35	장소보조표	146
열거식 분류법	39	장일세	221
열거식 저자기호법	218	재분류	238
열고관서목(閱古館書目)	52	저록(entry)	31
온라인 목록	20	저자기호	211
온라인 열람용목록	210	저자기호법	216
완효서(阮孝緒)	47	저자명	19
왕검(王儉)	47	저자명 문자식	217
왕실문고	49	저자별 수입순	217
외연(外延)	23	저자의 의도	180
요목(要目)	73	저작기호	211
원저작	185	전개분류법	63
유개념(類槪念)	24, 26	전개분류법(展開分類法)	161
유향(劉向)	46	전거(典據)작업	20
유흠(劉歆)	46	전기	232
육경(六經)	45	전기서	226
육예(六藝)	45	전기자 기호(傳記者 記號)	212
이론학	57	전문분류표	41
이성	114	전주제구분	98
이춘희	221	전집	186
이충(李充)	48	절단기호	239
인과관계	185	접근점	18

정의주 ····· 101
제본의 색 ····· 18
제실도서목록(帝室圖書目錄) ····· 52
제작학 ····· 57
제퍼슨 ····· 153
조기성(助記性) ····· 34, 82, 96, 119
조선도서해제(朝鮮圖書解題) ····· 52
조선십진분류법(朝鮮十進分類法) ····· 55
종개념(種槪念) ····· 24, 26
종교공통구분표 ····· 95
주류 배열 ····· 155
주류(主類) ····· 73
주류구분 ····· 116
주제 ····· 180
주제 분석 ····· 175
주제분류법 ····· 63
주제분류법(主題分類法) ····· 162
주제순 정리 ····· 19
준열거식 분류법 ····· 40
중경부(中經簿) ····· 48
중경신부(中經新簿) ····· 48
중앙집중관리의 분류서비스 ····· 175
지리·시대·사람구분표 ····· 129
지시주 ····· 102
지역구분표 ····· 88
진원제서목(晋元帝書目) ····· 48

ㅊ

참고자료 ····· 230
참조주 ····· 103
책등(書背) ····· 209
철학 ····· 114
청구기호 ····· 204, 209, 210
총류 ····· 72

총서(叢書) ····· 186
출판사 순 ····· 19
칠략(七略) ····· 45
칠록(七錄) ····· 47
칠분법(七分法) ····· 45
칠지(七志) ····· 47

ㅋ

카드목록 ····· 20
카터 ····· 63, 161
칼리마쿠스 분류법 ····· 58
콜론 분류표 ····· 165
콜론분류법 ····· 63, 164

ㅌ

통용성 ····· 34
특수분류표 ····· 41
특수주제구분 ····· 99

ㅍ

판차기호(版次記號) ····· 212
패싯 분류표 ····· 165
퍼트남 ····· 153
포함주 ····· 101
표목올림지시 ····· 202
표준구분표 ····· 83, 125
표준분류표 ····· 41
표현적 기호 ····· 33
피 비평자명 ····· 226
피 전자명 ····· 226
피구분체(被區分體) ····· 28
피나케스 목록 ····· 58

ㅎ

학문 ····· 28

학문분류	28	해리스의 분류법	62
학문분류체계	57	해리스의 분류체계	63
학문에 의한 분류	115, 118	향토자료	231
학문의 진보	114	현장입장록(現藏入藏錄)	50
학위논문	231	형식	180
한국서지(Bibliographie Coréenne)	54	형식보조표	145
한국시대구분표	92	혼합기호	33
한국지역구분표	90	흥왕사(興王寺)	49
한글순도서기호법	221		
한은도서분류법	56	100분법	29
한적분류법(漢籍分類法)	68	10분법	29
한화도서분류법(漢和圖書分類法)	68	2분법	29
항목전개 유보주	102	3분법	29
해동문헌총록(海東文獻總錄)	51	4분법	29
해리스	115		

영문

A

A System of Bibliographic Classification ··· 167
access point ··· 18
alternative location ··································· 40
analytico-synthetic classification ············· 39
artificial classification ······························ 27
Ashurbanipal ·· 58

B

BC : Bibliographic Classification ············ 167
BC의 기호법 ··· 169
BC의 단점 ··· 169
BC의 장점 ··· 169
BC의 주류체계 ·· 168
Bibliographic Classification ······················ 63
bibliography ·· 176
Bibliotheca universalis ····························· 60
Bliss, H. E. ·· 33
book number ··· 213
brevity ·· 33

C

call number ·· 209
CC : Colon Classification ······················· 164
CC의 기본범주 ······························· 165, 166
CC의 단점 ··· 166
CC의 장점 ··· 166
CC의 주류배열 ······································· 165
centesimal classification ·························· 28
Centralized Classification Service ········· 175
Charles Ammi Cutter ····················· 63, 161

code ·· 32
Colon Classification ·································· 63
common auxiliaries ································ 144
concept ·· 23
contradictory concept ······························· 25
contrary concept ······································· 25
coordinate concept ··································· 24
Cutter-Sanborn 저자기호표 ···················· 218
Cutter기호 ·· 158

D

DDC 22판 ··· 111
DDC의 장단점 ······································· 137
DDC의 주류구분 ··································· 114
decimal classification ························ 28, 36
Dewey Decimal Classification ··············· 109
dichotomy ··· 28
division ··· 27
divisions ·· 73

E

Edward Edwards ······································ 61
enumerative classification ························ 39
enumerative index ···································· 35
Ethnic and National Groups ········· 125, 135
Expansive Classification ··················· 63, 161
extension ··· 23

F

fixed location ··· 31
flexibility ··· 34

Fremont Rider ·············· 63

G

Gabriel Naude ·············· 60
general classification ·············· 40
generalities ·············· 72
genus ·············· 24
Geographic Areas, Historical Periods,
　　Persons ·············· 125, 129

H

Harris, W.T. ·············· 62
Henry Evelyn Bliss ·············· 63, 167
Herbert Putnam ·············· 153
hierarchical structure ·············· 118
hierarchy ·············· 34
history ·············· 114

I

imagination ·············· 114
intension ·············· 23
introduction ·············· 176

J

Jack-Charles Brunet ·············· 61
James Duff Brown ·············· 63, 162, 215
Jefferson, T. ·············· 153

K

Kallimachus ·············· 58
KDC 제5판 ·············· 69
KDCP ·············· 55
KDC의 단점 ·············· 105
KDC의 장점 ·············· 104

KDC의 조기성 ·············· 96
KDC의 주류 ·············· 71
Konrad von Gesner ·············· 60

L

Languages ·············· 136
LC 저자기호법 ·············· 222
LCC : Library of Congress Classification ·· 153
LCC의 보조표 ·············· 157
LCC의 장·단점 ·············· 160
LCC의 주류배열 ·············· 155
LCSH ·············· 157
LC저자기호 ·············· 158
Library of Congress ·············· 153
literary warrant ·············· 34

M

main classes ·············· 73
Melvil Dewey ·············· 109
memory ·············· 114
Michael Gorman ·············· 240
miscellany ·············· 72
mixed notation ·············· 33
mnemonics ·············· 34, 82, 96

N

natural classification ·············· 27
non-decimal classification ·············· 37

O

OPAC ·············· 210
OPAC(Online Public Access Catalog) ········ 18
option ·············· 175
osmosis method ·············· 238

P

Philosophy	114
Pinakes	58
poesy	114
polychotomy	28
Practical Knowledge	57
Productive Knowledge	57
pure notation	32

R

Ranganathan, S. R.	63, 164
reason	114
relative index	35, 120
relative location	31, 120
RFID(Radio Frequency Identification)	18
Ribbon Arrangement	205
Rider's International Classification	63

S

Sayers, A.M.	33
scope note	101
sections	73
Segmentation	119
segments	239
semi-enumerative classification	40
simplicity	33
special auxiliary subdivisions	144
species	24
spine	209
standard classification	41
Standard Subdivisions	125, 134
subdivisions	73
Subdivisions for the Arts, for Individual Literatures, for Specific Literary Forms	125, 131
Subdivisions of Individual Languages and Language families	125, 134
Subject Classification	63, 162
Summary	121
Symbol	118
symbol	32

T

table of contents	176
terachotomy	28
The Advancement of Human Learning	114
Theoretical Knowledge	57
title	175
trichotomy	28

U · W

UDC(Universal Decimal Classification)	141
UDC의 분류기호	144
UDC의 장단점	152
UDC의 주류구분	143
Walter Stanley Biscoe	215

■ 저자소개

• 양재한
경북대학교 도서관학과 졸업
경북대학교 대학원 도서관·정보학과(도서관학 석사)
부산대학교 대학원 문헌정보학과(문학박사)
전 창원문성대학 문헌정보과 교수

• 한상길
경북대학교 도서관학과 졸업
경북대학교 대학원 문헌정보학과(문헌정보학 석사)
중앙대학교 대학원 문헌정보학과(문학박사)
전 대림대학교 문헌정보과 교수

[개정3판] 문헌분류의 이해와 실제

2010년 2월 25일 초판발행
2014년 2월 28일 개정판 발행
2019년 2월 15일 개정2쇄 발행
2021년 2월 25일 개정3판 발행
2024년 2월 28일 개정3판 2쇄 발행

지은이 _ 양재한·한상길
펴낸이 _ 김선태
발행처 _ 도서출판 태일사 (www.taeilsa.kr)
　　　　대구광역시 중구 2·28길 26-5(남산1동)
　　　　전화 053-255-3602 ｜ 팩스 053-255-4374
등록일자 _ 1991. 10. 10
등록번호 _ 제 6-37호

정가 18,000원

ⓒ양재한·한상길 2021   ISBN 979-11-87268-50-5   93020

※ 무단복사, 전재를 금하며 잘못된 책은 교환하여 드립니다.